Verfahren und Protokolle für energiebewusste, gemeinsame Ressourcenverwendung mit mobilen Geräten

von
Jochen Furthmüller

KIT Scientific Publishing

Dissertation, Karlsruher Institut für Technologie (KIT)
Fakultät für Informatik
Tag der mündlichen Prüfung: 11. Mai 2012

Impressum

Karlsruher Institut für Technologie (KIT)
KIT Scientific Publishing
Straße am Forum 2
D-76131 Karlsruhe
www.ksp.kit.edu

KIT – Universität des Landes Baden-Württemberg und
nationales Forschungszentrum in der Helmholtz-Gemeinschaft

KIT Scientific Publishing 2012
Print on Demand

ISBN 978-3-86644-877-3

Jochen Furthmüller

Verfahren und Protokolle für energiebewusste, gemeinsame Ressourcenverwendung mit mobilen Geräten

Verfahren und Protokolle für energiebewusste, gemeinsame Ressourcenverwendung mit mobilen Geräten

zur Erlangung des akademischen Grades eines

DOKTORS DER INGENIEURWISSENSCHAFTEN /
DOKTORS DER NATURWISSENSCHAFTEN

von der Fakultät für Informatik
des Karlsruher Instituts für Technologie (KIT)

genehmigte

Dissertation

von

Dipl.-Inform. Jochen Furthmüller

aus Böblingen

Tag der mündlichen Prüfung: 11. Mai 2012

Erste Gutachterin:	Prof. Dr. Martina Zitterbart Karlsruher Institut für Technologie (KIT)
Zweiter Gutachter:	Prof. Dr. Falko Dressler Universität Innsbruck
Dritter Gutachter:	PD Dr. Oliver P. Waldhorst Karlsruher Institut für Technologie (KIT)

Für Susi
und meine Eltern
Sigrid und Jörg

Danksagung

Diese Arbeit ist in der Zeit von Januar 2008 bis März 2012 während meiner Anstellung am Institut für Telematik entstanden. Im Rückblick auf die Entstehungszeit dieser Arbeit habe ich reichlich Grund zur Dankbarkeit.

Frau Prof. Zitterbart hat mir durch die Anstellung und ihre bereitwillige Übernahme des Erstreferats die Möglichkeit zur Promotion eröffnet. Prof. Falko Dressler hat das Koreferat übernommen und hat mich in seiner Arbeitsgruppe herzlich empfangen und mich durch wertvolle konstruktive Kritik unterstützt. In besonderem Maße bin ich PD Oliver Waldhorst dankbar. In seiner Nachwuchsgruppe und in dem von ihm geleiteten Projekt CoMoGriP wurden die hier vorgestellten Ergebnisse erarbeitet. Er war für mich ein großartiger Mentor und wesentlich für das Gelingen dieser Arbeit. Keines unserer Treffen verließ ich nicht ein Quäntchen motivierter, gelassener, fröhlicher und klüger als ich gekommen bin. Ich habe von ihm viel gelernt. Danke.

Auch die Studenten, die in diesen vier Jahren zum CoMoGriP-Projekt beigetragen haben, haben mich in meinen Bemühungen sehr engagiert unterstützt. Namentlich erwähnen möchte ich Stefan Becker, Stephan Kessler, Steffen Pfrang, Hakan Sahin und Holger Teske.

Meine Kollegen am Institut für Telematik haben ebenfalls ihren Teil dazu beigetragen, dass ich gerne an die Zeit zurückdenken werde. Mit ihrem Wissen und ihrer Fachkenntnis haben sie mich manches Mal verblüfft, mir oft weitergeholfen und mit ihrem Humor haben sie mir die Arbeit und die Pausen versüßt. Christian Hübsch und Bernhard Heep bin ich für ihr unermüdliches Probelesen und die hilfreichen Diskussionen besonders dankbar.

Ganz besonders möchte ich den Menschen aus meiner Familie danken, die mich durch die vier Jahre hindurchgetragen haben: Meiner geliebten Frau Susi, die mit mir Freude und Lasten teilt; meinen Eltern Sigrid und Jörg, die mir mein Studium ermöglicht haben und mich stets in Worten und Taten unterstützt haben; und schließlich meinen Geschwistern Manuel, David und Hannah und ihren Partnern, in deren Gesellschaft ich mich zu Hause fühle. Euch zu haben ist mein größter Schatz.

Zuletzt und zumeist bin ich Gott dankbar, der mich geschaffen, begabt und mit so guten Voraussetzungen gesegnet hat. Nichts davon habe ich mir verdient. Alles ist gnädig geschenkt. sdg

Inhaltsverzeichnis

Abbildungsverzeichnis

Tabellenverzeichnis

Algorithmen

Das Ganze ist mehr
als die Summe seiner Teile
(Aristoteles: Metaphysica)

1. Einführung und Motivation

Elektronische Kommunikationsgeräte werden in zunehmendem Maße allgegenwärtige Begleiter des Menschen. Die kontinuierlich fortschreitende Miniaturisierung, sinkende Kosten für die Anschaffung und Nutzung dieser Geräte und deren wachsende Leistungsfähigkeit erschließen immer neue Einsatzfelder und Benutzergruppen.

Die von Weiser und Seely [158] prognostizierte dritte Epoche des maschinellen Rechnens, in der einem einzelnen Benutzer eine Vielzahl von Computergeräten zur Verfügung steht, ist in der Zwischenzeit angebrochen. Neben Mobiltelefonen, Netbooks und Persönlichen Digitalen Assistenten (PDA) finden auch immer mehr Geräte wie Navigationsassistenten und digitale Kameras tägliche Verwendung. Ein zunehmender Anteil dieser Geräte ist mit Hardware ausgestattet, die drahtlose Datenübertragung ermöglicht. So prognostiziert der Netzwerkausrüster Ericsson für das Jahr 2020 50 Milliarden vernetzte Geräte [97]. Während die ersten Jahrzehnte der Computergeschichte von Großrechnern und Personal Computer (PC) geprägt waren, erfolgt heute ein immer größerer Teil der Interaktion zwischen Mensch und Computer mittels kleiner, mobiler und vernetzter Geräte. Die Verwendung solcher Geräte wird zunehmend zur primären Nutzungsform von Computertechnik im Alltag.

Die Vielfalt der durch diese Geräte bereitgestellten Ressourcen sowie die Beschränktheit der einzelnen Geräte vor allem hinsichtlich der zur Verfügung stehenden Energie machen eine Interaktion dieser Geräte untereinander und mit bestehender Infrastruktur attraktiv und notwendig. So existieren unter dem Oberbegriff Cloud-Computing Angebote wie Skydrive [10] (angeboten von Microsoft) oder iCloud [122] (angeboten von Apple) mit denen mobile Geräte über das Internet unter anderem auf große Speicherkapazitäten zugreifen können. Bei einem solchen Ansatz geht es ausschließlich darum, die Menge der einem mobilen Gerät zur Verfügung stehenden Ressourcen durch kommerziell betriebene Infrastruktur zu erweitern.

In dieser Arbeit werden jedoch in erster Hinsicht Systeme zur gemeinsamen Ressourcennutzung betrachtet, bei denen mobile Geräte selbst auch Ressourcen einbringen und nicht ausschließlich als Nutzer fremder Ressourcen in Erscheinung treten. Dabei können entweder einzelne Ressourcen oder komplexere Dienste von den mobilen Geräten zur Verfügung gestellt und verwendet werden. Beispiele für solche Ressourcen sind Kameras, Ein- und Ausgabegeräte, Sensoren, Funkschnittstellen oder GPS-Hardware. Ein komplexerer Dienst, der mehrere solcher Ressourcen umfasst, ist beispielsweise das Anfügen einer Ortsmarke an ein aufgenommenes Foto, automatisierte Nachbearbeitung mittels spezieller Software auf einem mobilen Gerät und der Upload des resultierenden Bildes auf einen Webserver. Die zur Erfüllung dieser Aufgabe notwendigen Ressourcen Kamera, CPU, Speicherplatz, GPS-Modul, WLAN und Zellfunk könnten dabei von verschiedenen Geräten beigesteuert werden.

Das Paradigma der gemeinsamen Ressourcennutzung über die Grenzen von Geräten, Hard- und Softwareplattformen und Besitzverhältnissen hinweg findet in der Welt der PC und Großrechner unter der Bezeichnung *Grid-Computing* schon seit geraumer Zeit Anwendung. Im Umfeld mobiler Geräte ist ein solcher Ansatz besonders attraktiv, da durch die gemeinsame Nutzung dem einzelnen Gerät mehr Ressourcen zur Verfügung stehen, Ressourcen effizienter ausgeschöpft werden, und durch die Kombination verschiedener Ressourcen neue Anwendungen ermöglicht werden. Es gilt jedoch zu bedenken, dass Protokolle und Verfahren, die für herkömmliches Grid-Computing als angemessen und erprobt gelten, nicht ohne Weiteres im Kontext mobiler Geräte eingesetzt werden können. Zu unterschiedlich sind hierfür die Anforderungen an die Infrastruktur für ein System zur gemeinsamen Ressourcennutzung, das mobile Geräte miteinbezieht.

1.1 Problemstellung

Eine grundlegende Eigenschaft eines Systems zur gemeinsamen Ressourcennutzung mit mobilen Geräten ist das strikt beschränkte Energiebudget mobiler Geräte. Während der Energieverbrauch von klassischen PCs allenfalls ein sekundärer Kostenfaktor ist, ist er in einem solchen System für mobile Geräte *die* kritische Größe schlechthin[1]. Zum einen hängt die Verfügbarkeit von einzelnen Ressourcen und komplexen Diensten direkt von der Batterielebenszeit der dienstgebenden Geräte ab. Zum anderen sind Benutzer nur dann bereit, Ressourcen ihres mobilen Gerätes zur Verfügung zu stellen, wenn sie die Menge der dafür verwendeten Energie kontrollieren können und gegebenenfalls einen Ausgleich dafür erhalten.

Um das Paradigma gemeinsamer Ressourcennutzung in einem mobilen Kontext nutzbar zu machen, gilt es darum, die zum Einsatz kommenden Verfahren zum einen *energiebewusst*, zum anderen *energieeffizient* zu machen. Mit energiebewusst ist in diesem Fall gemeint, dass die Energiemenge, die für die Bereitstellung von Ressourcen aufgebracht werden muss, quantifizierbar ist. Das Wissen über die Energiekosten eines Dienstes kann die Grundlage für Entscheidungsstrategien sein, die die Laufzeit

[1] Die Ergebnisse einer Umfrage, die diese Behauptung unterstützen, sind im Anhang A dargestellt.

einzelner Geräte oder des Gesamtsystems verlängern. *Energieeffizient* bedeutet hier, dass die Software, die das Auffinden und Aufrufen von Ressourcen ermöglicht, selbst einen möglichst geringen zusätzlichen Energieverbrauch mit sich bringen soll.

Ziel dieser Dissertation ist es, das Konzept der gemeinsamen Ressourcennutzung für mobile Geräte besser, als dies mit bislang verfügbaren Geräten, Betriebssystemen und Softwareplattformen der Fall ist, nutzbar zu machen. Dazu gilt es, die inhärent vorhandene Beschränkung des Energiebudgets mobiler Geräte zu berücksichtigen und die wesentlichen Prozesse einer gemeinsamen Ressourcennutzung, nämlich die Vermittlung von Angebot und Nachfrage sowie die Entschädigung der Anbieter von Ressourcen, *energiebewusst* und *energieeffizient* zu gestalten. Dies ist eine wesentliche Voraussetzung für die Bereitschaft einzelner Nutzer, durch die Bereitstellung von Ressourcen an einem System zur gemeinsamen Ressourcennutzung mitzuwirken.

1.2 Beiträge dieser Dissertation

Zur Erreichung des oben beschriebenen Ziels leistet diese Dissertation vier wissenschaftliche Beiträge:

- **Energiebewusste Dienstgeberauswahl:** Viele der für eine gemeinsame Nutzung geeigneten Ressourcen eines mobilen Gerätes (Display, GPS-Modul, CPU, ...) tragen wesentlich zum Energieverbrauch eines mobilen Gerätes bei. Demzufolge ist das Anbieten von Ressourcen ein gravierender Einflussfaktor auf die Zeit, die ein mobiles Gerät mit einer Batterieladung betrieben werden kann. Mit geeigneten, energiebewussten Strategien zur Auswahl eines Ressourcenanbieters kann die Laufzeit der Geräte deutlich erhöht werden. Wie groß die Auswirkung solcher Auswahlstrategien auf die Laufzeit von Geräten ist, hängt auch davon ab, wie viele Geräte als Ressourcenanbieter zur Auswahl stehen, ob die Gerätemobilität dafür sorgt, dass oft unter verschiedenen Anbieter gewechselt wird und wie hoch der Grundverbrauch der Geräte ist. Diese Wechselwirkung wird untersucht und durch eine sorgfältige Analyse für die Auswahl einer geeigneten Strategie und sinnvoller Protokollparameter in bestimmten Szenarien nutzbar gemacht. Im Vergleich mit der besten Strategie, die Energie bei der Auswahl des Dienstgebers nicht berücksichtigt, kann durch die Nutzung einer energiebewussten Auswahlstrategie die Lebenszeit einzelner Geräte um bis zu 38 % gesteigert werden.

- **Plattformunabhängige Energiebedarfsschätzung:** Um den Energiebedarf einzelner Ressourcen als Entscheidungsgrundlage für die Auswahl eines Ressourcenanbieters heranziehen zu können, bedarf es einer Methodik, diesen Energiebedarf abzuschätzen. Bisherige Lösungen zielen ausschließlich auf eine bestimmte Kombination aus Hardware und Betriebssystem, oder sie setzen eine aufwendige Laboruntersuchung jeder neu entwickelten Anwendung für jede zu unterstützende Hardware voraus. Im Gegensatz dazu beruht der in dieser Dissertation vorgestellte generische Ansatz auf Testmessungen, die nur einmal pro Gerät durchgeführt werden müssen, und der näherungsweisen Lösung überbestimmter linearer Gleichungssysteme. Das Verfahren wurde auf drei hinsichtlich Hard- und Software heterogenen mobilen Geräten durchgeführt. Für alle drei Geräte weichen 90 % aller Schätzungen weniger als 10 % vom tatsächlichen Energiebedarf ab und der *Root Mean Square Error of Approximation* (RMSEA) der drei entwickelten Energiemodelle liegt unter 6 %.

- **Energieeffizientes Anreizsystem:** Es wurde ein speziell auf die gemeinsame Ressourcennutzung mit mobilen Geräten zugeschnittenes Anreizsystem entwickelt. Mit Hilfe dieses Anreizsystems ist es möglich, Nutzer, die Energie dafür aufwenden, Ressourcen für andere bereitzustellen, für diese Bereitschaft zu entschädigen. Dieses auf Hashmünzen basierende Anreizsystem zeichnet sich dadurch aus, dass für das Anreizsystem deutlich weniger Energie verbraucht wird als für Systeme, die auf Public Key Cryptography beruhen. So ist der Energieaufwand für die Verwendung von bis zu 330 Hashmünzen geringer als der Energiebedarf der für die Erzeugung und Überprüfung einer digitalen Signatur anfällt. Gleichzeitig erlaubt der vorgestellte Ansatz eine flexiblere Verwendung der Hashmünzen und stellt deshalb geringere Anforderungen an notwendige Kommunikationsinfrastruktur. Dies geht jedoch mit Missbrauchsmöglichkeiten durch böswillige Nutzer einher. Um diesen zu begegnen wird ein Prozess der nachträglichen Betrugserkennung vorgestellt. Mit Hilfe von Transaction Logs werden mutmaßliche Betrüger erkannt und der Betrug geahndet. Auch wenn bis zu 75 % der Teilnehmer gemeinsam betrügen, werden über 96 % der fälligen Strafzahlungen tatsächlichen Betrügern zugeordnet.

- **Energiebewusste und -effiziente Middleware:** Die drei zuvorgenannten Beiträge wurden in eine Middleware für Systeme zur gemeinsamen Ressourcennutzung mit mobilen Geräten integriert. Die so erweiterte Middleware dient zum einen zum Nachweis der Funktionstüchtigkeit des Konzeptes, zum anderen konnte so die Energieeffizienz der entwickelten Verfahren an einem Prototypen überprüft werden. Diese Middleware ist weitgehend plattformunabhängig; so ist es möglich, die entwickelten Konzepte auf vielen unterschiedlichen Geräten und Betriebssystemen einzusetzen.

1.3 Zugrunde liegende Veröffentlichungen

Diese Dissertation baut auf den Inhalten der folgenden Veröffentlichungen auf.

- Die in Kapitel 2 dargestellte Klassifikation bestehender Ansätze für gemeinsame Ressourcennutzung in einem mobilen Kontext wurde als Buchkapitel im *Handbook of Research on P2P and Grid Systems for Service-Oriented Computing* [79] erstmals präsentiert.

- Das Konzept der in Kapitel 4 erläuterten energiegewahren Architektur wurde beim *PhD-Forum der MobiSys 2008* Konferenz präsentiert [77] und in Form einer prototypischen Implementierung als Demonstrator bei der *MobiSys 2009* [78] vorgestellt.

- Der simulative Vergleich von Strategien zur Dienstgeberauswahl im Kapitel 5 wurde auf der Konferenz für *Wireless On demand Network Systems and Services (WONS 2011)* [80] präsentiert. Die Ergebnisse ausführlicherer Simulationen wurde im Journal *Computer Networks (Elsevier)* [81] veröffentlicht.

- Das in Kapitel 6 vorgestellte Anreizsystem sowie das Verfahren zur nachträglichen Betrugserkennung wurde auf der Konferenz *Kommunikation in verteilten Systemen (KivS 2011)* [150] präsentiert, die Untersuchung bezüglich des Energieverbrauchs dieses Verfahrens im Vergleich mit anderen Ansätzen wurde als Beitrag für den *NovaEnEv-Workshop* auf der *ICC 2012* [82] dargestellt.

- Die im Kapitel 7 beschriebene Herangehensweise zur Entwicklung eines modellbasierten Energieschätzers für mobile Geräte wurde ebenfalls auf der *WONS 2011* [80] erläutert, die verwendete Messmethodik wurde als Beitrag für den *NovaEnEv-Workshop* auf der *ICC 2012* [91] beschrieben.

1.4 Gliederung

Die vorliegende Dissertation ist wie nachfolgend beschrieben und in Abbildung 1.1 dargestellt gegliedert. Im Kapitel 2 dieser Abhandlung werden zunächst die elementaren Grundlagen, die für das Verständnis der Ausarbeitung notwendig sind, erläutert. Neben Ausführungen zum Verständnis dienstorientierter Architekturen finden sich Grundlagen zur experimentellen Bestimmung des Energieverbrauchs mobiler Geräte und zu relevanten Technologien der drahtlosen Kommunikation.

Die besonderen Herausforderungen, die sich durch den Einsatz mobiler Geräte in einem System zur gemeinsamen Ressourcennutzung stellen, werden gemeinsam mit Nutzungsszenarien für solche Systeme in Kapitel 3 dargestellt. Es wird ein Klassifikationsschema für System zur gemeinsamen Ressourcennutzung mit mobilen Geräten präsentiert und verwandte Forschungsarbeiten mittels dieses Schemas vorgestellt und eingeordnet.

Die Beschreibung der wissenschaftlichen Beiträge folgt einem Top-down-Ansatz. So wird in Kapitel 4 die Gesamtarchitektur für ein energiebewusstes System zur gemeinsamen Ressourcennutzung und eine prototypische Umsetzung dieser Architektur vorgestellt. In diesem Prototyp sind die Konzepte der Energieschätzung, des Anreizsystems und der Dienstgeberauswahl integriert. Der Prototyp wurde auch zu Messungen herangezogen, um die in den nachfolgenden Kapiteln 5 - 7 vorgestellten Verfahren hinsichtlich ihres Energiebedarfs auszuwerten. Im Rahmen der Beschreibung der Architektur und des Prototypen werden auch die erarbeiteten Konzepte zur Energieschätzung, Dienstgeberauswahl und des Anreizsystems erwähnt, um zu erklären, wie sie in die Gesamtarchitektur und den Prototypen einzuordnen sind. Eine genaue Beschreibung der Verfahren und Mechanismen erfolgt aber erst im weiteren Verlauf der Arbeit.

Die Kapitel 5 - 7 beinhalten die erarbeiteten Lösungsansätze zu den zentralen Fragestellungen nämlich der Energiebedarfsschätzung für Dienste auf mobilen Geräten,

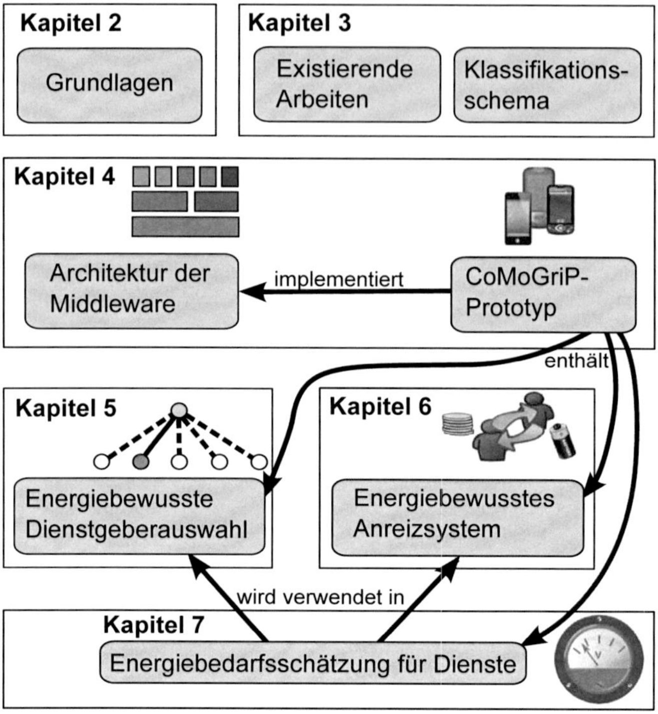

Abbildung 1.1 Überblick über die wissenschaftlichen Beiträge und die Struktur der Dissertation

der energiebewussten Dienstgeberauswahl sowie einen Vorschlag für ein energiebewusstes Anreizsystem für Dienstanbieter. Dabei greifen sowohl die energiebewusste Dienstgeberauswahl als auch das Anreizsystem auf die Energieschätzung als Werkzeug zurück.

Das abschließende Kapitel 8 fasst die Ergebnisse dieser Arbeit zusammen und gewährt einen Ausblick auf weiterführende Arbeiten.

Wenn die Menschen nur über Dinge reden würden, von denen sie etwas verstehen - das Schweigen wäre bedrückend.

(Robert Lembke)

2. Grundlagen

Um das Verständnis für die Problemstellung und die aufgezeigten Lösungsansätze zu fördern, werden zunächst die für diese Arbeit grundlegenden Begrifflichkeiten definiert und erläutert. So wird ein Überblick über die verbreitetsten Technologien für drahtlose Kommunikation mit mobilen Geräten vermittelt, die für den Aufbau eines Systems zur gemeinsamen Ressourcennutzung in Frage kommen. Dabei wird auf relevante Eigenschaften dieser Technologien eingegangen. Anschließend werden Grundlagen bezüglich der Energieverbrauchsmessung bei eingebetteten Geräten dargestellt. Ferner wird das Konzept dienstorientierter Architekturen vermittelt, da die in dieser Arbeit vorgestellten Lösungen für gemeinsame Ressourcenverwendung mobiler Geräte im Rahmen einer dienstorientierten Architektur umgesetzt werden. OSGi als konkrete Dienstplattform wird näher beschrieben, da der in Kapitel 4 vorgestellte Prototyp OSGi als Schlüsseltechnologie zur Realisierung einer dienstorientierten Architektur verwendet.

2.1 Drahtlose Kommunikation mit mobilen Geräten

In den vergangenen Jahren haben sich unter anderem drei Technologien zur drahtlosen Kommunikation mit mobilen Geräten etabliert: Zellulärer Mobilfunk (GSM und entsprechende Weiterentwicklungen wie UMTS, HSPA und LTE), WLAN und Bluetooth. Für die Umsetzung eines System zur gemeinsamen Ressourcennutzung bieten diese Technologien jeweils unterschiedliche Voraussetzungen hinsichtlich Netzaufbau, Betriebs- und Nutzungskosten und Energieverbrauch. Nachfolgend werden diese drei Schlüsseltechnologien ausführlich vorgestellt und es wird auf bezüglich dieser Arbeit relevante Eigenschaften eingegangen.

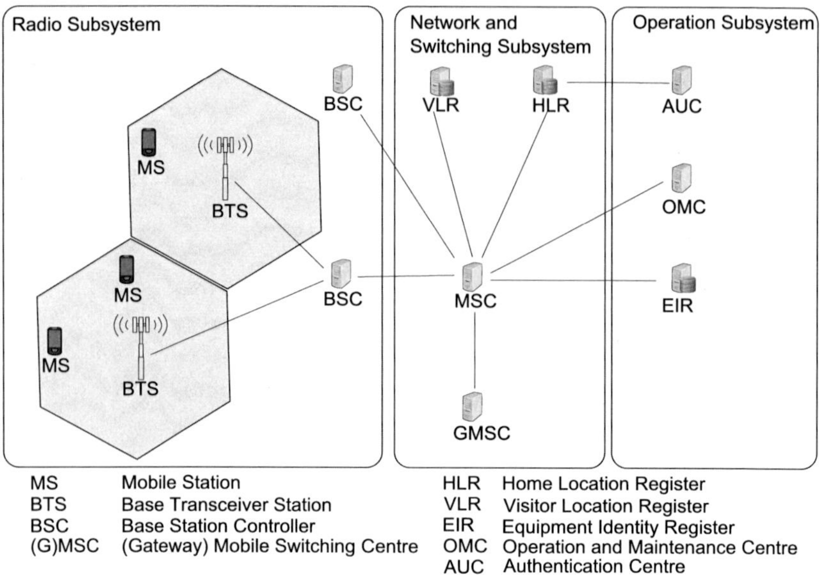

Abbildung 2.1 Aufbau eines GSM-Netzes

2.1.1 Zellulärer Mobilfunk

GSM, ein Mobilfunkstandard der zweiten Generation (2G), wurde ursprünglich in erster Linie für digitale Sprachkommunikation entwickelt. Die auf GSM aufbauenden Technologien der dritten (3G) und vierten Mobilfunkgeneration (4G) UMTS, HSPA und LTE, bieten dagegen neben einer höheren Übertragungsgeschwindigkeit vor allem auch paketvermittelte Datenübertragung. Da die Mobilfunknetze der dritten und vierten Generation hinsichtlich der integrierten Infrastruktur zur Authentifizierung von Teilnehmern und Abrechnung von erbrachten Leistungen über ähnliche Eigenschaften wie GSM verfügen, wird in diesem Kapitel der Aufbau eines GSM-Netzes exemplarisch für diese Familie der Mobilfunksysteme beschrieben. Besonders in Schwellen- und Entwicklungsländern wächst die Zahl von Nutzern der Mobilfunknetze nach wie vor rasant. 2010 wurden weltweit über 5 Milliarden registrierte Kunden gezählt, davon über 500 Millionen, die 3G Funktechnik nutzen [14]. Ericsson rechnet bis 2020 mit 50 Milliarden Geräten, die mittels GSM-basierter Funkkommunikation Daten austauschen [67]. Waren es anfänglich ausschließlich Mobiltelefone, die GSM nutzten, so gibt es heute eine Vielzahl an Geräteklassen, die diese Mobilfunktechnologie verwenden; mittlerweile gibt es Laptops, Tablet-Computer, MP3-Player, Navigationssysteme, E-Book-Lesegeräte und noch weitere Geräteklassen, die schon ab Werk GSM nutzen können, oder mittels entsprechender Peripheriegeräte dafür ausgerüstet werden können.

Abbildung 2.1 zeigt den Aufbau eines GSM-Netzes, das auch die Grundlage für die Weiterentwicklungen von GSM der dritten und vierten Generation ist. Neben dem drahtlosen zellulären Zugangsnetz, das als Radio Subsystem (RSS) bezeichnet wird, besteht es aus dem Vermittlungssystem (Network and Switching Subsystem, NSS) und dem Betreibersystem (Operation Subsystem, OSS). Das RSS besteht aus den Mobilstationen (MS) und mehreren Base Transceiver Stations (BTS) pro Standort, die von je einem Base Station Controller (BSC) verwaltet werden. Mittels Mobile Services Switching Centres (MSC) werden Verbindungen mit Kommunikationspartnern hergestellt, die sich außerhalb der Funkreichweite der MS befinden. Ein spezieller MSC, der Gateway MSC (GMSC), ermöglicht die Verbindung in andere, Nicht-GSM-Netze wie zum Beispiel das ISDN-Netz. In den Datenbanken Home Location Register (HLR) und Visitor Location Register (VLR) werden Daten wie die eindeutige Nutzerkennung oder der Aufenthaltsort der MS vorgehalten. Das HLR wird auch für die Erstellung von Abrechnungen und Verbindungsnachweisen herangezogen und kann die Datensätze zu mehreren Millionen Kunden enthalten. Ein VLR ist jeweils einem MSC zugeordnet und beinhaltet jeweils die Daten aller MS, die sich im Verantwortungsbereich eines MSC befinden. Dazu werden beim Eintritt einer MS in den Verantwortungsbereich eines MSC alle relevanten Daten aus dem HLR in das zugehörige VLR kopiert. Diese umfangreiche Infrastruktur der Netzbetreiber, die in ähnlicher Form auch in 3G- und 4G-Netzen vorhanden ist, kann auch für Systeme zur gemeinsamen Ressourcennutzung genutzt werden, wie dies unter anderem von Ananthanarayanan et al. [25] vorgeschlagen wird.

Hinsichtlich der Nutzung von zellulärem Mobilfunk für den Betrieb von Systemen zur gemeinsamen Ressourcennutzung sind vor allem die folgenden Eigenschaften dieser Technologie interessant:

- **Nutzung lizenzpflichtiger Frequenzbänder:** Für die Nutzung der für GSM und seine Nachfolger vorgesehenen Frequenzbänder müssen entsprechende Lizenzen erworben werden. Diese Tatsache sowie die für den Aufbau der Netze notwendigen Investitionen sorgen dafür, dass die Übertragung von Sprache und Daten — und damit auch die Nutzung der Ressourcen eines anderen Gerätes — über GSM in der Regel für den Benutzer mit Kosten verbunden ist.

- **Kommerzieller Betrieb der Netze:** Da die Netzinfrastruktur der Betreiber gegen ein Entgelt der Benutzer verwendet wird, sind Systeme zur Buchhaltung und Abrechnung der Nutzung integraler Bestandteil der Netzarchitektur. Jedes Teilnehmergerät beinhaltet eine SIM-Karte, die das Gerät gegenüber dem Netzbetreiber identifiziert und zur Authentifizierung herangezogen wird. Ferner besteht zwischen dem Nutzer eines Gerätes und dem Betreiber eines Mobilfunknetzes ein Vertragsverhältnis, das es dem Betreiber ermöglicht, Gebühren für die Nutzung des Netzes in Rechnung zu stellen und einzuziehen. Die Möglichkeit, Zahlungen abzuwickeln beziehungsweise Gutschriften zu verbuchen, könnte auch für ein Anreizsystem in einem System zur gemeinsamen Ressourcennutzung verwendet werden, wie dies etwa in [25] vorgeschlagen wird. Allerdings setzt dies voraus, dass entweder alle Teilnehmer des Systems zur gemeinsamen Ressourcennutzung Kunden des gleichen Netzbetreibers sind, oder zwischen verschiedenen Netzbetreibern entsprechende Abkommen für die Abrechnung bestehen.

- **Sicherheitsmechanismen:** Neben der Identifizierbarkeit der Teilnehmer bieten GSM und darauf aufbauende zelluläre Mobilfunksysteme umfangreiche Sicherheitsmechanismen. So werden Infrastruktur und Protokolle bereitgestellt, um die über die Luftschnittstelle übertragenen Daten zu verschlüsseln und unautorisierte Teilnehmer von der Nutzung des Mobilfunknetzes auszuschließen. Diese Sicherheitsmechanismen sind integraler Bestandteil der Mobilfunknetze und können, wenn ein Netzbetreiber dazu bereit ist, für die Realisierung eines Systems zur gemeinsamen Ressourcennutzung herangezogen werden.

- **Infrastrukturbasierte Kommunikation:** In GSM ist eine direkte Kommunikation von zwei Endgeräten (ohne die Infrastruktur des Netzbetreibers zu nutzen) nicht vorgesehen. Somit stellt GSM keine Option für die spontane Bildung eines Mobilen Ad-Hoc-Netzes (MANET) dar. Die Vernetzung zweier Geräte über GSM impliziert, dass beide Geräte auch andere, mit dem GSM-Netz verbundene Geräte, erreichen können. Haverinen, Siren und Eronen [90] zeigen eine weitere wichtige Implikation dieser infrastrukturbasierten Kommunikation auf: Von den Netzbetreibern werden oftmals sogenannte *stateful middleboxes* eingesetzt, die Network Address Translation (NAT) oder eine Firewall realisieren. Diese Zwischeninstanzen halten einen Zustand für jede aktive Verbindung. Anwendungen, die eine Verbindung auch über eine längere Zeit der Inaktivität hinweg erhalten wollen, müssen in regelmäßigen Abständen keep-alive Nachrichten versenden um diesen Zustand vor einer Löschung zu bewahren. Diese Nachrichten können zu einem erhöhten Stromverbrauch und damit zu einer schneller erschöpften Batterie führen.

- **Datenraten:** Die erzielbaren Datenraten variieren stark abhängig von der eingesetzten Generation der Mobilfunktechnik und der Ausbaustufe des jeweiligen Netzes. So sind mit GSM lediglich 14,4 Kbit/s zu erzielen, während UMTS Datenraten von 384 Kbit/s verspricht. HSPA ermöglicht in verschiedenen Ausbaustufen bis zu 21 Mbit/s im Downstream und bis zu 5,8 Mbit/s im Upstream. Im Mobilfunk der vierten Generation bietet LTE, das derzeit von den Netzbetreibern ausgebracht wird, bis zu 50 Mbit/s.

- **Energieverbrauch:** Die Leistungsaufnahme einer GSM-Schnittstelle ist mit der einer WLAN-Schnittstelle vergleichbar. Carroll und Heiser [49] belegen in ihrer Analyse einer Datenübertragung mittels WLAN und GPRS (durchgeführt mittels einer GSM-Schnittstelle) jedoch, dass durch den höheren Datendurchsatz mittels WLAN die Übertragung der gleichen Datenmenge mittels WLAN deutlich weniger Energie bedarf als mittels zellulärem Mobilfunk. Balasubramanian et al. [30] ermitteln den Energieaufwand für die Datenübertragung mittels 3G als bis zu sechs mal höher als bei der Verwendung von WLAN.

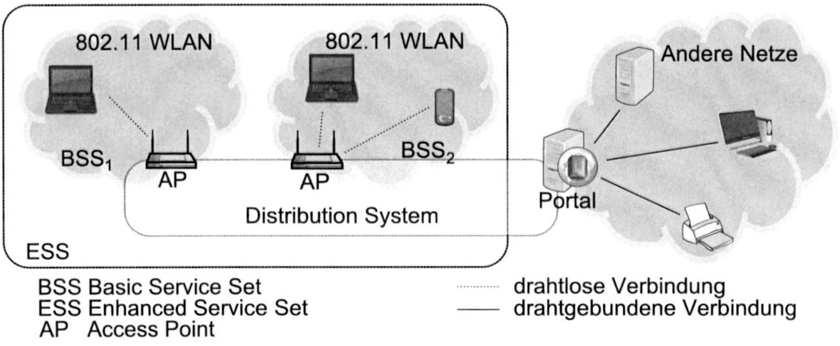

Abbildung 2.2 Aufbau eines infrastrukturbasierten WLANs nach IEEE 802.11

- **Reichweite:** Da die Funkverbindung zwischen Mobilgerät und Basisstation bei zellulärem Mobilfunk nur der Zugang zum Vermittlungsnetz des Mobilfunkanbieters ist, können weltumspannende Netze mit mobilen Teilnehmern aufgebaut werden.

2.1.2 WLAN nach IEEE 802.11

Im Gegensatz zu GSM bezeichnet WLAN (Wireless Local Area Network) (IEEE 802.11 [94]) keine Technologie, die ein WAN (Wide Area Network) aufbaut. Vielmehr wird ein lokales Netz aufgebaut, das jedoch durchaus als Zugangsnetz für ein WAN, zum Beispiel das Internet, dienen kann. Sowohl die Anzahl an Geräten, die entsprechende Hardware für die Kommunikation gemäß dem Standard IEEE 802.11 oder einer der Weiterentwicklungen enthalten, als auch die Dichte an mittels IEEE 802.11 betriebenen Netzen hat in den letzte Jahren rasant zugenommen. So berichten Jones et al. [96] von mehreren hundert WLAN-Netzen pro Quadratkilometer in Großstädten, in bestimmten innerstädtischen Bezirken sind sogar mehrere tausend Netze pro Quadratkilometern anzufinden (Valadon et al. [152] berichten von bis zu 3500 WLANs im 13. Bezirk von Paris).

Diese immense Dichte von drahtlosen Netzen die IEEE 802.11 als Funk- und Medienzugriffstechnologie einsetzen wird von Valadon [153] ursächlich vor allem darauf zurückgeführt, dass solche Netze nicht ausschließlich von kommerziellen Netzbetreibern, sondern auch und vor allem von privaten Nutzern eingerichtet werden können. Es sind weder große finanzielle Anstrengungen notwendig, noch erfordert die Einrichtung und der Betrieb eines solchen lokalen Netzes umfangreiche technische Kenntnisse. Für Endbenutzergeräte des täglichen Gebrauchs (Consumer Electronics, CE) wird eine weiter zunehmende Durchdringung mit WLAN prognostiziert. So geht das Marktforschungsinstitut Instat davon aus, dass 2015 über 400 Millionen Geräte verkauft werden, die mittels IEEE 802.11-Technologie zu kommunizieren im Stande sind [15].

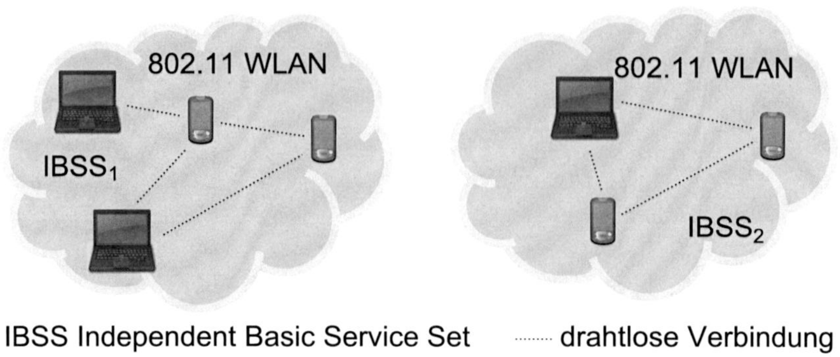

Abbildung 2.3 Aufbau von Ad-Hoc-WLANs nach IEEE 802.11

IEEE 802.11 sieht grundsätzlich zwei verschiedene Betriebsmodi für eine WLAN-Schnittstelle vor. Im Infrastrukturmodus sind mehrere Geräte drahtlos mit einem Access Point (AP) verbunden, wie dies in Abbildung 2.2 dargestellt ist. Die Geräte und der zugehörige AP, die sich in einem gemeinsamen Übertragungsbereich befinden, werden Basic Service Set (BSS) genannt. Ein Distribution System (DS) kann mehrere APs (und damit BSS) miteinander verbinden. So kann sich ein Netzwerk auch über die Reichweite eines einzelnen APs hinaus erstrecken. Die Menge aller so verbundenen Mobilgeräte und APs wird als Extended Service Set (ESS) bezeichnet. Wie genau das DS aufgebaut ist, ist durch IEEE 802.11 nicht vorgeschrieben. So können die APs selbst per Funk miteinander kommunizieren oder über Brücken und Switches miteinander verbunden sein, wie dies oftmals in Campusnetzen von Universitäten oder Firmen der Fall ist. In einem infrastrukturbasierten WLAN übernimmt der AP des Weiteren eine wichtige Rolle für das Energiemanagement der mobilen Geräte. Über ein Portal kann ein ESS mit anderen Netzen, zum Beispiel dem Internet, verbunden sein. Ein großer Anteil der ausgebrachten infrastrukturbasierten WLANs wird in erster Linie als Zugangstechnologie für eine Internetverbindung verwendet, zum Beispiel durch die Verbindung des WLANs mit dem Netz eines Internet Service Providers (ISP) über DSL oder Kabelmodem. Eine Untersuchung in Paris ergab, dass 2007 68 % der ausgebrachten WLAN APs von ISPs ausgeliefert wurden.

Ein alternativer Betriebsmodus für Netze nach IEEE 802.11 ist der Ad-Hoc-Modus. Im AdHoc-Modus ist kein AP für die Kommunikation zwischen zwei Teilnehmern notwendig. Stattdessen bilden die Teilnehmer, die sich in Reichweite ihrer jeweiligen Funksignale befinden, jeweils ein Independent Basic Service Set (IBSS). Insgesamt sieben Geräte in zwei räumlich voneinander getrennten IBSS sind in Abbildung 2.3 dargestellt. Auch der Betrieb mehrerer Ad-Hoc-Netze, die sich räumlich überlappen, ist möglich. Mechanismen zur Weiterleitung von Daten an Zielsysteme, die sich außerhalb der eigenen Funkreichweite befinden (Routing und Forwarding), werden von IEEE 802.11 nicht näher spezifiziert.

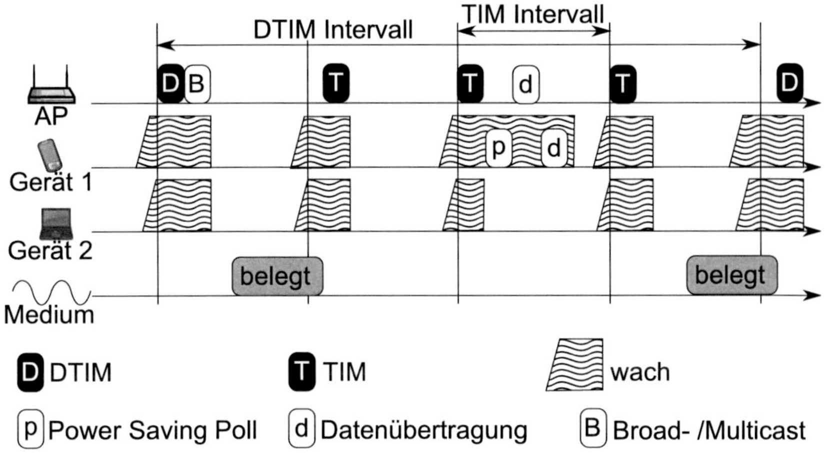

Abbildung 2.4 Energiesparmodus in IEEE 802.11 nach [143]

Weil ein beträchtlicher Teil der Geräte, die WLAN als bevorzugtes Kommunikationsmittel verwenden, batteriebetrieben ist, spielt der Energieverbrauch für die Verwendung von IEEE 802.11 genau wie bei der Nutzung von Mobilfunktechnologie (GSM, UMTS) eine wichtige Rolle. Die Schaltkreise eines eingeschalteten WLAN Funkchips erhöhen den Stromverbrauch eines mobilen Kommunikationsgerätes beträchtlich. IEEE 802.11 umfasst daher die Beschreibung eines Power Safe Mode (PSM), der es ermöglicht, die durchschnittliche Leistungsaufnahme der WLAN Bauteile deutlich zu senken. Dazu werden die Sende- und Empfangselektronik abgeschaltet, wenn sie nicht aktiv verwendet werden. Der Zustand eines Gerätes mit abgeschalteter Sende- und Empfangselektronik wird mit *schlafend* bezeichnet, ein Gerät mit sende- und empfangsbereiter Elektronik wird als *wach* bezeichnet. Um erfolgreiche Datenübertragungen zwischen Sender und Empfänger zu ermöglichen ist zum einen ein periodisches Aufwachen der Geräte und zum andern ein Puffern von Nachrichten bis zum Aufwachen des Empfängers notwendig.

Abbildung 2.4 veranschaulicht den Ablauf des Sendens und Empfangens in einem IEEE 802.11 Netzwerk im Infrastrukturmodus mit aktiviertem PSM. Alle Geräte des BSS erwachen in regelmäßigen Abständen. Hierzu versendet der AP im Rahmen der Timing Synchronization Function (TSF) in bestimmten Intervallen Funksignale (Beacons). Mit jedem Beacon wird vom AP eine Traffic Indication Map (TIM) verbreitet, die angibt, für welche Geräte eine Nachricht beim AP gepuffert wurde. Für Broadcast- und Multicast-Nachrichten wird eine Delivery Traffic Indication Map (DTIM) verbreitet. Der Abstand zwischen zwei DTIM-Nachrichten ist stets ein ganzzahliges Vielfaches des TIM-Intervalls. Ein Gerät, das aufwacht, bleibt zunächst mindestens so lange wach, bis es die TIM- beziehungsweise DTIM-Nachricht des AP empfangen hat. Im abgebildeten Beispiel verzögert sich der Empfang dieser

Nachricht im zweiten und fünften TIM Intervall geringfügig, da das Medium durch die Übertragung anderer Geräte (nicht abgebildet) anderweitig belegt ist, und der AP erst nach Beendigung dieser Übertragungen auf das Medium zugreifen kann. Zeigt eine DTIM-Nachricht an, dass eine Broadcast-Nachricht auf seine Zustellung wartet (wie im ersten TIM Intervall), so bleiben alle Geräte bis zur Beendigung der Übertragung wach. Wird in einer TIM kein Paket für ein Gerät angekündigt, so legt sich das Gerät sofort wieder schlafen, wie dies beide Geräte in diesem Beispiel im zweiten TIM Intervall tun. Wird eine Unicast-Sendung an ein Gerät angekündigt, so signalisiert dieses Gerät dem AP mittels eines Power Saving Poll, dass es bereit ist, diese Sendung zu empfangen. Erst dann sendet der AP die Nachricht an das Gerät. Nach dem Empfang dieser Daten kann das Gerät auch noch Daten, die an andere Geräte gesendet werden sollen, an den AP übermitteln, bevor es wieder in den Schlafzustand wechselt.

Im Ad-Hoc-Modus funktioniert der PSM ähnlich, allerdings muss hier der Sender selbst die Pufferung übernehmen, da es keinen AP gibt, der zentral für diese Pufferung verantwortlich ist. Des Weiteren ist die TSF komplexer, da alle Stationen gleichberechtigt sind, und somit kein Teilnehmer automatisch für das Senden von Beacons alleinig verantwortlich ist.

Für die Realisierung eines Systems zur gemeinsamen Ressourcennutzung sind im Besonderen die folgenden Eigenschaften von WLAN von Relevanz:

- **Übertragung auf lizenzfreiem Frequenzband:** Die Übertragung von Daten nach IEEE 802.11 geschieht in einem ISM-Band (Industrial, Scientific and Medical Band), einem Frequenzbereich, der ohne die Entrichtung von Lizenzgebühren genutzt werden darf. Dies sowie die Tatsache, dass die für einen Netzbetreiber notwendige Hardware in sehr großen Stückzahlen und sehr billig produziert und vertrieben wird, sorgt dafür, dass die Kosten für den Betrieb eines WLAN im Vergleich zum Betrieb eines GSM-Netzes vernachlässigt werden können. In der Folge werden zahlreiche IEEE 802.11 WLANs sowohl im Infrastrukturmodus als auch im Ad-Hoc-Modus ausgebracht, für deren Nutzung kein Entgelt zu entrichten ist. Zwar werden auch WLANs, die als Zugangsnetz zum Internet dienen, (Hotspots) kommerziell betrieben, allerdings stellt die Nutzung gegen Entgelt nicht die einzige Nutzungsform wie bei zellulärem Mobilfunk dar.

- **Sicherheitsmechanismen:** Auch WLAN bietet Mechanismen zur Verschlüsselung des Funkverkehrs [94]. Allerdings ist die Verwendung dem Betreiber eines Netzes freigestellt, so dass nicht für jedes WLAN vorausgesetzt werden kann, dass sich Teilnehmer vor Nutzung des Netzes authentifizieren müssen und der Funkverkehr zwischen Teilnehmer verschlüsselt wird.

- **Datenraten:** Die mit IEEE 802.11 erzielbare Datenrate liegt bei maximal 2 Mbit/s. Die nominellen Datenraten derzeit weit verbreiteter Erweiterungen von IEEE 802.11 (a/b/g/h/n) variieren von 11 Mbit/s (IEEE 802.11b) bis 600

Mbit/s (IEEE 802.11n unter Verwendung von mehrerer Sende- und Empfangsantennen (MIMO)). Dabei handelt es sich jedoch nicht um praktisch erzielbare Datenraten, da sich zum einen alle Geräte in einem Netzwerk die verfügbare Bandbreite für das Senden und Empfangen teilen und zum anderen das Medium bei einem unkoordinierten Zugriff mehrerer Geräte in der Regel nicht perfekt ausgelastet werden kann. Darüber hinaus sorgt der gemeinsame Betrieb verschiedener Erweiterungen von IEEE 802.11 in einem Netzwerk, zum Beispiel IEEE 802.11b und IEEE 802.11g, oftmals auch für eine deutlich niedrigere Datenrate als theoretisch zwischen zwei kommunizierenden Geräten möglich wäre. Die tatsächlich erzielbaren Datenraten in ausgebrachten WLANs liegen vielmehr zwischen 5 Mbit/s (IEEE 802.11b) und 120 Mbit/s (IEEE 802.11n) [22]. Damit bietet WLAN in der Regel deutlich höhere Datenraten als bislang mit zellulärem Mobilfunk verfügbar ist.

- **Energieverbrauch:** Für die Stromstärke, die eine WLAN-Schnittstelle mit aktivierter Sende- und Empfangselektronik verursacht, sind 100 mA bis 200 mA eine realistische Annahme [143]. Zwar gibt es mit PSM die Möglichkeit, diesen Energieverbrauch zu reduzieren, allerdings sind die oben beschriebenen Energiesparmechanismen auf mobilen Geräten im Ad-Hoc-Modus oftmals nicht verfügbar [145].

- **Reichweite:** Mit handelsüblichen WLAN-Geräten lassen sich auf freiem Feld Reichweiten von 30 bis 100 Metern erreichen, in Gebäuden sind Reichweiten von 15 bis 20 Metern üblich [143]. Wird WLAN als Zugangsnetz für das Internet verwendet, ist wie bei Verwendung von Mobilfunk eine weltweite Vernetzung WLAN-fähiger Geräte möglich.

2.1.3 Bluetooth

Neben der bislang vorgestellten Technologie für die Bildung von WLANs (IEEE 802.11) stellt Bluetooth eine weitverbreitete Vernetzungstechnologie für mobile Geräte dar. Bluetooth wurde entwickelt, um Wireless Personal Area Networks (WPAN) zu ermöglichen. WPANs bezeichnen die spontane Vernetzung von Geräten in einem Umkreis von typischerweise etwa 10 Metern. Sie sollen dafür keine Infrastruktur benötigen und sich durch einen geringen Energieverbrauch auszeichnen. Die Anzahl an mit Bluetooth ausgestatteten Geräten liegt derzeit weit über einer Milliarde und wächst schnell [39].

Bluetooth bietet die Möglichkeit eine Menge von Geräten entweder in Form eines *Piconetzes* oder mittels eines *Scatternetzes* zu verbinden. In einem Piconetz, wie es in Abbildung 2.5a abgebildet ist, können ein Mastergerät und bis zu sieben aktive Bluetooth Geräte als Slaves kommunizieren. Der Master ist in der Regel das Gerät, das die Bildung eines Piconetzes initiiert. Die sieben Slaves werden mittels einer drei Bit langen Adresse für die aktiven Geräte identifiziert. Weitere Geräte können dem Netz zwar angehören, müssen sich dann aber entweder im Zustand *parked* oder *standby* befinden. Diese beiden Zustände unterscheiden sich im Wesentlichen

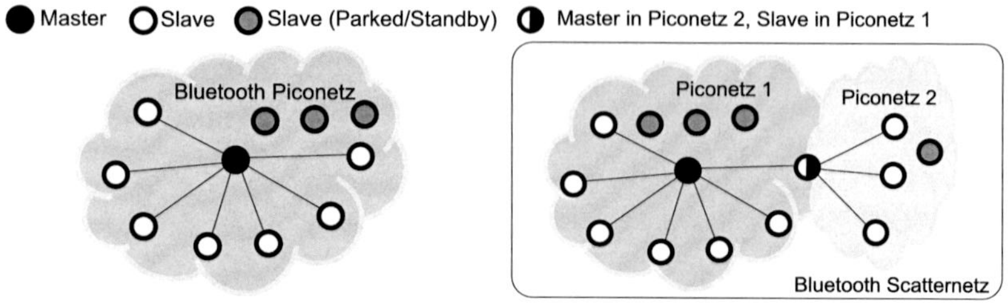

(a) Bluetooth Piconetz (b) Bluetooth Scatternetz

Abbildung 2.5 Mögliche Topologien eines Bluetooth-Netzes

dadurch, dass geparkte Geräte zwar keine Verbindung zu anderen Geräten haben, aber innerhalb weniger Millisekunden in den aktiven Zustand wechseln können. Geräte im Zustand *standby* dagegen nehmen gar nicht am Netzwerk teil und der Zustandswechsel, der vor einer aktiven Teilnahme notwendig ist, dauert deutlich länger, als bei geparkten Geräten.

Eine erweiterte Form der Vernetzung ist die Bildung eines Scatternetzes. Dabei werden mehrere Piconetze miteinander verbunden. Aufgrund der Realisierung der physikalischen Schnittstelle mit einem regelmäßigen Wechsel der Funkfrequenz, die durch den Master eines Piconetzes gesteuert wird, kann ein Gerät immer nur in einem Piconetz Master sein. Zur Verbindung mehrerer Piconetze in einem Scatternetz, wie dies beispielhaft in Abbildung 2.5b dargestellt ist, nimmt ein Slave aus dem Piconetz 1 in einem zweiten Piconetz teil. Dabei kann er im zweiten Piconetz entweder die Rolle des Masters übernehmen oder als aktiver Slave in Erscheinung treten. Durch die Konstruktion eines Scatternetzes kann die Zahl der teilnehmenden Geräte über die in einem Piconetz möglichen acht Geräte hinaus erhöht werden. Allerdings werden die für Scatternetze notwendigen Spezifikationsbestandteile nicht von allen Bluetooth-Geräten implementiert und der realisierbare Durchsatz ist niedrig, da Geräte, die als Verbindung mehrerer Piconetze dienen, jeweils nur abwechselnd mit dem Master des einen oder des anderen Netzes kommunizieren können.

Für die Realisierung eines Systems zur gemeinsamen Ressourcennutzung sind im Besonderen die folgenden Eigenschaften von Bluetooth von Relevanz:

- **Übertragung auf lizenzfreiem Frequenzband:** Genau wie IEEE 802.11 verwendet Bluetooth ein ISM-Frequenzband, das ohne die Entrichtung von Lizenzgebühren genutzt werden darf. Dementsprechend können Bluetooth-Netze ohne Weiteres von Privatpersonen aufgebaut und genutzt werden.
- **Nichtkommerzielle Nutzung:** Bluetooth-Netze werden in der Regel nicht von kommerziellen Betreibern aufgebaut und vermarktet, wie dies bei zellulären Mobilfunknetzen und zum Teil auch bei WLAN-Hotspots der Fall ist. Dementsprechend fallen für die Übertragung von Daten mittels Bluetooth keine Gebühren an.

- **Sicherheitsmechanismen:** Bluetooth bietet Mechanismen zur Authentifizierung mittels eines Challenge-Response-Verfahrens, zur Verschlüsselung der übertragenen Daten und zur Generierung von Sitzungsschlüsseln. Insgesamt drei Sicherheitsmodi stehen zur Verfügung (non-secure mode, service-level enforced security, link-level enforced security), so dass nicht im Allgemeinen davon ausgegangen werden kann, dass ausschließlich authentifizierte Kommunikationspartner verschlüsselte Daten austauschen.

- **Datenraten:** Die mit Bluetooth erzielbaren Datenraten unterscheiden sich je nach eingesetzter Version und genutztem Dienstprofil. Verallgemeinert kann gesagt werden, dass bis zu 2,1 Mbit/s an Daten übertragen werden, also eine deutlich geringere Datenrate erzielbar ist als mit WLAN.

- **Energieverbrauch:** Eine große Stärke von Bluetooth ist der moderate Energiebedarf für die Nutzung einer Bluetooth-Schnittstelle. Crk et al. [60] geben 30 mA als realistische Annahme für den Strombedarf einer Bluetooth-Schnittstelle an. Damit ist Bluetooth bezüglich des Energieverbrauchs deutlich günstiger als WLAN und zellulärer Mobilfunk.

- **Reichweite:** Bluetooth erlaubt im Betrieb als Piconetz die Vernetzung von Geräten, die sich in unmittelbarer Funkreichweite voneinander befinden. Die Reichweite variiert je nach Leistungsklasse des Gerätes. Geräte der Leistungsklasse 2, der die meisten Geräte angehören und für die keine aufwendige Leistungssteuerung vorgeschrieben ist, haben eine Reichweite von bis zu 10 Metern bei Vorhandensein einer Sichtverbindung. Bei Scatternetzen sind größere Reichweiten möglich, allerdings geht dies mit einer Verminderung des möglichen Durchsatzes einher.

2.1.4 Überblick und Vergleich

Jede der drei vorgestellten Möglichkeiten, mobile Geräte zum Aufbau eines Systems zur gemeinsamen Ressourcennutzung zu vernetzen, bietet Vorteile für bestimmte Nutzungsformen und Szenarien. Tabelle 2.1 stellt die Eigenschaften der drei beschriebenen Funktechnologien einander gegenüber. Dabei wird für WLAN zwischen den Betriebsformen Ad-Hoc und Infrastruktur unterschieden. Dies ist sinnvoll, da sich wichtige Eigenschaften wie Energieverbrauch, Reichweite und die Verfügbarkeit von Infrastrukturkomponenten unterscheiden, je nachdem welche Nutzungsform vorliegt. Für Bluetooth werden ausschließlich Piconetze betrachtet, da dies die verbreitete Nutzungsform von Bluetooth ist, während sich in der Praxis Scatternetze nicht durchsetzen konnten.

Der Energieverbrauch, der anfällt um Geräte miteinander zu verbinden und die Verbindungen aufrecht zu erhalten, ist bei Bluetooth mit Abstand am geringsten. Der Einfluss dieser Größe auf die Lebenszeit einzelner Knoten und des Systems zur gemeinsamen Ressourcennutzung wird in Kapitel 5 untersucht. Nachteilig sind bei Bluetooth jedoch die geringe Anzahl aktiver Geräte in einem Piconetz.

	Zellulärer Mobilfunk	WLAN (Ad-Hoc)	WLAN (Infrastruktur)	Bluetooth (Piconetz)
Frequenzband	lizenz-pflichtig	lizenzfrei (ISM)	lizenzfrei (ISM)	lizenzfrei (ISM)
Betrieb	kommerziell	privat	privat und kommerziell	privat
Datenraten	14,4 kbit/s - 50 Mbit/s	2 Mbit/s - 120 Mbit/s	2 Mbit/s - 120 Mbit/s	2,1 Mbit/s
Reichweite	weltweit	15 - 100 m (singlehop)	15 - 100 m (weltweit als Zugangsnetz zum Internet)	10 m
Energiebedarf	sehr hoch	hoch	moderat	niedrig
Infrastruktur	vorhanden	nicht vorhanden	vorhanden	nicht vorhanden
Sicherheits-mechanismen	vorhanden	optional	optional	optional

Tabelle 2.1 Vergleich drahtloser Kommunikationstechnologien

Der Einsatz von GSM bietet vor allem den Vorteil, dass die Vernetzung mobiler Geräte über zellulären Mobilfunk automatisch die Nutzung von Infrastruktur des Netzbetreibers und Ressourcen, die über das Internet erreichbar sind, ermöglicht. Dies beinhaltet insbesondere die Sicherheitsinfrastruktur des Netzbetreibers. Mehrere der im nachfolgenden Kapitel 3 vorgestellten verwandten Arbeiten schlagen vor, auf diese Infrastruktur zurückzugreifen, um Aufgaben wie Dienstverwaltung erbringen oder Zahlungssysteme zu realisieren.

WLAN zeichnet sich dagegen durch einen hohen Durchsatz aus. Darüber hinaus erlaubt es die Bildung von Ad-Hoc-Netzen und kann als Zugangstechnologie zum Internet eingesetzt werden. Zumindest im Infrastrukturbetrieb verfügt es über Mechanismen um den Energiebedarf wirkungsvoll zu senken. Ferner gibt es zahlreiche für ein System zur gemeinsamen Ressourcennutzung in Frage kommende Geräte wie Kameras, Navigationsassistenten und Medienplayer, die nicht über zellulären Mobilfunk, aber über WLAN vernetzt werden können.

Da für die Nutzung von zellulärem Mobilfunk Kosten anfallen, die vor der Bereitstellung eigener Ressourcen in einem System zur gemeinsamen Ressourcennutzung zusätzlich abschrecken, wird im Rahmen dieser Arbeit keine permanente Verfügbarkeit einer GSM- oder 3G-Verbindung vorausgesetzt. Dies ist eine vor allem für das in Kapitel 6 vorgestellte Anreizsystem relevante Rahmenbedingung.

2.2 DYMO-Routing in mobilen Ad-Hoc-Netzen

Um in spontan gebildeten Netzen, wie sie mittels Bluetooth und WLAN im Ad-Hoc-Modus aufgebaut werden können, auch mit Geräten kommunizieren zu können, die sich außerhalb der unmittelbaren Funkreichweite eines Gerätes befinden, sind MANET-Routingprotokolle notwendig. Mittels solcher Protokolle zur Wegewahl in MANETs ist es möglich, Weiterleitungspfade über mehrere Zwischenstationen zum eigentlichen Ziel einer Nachricht zu finden. Dabei dienen andere Endgeräte als Zwischenstationen bei der Weiterleitung von Nachrichten. Ein solches MANET-Routingprotokoll ist DYMO-Routing (Dynamic MANET On-demand Routing) [50]. Da DYMO-Routing in Kapitel 5 für die simulative Untersuchung und Bewertung der aus unterschiedlichen Strategien zur Auswahl eines Dienstgebers resultierenden Netzwerklast herangezogen wird, wird nachfolgend die grundlegende Funktionsweise dieses Protokolls erklärt.

DYMO-Routing baut auf AODV-Routing (Ad-hoc On-demand Distance Vector) auf und gehört zur Familie der *reaktiven* Routingprotokolle. Dies bedeutet, dass ein Weiterleitungspfad durch das MANET zu einem bestimmten Zielgerät erst dann gesucht wird, wenn ein Sendewunsch seitens einer Anwendung zu diesem Zielgerät vorliegt. Hierin unterscheiden sich die reaktiven Routingprotokolle von den *proaktiven* Routingprotokollen, die mögliche Wege zu Zielknoten unabhängig davon ermitteln, ob und wann diese gebraucht werden. DYMO-Routing eignet sich laut Chakeres und Perkins [50] für viele verschiedene Verkehrs- und Bewegungsmuster mobiler Geräte. Dies, sowie die Verfügbarkeit zahlreicher Implementierungen von DYMO-Routing, legen die Entscheidung nahe, dieses Protokoll für die Wegewahl in einem System zur gemeinsamen Ressourcennutzung im Kontext eines MANETs einzusetzen.

Die zwei Hauptaufgaben von DYMO-Routing sind der Aufbau und der Erhalt von Weiterleitungspfaden (Routen) durch das Netzwerk. Hierzu werden zwei unterschiedliche Routing-Nachrichten verwendet, *Route Requests* (RREQ) und *Route Replies* (RREP). Die Verwendung beider Nachrichten-Typen wird in Abbildung 2.6 an einem Beispiel erklärt:

Dargestellt ist ein MANET, bestehend aus 5 Geräten. In der abgebildeten Situation möchte die Quelle (Gerät Q) eine Nachricht an das Ziel (Gerät Z) schicken. Weil Z außerhalb der Funkreichweite von Q liegt, wird ein Prozess zur Findung einer Route zu diesem Gerät angestoßen. Darum wird durch das Versenden eines RREQs von Q der Routenfindungsprozess im MANET gestartet. RREQs werden per Broadcast an alle sich in Funkreichweite befindlichen Geräte verschickt (grauer Kreis, Schritt 1). Alle Geräte, die diese RREQ-Nachricht erhalten (Gerät A und Gerät B) nutzen die in dieser RREQ-Nachricht enthaltenen Informationen, um ihrer Routingtabelle hinzuzufügen, dass sie Gerät Q direkt erreichen können (Schritt 1). Diese Route zurück zu Gerät Q, dem Gerät, das den Prozess zur Routenfindung angestoßen

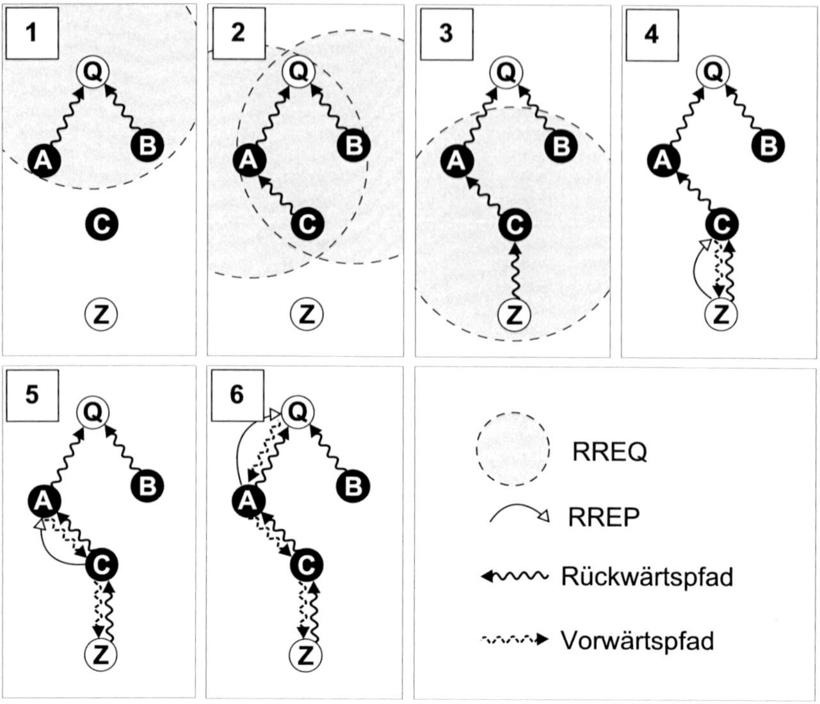

Abbildung 2.6 Routenfindung mit DYMO-Routing

hat, wird im Weiteren Rückwärtspfad genannt. Entlang dieses Rückwärtspfades werden im Erfolgsfall die erbetenen Routeninformationen, wie Gerät Z erreicht werden kann, zurück zu Gerät Q geschickt. Da weder Gerät A noch Gerät B über Informationen verfügen, wie Gerät Z zu erreichen ist, ergänzen sie die RREQ-Nachricht um Informationen zu sich selbst und leiten sie dann weiter, indem sie die Nachricht abermals per Broadcast versenden. Vor der Weiterleitung warten beide Geräte eine zufällige Zeit, um die Gefahr, gleichzeitig auf das Medium zuzugreifen, zu reduzieren. Nachfolgend wird davon ausgegangen, dass Gerät A vor Gerät B sendet. Gerät C erhält zuerst die von Gerät A weitergeleitete RREQ-Nachricht. Gerät C weiß nun, wie die Geräte Q und A erreicht werden können und fügt seiner Routingtabelle die Information hinzu, dass Gerät Q über Gerät A erreicht werden kann (Schritt 2). Da die später erhaltene Information, dass Gerät Q auch über Gerät B erreicht werden kann, keine Vorteile bietet, wird die für Q existierende Route (über A) nicht geändert. Der aufgebaute Rückwärtspfad ist nach Schritt 2 also $C \to A \to Q$.

Nach der abermaligen Ergänzung der RREQ-Nachricht um Informationen zu Gerät C leitet dieses die RREQ-Nachricht per Broadcast weiter. Dieses Mal ist Gerät Z ein Empfänger dieser Nachricht, der Rückwärtspfad von Gerät Z zu Gerät Q ist nun also komplett (Schritt 3). Da Gerät Z selbst der mittels der RREQ-Nachricht gesuchte Empfänger ist, erstellt es eine RREP-Nachricht. Diese RREP-Nachricht wird als Unicast an Gerät C, die nächste Station auf dem Rückwärtspfad gesendet (Schritt 4). Gerät C erfährt mittels dieser RREP-Nachricht, dass Gerät Z erreicht wurde und durch einen entsprechenden Eintrag in seiner Routingtabelle baut es einen Vorwärtspfad zu Gerät Z auf. Die RREP-Nachricht wird entlang des Rückwärtspfades als Unicast weitergeleitet und der Vorwärtspfad Schritt für Schritt aufgebaut (Schritte 4 - 6) bis schließlich das Gerät Q die RREP-Nachricht als Antwort auf seine RREQ-Nachricht erhält. Entlang des nun vollständig aufgebauten Vorwärtspfades können nun Daten von Gerät Q zu Gerät Z geschickt werden. Mit Hilfe von Sequenznummern in den Nachrichten wird gewährleistet, dass RREQ-Nachrichten nicht mehrfach von den gleichen Geräten weitergeleitet werden und sich somit Routingschleifen bilden.

Neben dem Finden ist auch die Instandhaltung von Routen Aufgabe des DYMO-Routingprotokolls. Hierzu dienen unter anderem RERR-Nachrichten (Routing Error): Stellt ein Gerät beim Weiterleiten einer Unicast-Dateneinheit fest, dass das nächste Gerät auf dem Weiterleitungspfad nicht mehr erreichbar ist (dies kann zum Beispiel durch Mobilität der Geräte oder den Ausfall eines Gerätes passieren), informiert es andere Geräte durch eine RERR-Nachricht. Diese wird an alle Geräte gerichtet, die auf eine bestimmte Multicast-Adresse hören. Bei Bedarf kann dann durch den Versand einer neuen RREQ-Nachricht eine neue Route gesucht werden. Da im dynamischen Umfeld eines MANETs davon auszugehen ist, dass gefundene Routen nicht beliebig lange intakt bleiben, werden Routen aus den Routingtabellen der Geräte gelöscht, wenn sie für eine durch einen Konfigurationsparameter festgelegte Zeitspanne nicht genutzt wurden.

Im Rahmen der Untersuchung in Kapitel 5 bezüglich der Netzwerklast, die aus der Verwendung bestimmter Strategien zur Auswahl eines Dienstgeber in einem MANET resultiert, ist vor allem die Anzahl der versendeten RREQ-Nachrichten von Interesse, da diese durch das Netzwerk geflutet werden und so zu einem hohen Nachrichtenaufkommen und somit einer hohen Netzwerklast führen.

2.3 Energiemessung bei eingebetteten Geräten

Grundlage für die Entwicklung eines Energiemodells für eingebettete Geräte, wie es in Kapitel 7 vorgestellt wird, ist die Messung des Energieverbrauchs während der Ausführung bestimmter Programme. Um den Energiebedarf (W) zu bestimmen, bedarf es der folgenden Gleichung entsprechend der Größen Spannung (U), Strom (I) und Zeit (t).

$$W = U \cdot I \cdot t \tag{2.1}$$

Während Spannung und Zeit unmittelbar durch geeignete Instrumente gemessen werden können, gibt es für die mittelbare Bestimmung des Stromflusses verschiedene, indirekte Methoden. Im Folgenden wird ein Überblick über verschiedene Ansätze gegeben und erläutert, warum die im Rahmen dieser Arbeit verwendete Methode gewählt wurde.

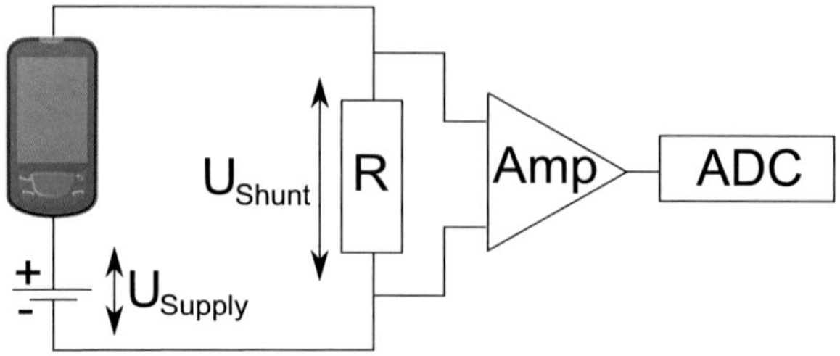

Abbildung 2.7 Strommessung mit Messwiderstand

2.3.1 Spannungsabfall am Messwiderstand

Ist es möglich, einen Messwiderstand (englisch: Shunt) mit bekanntem Widerstand R in Reihe mit dem Verbraucher, dessen Verbrauch zu bestimmen ist, zu schalten, so kann indirekt die Stromstärke ermittelt werden. Dazu wird aus der an diesem Widerstand abfallende und messbaren Spannung U_{Shunt} und dem bekannten R die Stromstärke $I = \frac{U_{Shunt}}{R}$ errechnet, die sowohl den Messwiderstand als auch den eigentlichen Verbraucher durchfließt. Abbildung 2.7 zeigt eine solche Schaltung. Da der am Messwiderstand auftretenden Spannungsabfall bedingt durch einen kleinen Widerstand sehr gering sein kann, wird diese Spannung in der Regel durch einen Operationsverstärker (Amp) verstärkt und dann über einen Analog Digital Converter (ADC) in einen diskreten, digitalen Wert gewandelt.

Dieses Verfahren ist einfach zu realisieren, wenn es um den Verbrauch eines eingebetteten Gerätes insgesamt geht. Dann kann der Messwiderstand zwischen Batterie und Gerät angebracht werden. Bei austauschbaren Batterien ist dies mit geringem Aufwand möglich. Soll der Verbrauch einzelner Komponenten ermittelt werden, so muss der Messwiderstand in die Schaltung des Gerätes integriert werden, was mit deutlich höherem Aufwand verbunden ist. Manche Geräte bieten hierfür eigene Schnittstellen auf der Platine an, wie von Carroll und Heiser [49] geschildert, dies ist jedoch eine Ausnahme. Zwei Aspekte dieser Messmethodik gilt es im besonderen Beachtung zu schenken. Zum einen muss der Messwiderstand R so gewählt werden, dass die zu messenden Ströme innerhalb des durch den Messwiderstand vorgegebenen Messbereichs liegen – ein Messwiderstand, der die Messung hoher Ströme zulässt, erlaubt die Messung sehr kleiner Ströme nur mit reduzierter Genauigkeit. Zum anderen wird die Spannung U_{Supply}, mit der das Gerät versorgt wird, durch den vorgeschalteten Messwiderstand beeinflusst. Dies kann, falls der Spannungsabfall am Messwiderstand einen gewissen Toleranzbereich des Gerätes übersteigt, zu einem veränderten Verhalten des Gerätes führen, was nicht erwünscht ist. So kann es beispielsweise zu einem spontanen, nicht vom Benutzer initiierten Neustart des Gerätes kommen, wenn die durch den Messwiderstand reduzierte Versorgungsspannung bei hohen Strömen einen Mindestwert unterschreitet.

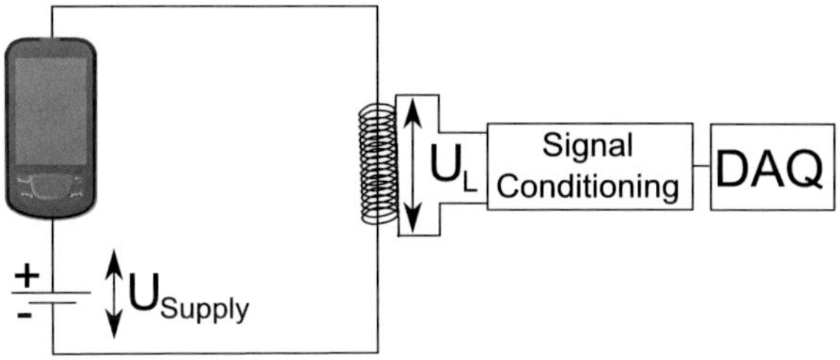

Abbildung 2.8 Strommessung mit induktiver Messzange

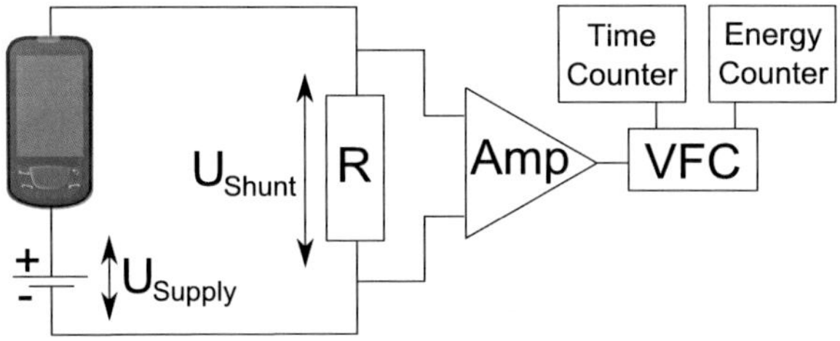

Abbildung 2.9 Strommessung durch Spannungs-Frequenzwandlung

2.3.2 Induktion in einer Messzange

Eine alternative Herangehensweise, um die Stromstärke zu bestimmen, ist die Verwendung einer Messzange wie dies Milenkovic et al. [120] beschreiben. Dabei ist das Messinstrument und der Stromkreislauf des zu untersuchenden Gerätes galvanisch getrennt. Eine Messzange wird dazu verwendet eine elektrischen Spule um eine Leiterbahn zu legen, durch die das zu untersuchende Gerät mit Strom versorgt wird. Eine schematische Darstellung dieses Vorgehens ist in Abbildung 2.8 zu sehen. Durch das elektrische Feld um diesen Leiter, das durch den Stromfluss verursacht wird, wird in der Spule eine Spannung U_L induziert. Diese wiederum kann gemessen werden und lässt auf die Stärke des fließenden Stroms schließen. Dazu wird das Spannungssignal durch eine geeignete Schaltung (Signal Conditioning) verarbeitet und mittels eines Gerätes zur Messdatenermittlung (Data Aquisition, DAQ) aufgenommen und gespeichert. Problematisch an diesem Verfahren ist vor allem der technische Aufwand, der notwendig ist, um die Spule richtig zu platzieren. Die Spule ist jeweils zu kalibrieren, wenn der Verbrauch eines Gerätes ermittelt werden soll.

2.3.3 Spannungs-Frequenzwandlung

Es gibt auch Verfahren, die dazu konzipiert wurden, *in* das Gerät, dessen Energieverbrauch bestimmt werden soll, integriert zu werden. Dazu zählt der Ansatz der Spannungs-Frequenzwandlung, wie er von Jiang et al. [95] vorgeschlagen wird. Hier wird sowohl ein Messwiderstand als auch ein spezielles Bauteil, ein Spannungs-Frequenzwandler (Voltage Frequency Converter, VFC) direkt in die Schaltung des zu untersuchenden Gerätes eingebaut, wie dies in Abbildung 2.9 dargestellt ist. Je höher die am Messwiderstand abfallende und durch einen Operationsverstärker (Amp) verstärkte Spannung ist, desto höher ist die Frequenz des vom VFC generierten Ausgangssignals. Durch die Zustandswechsel des Ausgangssignals des VFC kann somit der Energieverbrauch des Gerätes ermittelt werden. Ist eine solche Schaltung in ein Gerät integriert, so sind Untersuchungen den Energieverbrauch betreffend vielfach leichter als in Fällen, in denen das Gerät zunächst aufwendig instrumentiert werden muss. Ferner zeichnet sich dieses Verfahren dadurch aus, dass eine hohe Dynamik der zu messenden Größe, nämlich der Stromstärke, abgebildet werden kann. Sowohl sehr geringe als auch große Ströme können gemessen werden. Allerdings ist bei kleinen Strömen die resultierende Frequenz des VFC-Ausgangssignals gering, was zu einer niedrigen zeitlichen Auflösung des gemessenen Stromverbrauchs führt.

2.3.4 Ladungszähler

Ebenfalls für die Integration in ein Gerät geeignet sind sogenannte Coulomb Counter, also Ladungszähler. Ein solcher Zähler kann aus einem Kondensator bestehen, der aufgeladen wird und dessen Entladestrom dann für die Stromversorgung des zu untersuchenden Gerätes genutzt wird. In Abbildung 2.10 ist eine mögliche Realisierung eines Coulomb Counters schematisch dargestellt. Die Energieversorgung wird durch den Entladestrom zweier Kondensatoren bereitgestellt, die durch eine ensprechende Schaltung abwechselnd beladen und entladen werden. Da die Kapazität der Kondensatoren C_1 und C_2 bekannt ist, kann anhand der Zeit, die für die Entladung benötigt wird, der fließende Strom errechnet werden. Ein solcher Aufbau wird beispielsweise von Andersen et al. [26] zur Strommessung bei Sensorknoten verwendet. Alternativ kann ein Coulomb Counter auch durch einen Schalt-Spannungsregler realisiert werden, der in manchen Geräten ohnehin verbaut ist [65]. Hierbei kann man die Schaltvorgänge des Spannungsreglers zählen. Da die Frequenz dieser Schaltvorgänge proportional zum fließenden Strom ist, kann so die Stärke des fließenden Stroms berechnet werden. Nachteilig an diesem Verfahren ist wie auch beim zuvor beschriebenen Verfahren mittels VFC, dass bei geringen Strömen lediglich eine Aufzeichnung der Stromstärke mit grober zeitlicher Auflösung möglich ist.

2.3.5 Diskussion

Für alle Energiemessungen, die im Rahmen dieser Arbeit durchgeführt wurden, wurde die in Abschnitt 2.3.1 beschriebene Vorgehensweise mittels eines Messwiderstandes genutzt. Ausschlaggebend für diese Wahl sind die folgenden Beweggründe:

- Für das Verfahren zur Erstellung eines Energiemodells (Kapitel 7) sollen keine weitreichenden Annahmen über das Vorhandensein bestimmter elektronischer Bauteile, wie beispielsweise eines Coulomb Counters oder eines bestimmten Typs von Spannungsregler, getroffen werden. Nur so bleibt die Anwendbarkeit für eine breite Klasse an Geräten gewährleistet.

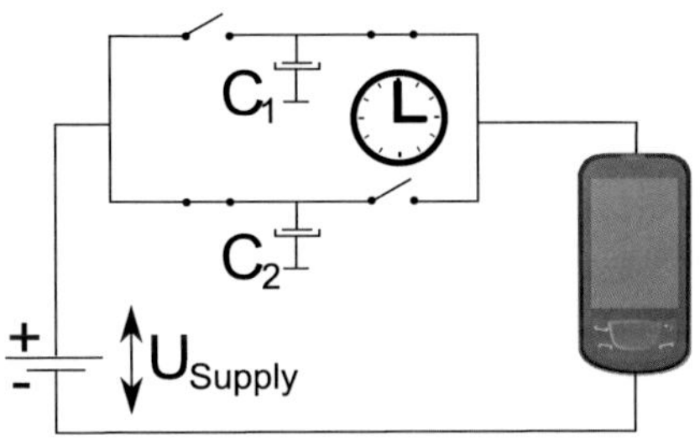

Abbildung 2.10 Strommessung mittels Ladungszähler

- Da mobile Kommunikationsgeräte in der Regel über eine gut zugängliche und austauschbare Batterie verfügen, ist es leicht, einen Messwiderstand anzubringen. Da die Verwendung eines Messwiderstandes einfacher und mechanisch robuster ist als die Platzierung einer Spule um den elektrischen Leiter herum, wurde diese Option bevorzugt.

- Die Verwendung eines Messwiderstandes erlaubt die kostengünstige und schnelle Anpassung des maximalen Messbereiches an die maximal auftretende Stromstärke bei unterschiedlichen Geräten. Hierfür ist nur der Austausch des Messwiderstandes und eine entsprechende Skalierung der Messwerte notwendig.

- Die in Abschnitt 2.3.1 beschriebenen Nachteile des Verfahrens, nämlich die geringere Spannung, mit der das Gerät versorgt wird, sowie der geringere Dynamikumfang im Vergleich mit anderen Verfahren, fallen nicht ins Gewicht. Der durch den Messwiderstand verursachte Spannungsabfall lag bei allen untersuchten Geräten innerhalb der Toleranzgrenzen des Gerätes und die Ströme, die bei einem solchen Gerät während der Bereitstellung von Ressourcen fließen, liegen weit oberhalb des Bereichs weniger μA, in dem sich der geringere Dynamikumfang durch einen größeren relativen Messfehler niederschlägt.

2.4 Dienstorientierte Architekturen

Die gemeinsame Verwendung von Ressourcen durch mobile Kommunikationsgeräte, die über ein Netzwerk miteinander verbunden sind, stellt ein gut geeignetes Einsatzfeld für sogenannte dienstorientierte Architekturen (Service Oriented Architecture, SOA) dar. Laut Definition des OASIS-Konsortiums (Organization for the Advancement of Structured Information Standards) ist SOA ein *„Paradigma für die Organisation und Nutzung verteilter Fähigkeiten, die unter der Kontrolle verschiedener Eigentümer stehen können“* [117, S.8]. Diese Beschreibung trifft auf das im Rahmen dieser Arbeit betrachtete Szenario im Besonderen zu, da mobile Kommunikationsgeräte wie Smartphones, Laptops und persönliche digitale Assistenten in aller Regeln einzelnen Individuen gehören und sich somit in unterschiedlichen

Besitzdomänen befinden. Als die in dieser Definition beschriebenen *verteilten Fähigkeiten*, deren Nutzung es zu organisieren gilt, werden im Kontext dieser Arbeit die Ressourcen, also die Betriebsmittel mobiler Geräte bezeichnet. Dies beinhaltet Rechenkapazität, Speicherkapazität, Sensoren oder Ein- und Ausgabegeräte. Auch die Energie, die für den Betrieb der entsprechenden Bauteile aufgewendet wird, ist letztlich eine Ressource, die gemeinsam genutzt werden kann und deren gemeinsame Nutzung es zu organisieren gilt. Im Rahmen einer dienstorientierten Architektur wird der Zugriff auf diese Ressourcen über wohldefinierte Schnittstellen in Form von Diensten ermöglicht. Dabei kann ein Dienst den Zugriff auf eine einzelne Ressource ermöglichen, oder aber die Nutzung mehrerer Ressourcen bündeln.

Dienstorientierte Architekturen erlauben es, Ressourcen in auf mehrere Geräte verteilte Anwendungen zu integrieren. Somit werden diese Ressourcen zum einen einem größeren Kreis von Nutzern als nur dem unmittelbaren Eigentümer der Ressource zugänglich gemacht, zum anderen besteht die Möglichkeit, Funktionalität mehrfach und unkompliziert wiederzuverwenden. Der Zugriff auf Ressourcen mittels Diensten und wohldefinierten Schnittstellen erleichtert die Erweiterung der Anwendung und ermöglicht Interoperabilität mit anderen Anwendungen. Auch wenn der SOA-Begriff stark im Umfeld großer Unternehmensanwendungen zur Abbildung von Geschäftsprozessen geprägt wurde, eignet sich das Paradigma der dienstorientierten Architektur gut, um eine gemeinsame Ressourcennutzung durch mobile Geräte umzusetzen. In den nachfolgenden Abschnitten wird das zentrale Konzept einer SOA, nämlich der Dienst, beschrieben. Des Weiteren werden die Begriffe für einzelne Bestandteile einer SOA eingeführt und für den weiteren Gebrauch im Rahmen dieser Arbeit definiert.

Der Ansatz, Ressourcen in Form von Diensten für die Nutzung bereitzustellen, bietet die Möglichkeit, durch starke Kapselung und die Verwendung von definierten Schnittstellen, einen modularen Softwareentwurf zu realisieren. Ähnlich wie bei der objektorientierten Programmierung soll dies in einer losen Kopplung der einzelnen Dienste resultieren. Das Verbergen von Implementierungsdetails hinter definierten Schnittstellen ermöglicht zum einen die Verringerung von Komplexität und zum anderen das Austauschen von einzelnen Diensten. So können einzelne Dienste unverändert wiederverwendet werden, während andere ersetzt oder modifiziert werden können, um die Funktionalität zu erweitern, Fehler zu beheben oder einen Dienst an veränderte Voraussetzungen anzupassen.

2.4.1 Begriffe einer dienstorientierten Architektur

Nachfolgend werden die zentralen Begriffe, die für die Beschreibung einer dienstorientierten Architektur und das Verständnis dieser Arbeit notwendig sind, beschrieben. Im Wesentlichen folgt die Verwendung der Begriffe in dieser Arbeit der Definition, die auch von OASIS [117] verwendet wird.

Dienst

Ein Dienst bezeichnet laut dem Referenzmodell für dienstorientierte Architekturen [117] einen *„Mechanismus, der den Zugriff auf eine oder mehrere Ressourcen* *ermöglicht, wobei der Zugriff über eine vorgeschriebene Schnittstelle erfolgt und in Übereinstimmung mit in einer Dienstbeschreibung festgelegten Einschränkungen und Vorgehensweisen erfolgt"*. Bis auf die Informationen, die für die Auswahl eines Dienstes notwendig sind, wird die eigentliche Implementierung des Dienstes vor Dienstnehmern verborgen. Das Resultat eines Dienstaufrufs durch einen Dienstnehmer ist entweder die Übermittlung einer angeforderten Information, ein Zustandswechsel des verteilten Systems oder eine Kombination dieser beiden. So kann ein mobiles Gerät zum Beispiel den Zugriff auf seine Ressource „GPS-Einheit" in Form eines Lokalisations-Dienstes ermöglichen. Das Ergebnis hiervon ist sowohl ein möglicher Zustandswechsel (die Liste erreichbarer Satelliten wurde aufgefrischt, eine neue Positionsberechnung wurde durchgeführt und das Ergebnis liegt vor) als auch die Übermittlung einer Information, in diesem Fall die der als Rückgabewert gewünschten Ortskoordinaten.

Dienstbeschreibung

Die Informationen, die für die Nutzung eines Dienstes vonnöten sind, werden in Form einer Dienstbeschreibung zusammengefasst. Hierfür gibt es mächtige und umfangreiche Beschreibungssprachen wie beispielsweise die vom W3C geförderte Web Services Description Language (WSDL) [41, 53, 54] oder die sich derzeit auf dem Weg zu einer Standardisierung befindliche Unified Service Description Language. Im Rahmen dieser Arbeit wird eine Beschreibungsform für Dienste verwendet, bei der jeder Dienst mittels einer Liste, die Schlüssel-Wert-Paare beinhaltet, beschrieben wird. Solche Dienstbeschreibungen sind einfach zu erstellen und verarbeiten, für Menschen gut lesbar und können als Java-Properties [8] unkompliziert implementiert werden. Alle im Rahmen dieser Arbeit betrachteten Diensteigenschaften lassen sich mit dieser Form der Dienstbeschreibung präzise angeben. Eine solche Dienstbeschreibung für den oben beispielhaft angeführten Dienst, der aktuelle Ortsdaten bereitstellt, kann wie folgt aussehen:

```
name=localisation;
provider=192.168.1.17;
type=GPS;
accuracy=5m;
energy consumption=1000mAs;
```

Dienstgeber

Als Dienstgeber wird eine Einheit verstanden, die mittels eines Dienstes die Nutzung von Ressourcen anbietet. Zwar wird darunter im engeren Sinne der OASIS-Beschreibung [117] eine Person oder eine Organisation verstanden, im Rahmen dieser Arbeit wird darunter jedoch das mobile Kommunikationsgerät selbst verstanden, dessen Ressourcen zur Benutzung bereitgestellt werden. So kann zum Beispiel ein Smartphone, das über eine integrierte GPS-Einheit verfügt, als Dienstgeber in Erscheinung treten und den Zugriff auf die Ressource „GPS-Einheit" mittels eines Lokalisations-Dienstes gestatten.

Dienstnehmer

Ein Dienstnehmer ist eine Einheit, die Ressourcen eines anderen Gerätes verwendet, die in Form eines Dienstes zur Nutzung angeboten werden. Auch dieser Begriff bezeichnet im Rahmen dieser Arbeit ein mobiles Kommunikationsgerät. So kann ein Mobiltelefon, das nicht selbst über die notwendige Hardware verfügt, als Dienstnehmer die Ortsdaten von einem sich in der Nähe befindlichen Dienstgeber beziehen und so beispielsweise ein Foto mit einer Ortsmarkierung versehen.

Dienstverwalter

Die Aufgabe des Dienstverwalters besteht im Führen eines Verzeichnisses, in dem aufgeführt wird, welcher Dienstgeber welchen Dienst anbietet. Ein Dienstverwalter kann, muss aber nicht auf einem von Dienstgebern und Dienstnehmern separaten Gerät ausgeführt werden. Eine Möglichkeit der Umsetzung ist, dass auf jedem beteiligten Gerät ein Dienstverwalter ausgeführt wird, der alle bekanntgemachten Dienste registriert und etwaige Anfragen beantwortet.

Dienstbekanntmachung

Die Bereitschaft, eine Ressource mittels eines Dienstes zugänglich zu machen, äußert ein Dienstgeber mittels der Dienstbekanntmachung (*Service Announcement*). Abhängig davon, wie viele Instanzen eines Dienstverwalters in dem verteilten System zum Einsatz kommen, kann eine solche Dienstbekanntmachung entweder gezielt an einen Dienstverwalter zugestellt werden, lediglich in einem lokalen Registrierungseintrag bei der Dienstverwaltung des Dienstgebers bestehen, oder mit geeigneten Kommunikationsmitteln an alle Teilnehmer in Reichweite verbreitet werden. Abbildung 2.11 veranschaulicht diese drei Möglichkeiten. In jedem Fall beinhaltet eine solche Dienstbekanntmachung alle Informationen, die zum Aufruf des Dienstes notwendig sind. Anzumerken ist, dass im Fall dedizierter Dienstverwalter im Netzwerk alle Dienstgeber über apriorisches Wissen verfügen müssen, nämlich welche Geräte als Dienstverwalter fungieren und wie diese erreicht werden können.

Dienstsuche

Als Dienstsuche (*Service Discovery*) wird der Vorgang bezeichnet, in dem ein Dienstnehmer den Dienstverwalter kontaktiert, um nach einem oder mehreren geeigneten Dienstgebern zu suchen. Dabei kann die Menge der in Frage kommenden Dienstgeber durch die Angabe von Anforderungen eingegrenzt werden. Mittels der Dienstbeschreibung der registrierten Dienste kann so ein passender Dienstgeber vermittelt werden. Auch die Dienstsuche kann auf verschiedene Art und Weise durchgeführt werden. Gibt es dedizierte Dienstverwalter, die allen Dienstnehmern bekannt sind, so kann die Dienstsuche mittels einer Anfrage an einen Dienstverwalter durchgeführt werden. Wenn jedes Gerät über eine Dienstverwaltung verfügt, so kann eine Anfrage, abhängig davon, ob die Dienste im ganzen Netzwerk bekannt gemacht wurden oder lediglich beim Dienstgeber lokal registriert wurden, lokal beim Dienstnehmer bearbeitet werden, oder muss im Netz verbreitet werden. Abbildung 2.12 veranschaulicht diese drei Möglichkeiten.

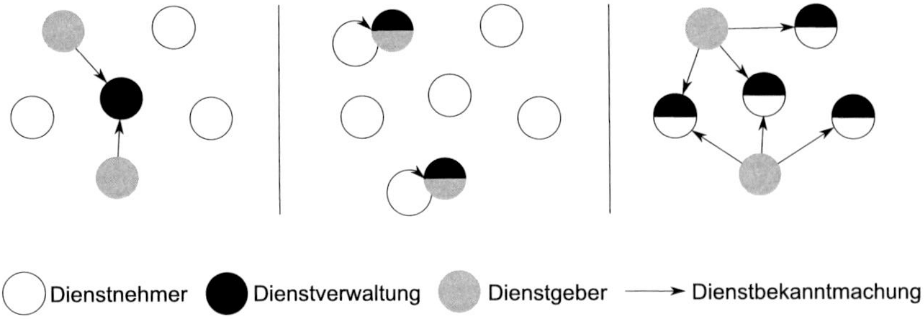

Abbildung 2.11 Drei Varianten der Dienstbekanntmachung. Links: Dienstgeber registrieren ihre Dienste bei einem dedizierten Gerät (Dienstverwaltung). Mitte: Dienstgeber registrieren ihre Dienste lokal und fungieren selbst als Dienstverwaltung (pull). Rechts: Dienstgeber verbreiten die Dienstbekanntmachung im Netz zu potentiellen Dienstnehmer, die die Dienstverwaltung bereitstellen (push)

Dienstauswahl

Gibt es mehrere potentielle Dienstgeber für einen Dienstnehmer, so muss in einem weiteren Schritt, der Dienstauswahl (Service Selection), die Entscheidung getroffen werden, welcher dieser Dienstgeber mit einer Dienstanfrage kontaktiert werden soll. Diese Auswahl kann anhand verschiedener Kriterien geschehen. Denkbar sind Kommunikationskosten (ist der Dienstgeber weit vom Dienstnehmer entfernt?), Energiekosten (verbraucht der Dienstgeber viel Energie für die Erbringung dieses Dienstes?), monetäre Kosten oder die verfügbare Dienstgüte. In Kapitel 5 werden verschiedene Strategien zur Dienstauswahl vorgestellt und deren Auswirkungen simulativ untersucht. Die Dienstauswahl kann von der Dienstverwaltung vorgenommen werden, so dass immer nur ein möglicher Dienstgeber als Resultat der Dienstsuche an den interessierten Dienstnehmer zurückgegeben wird. Alternativ kann die Dienstauswahl aber auch vom Dienstnehmer durchgeführt werden, der von der Dienstverwaltung eine Liste möglicher Dienstgeber als Resultat der Dienstsuche erhält.

Dienstanfrage

Unter Dienstanfrage (*Service Request*) wird der Vorgang verstanden, mit der ein Dienstnehmer bei einem Dienstgeber die Erbringung eines bestimmten Dienstes anfordert. Da der Dienstgeber durch die Dienstsuche und die Dienstauswahl eindeutig bestimmt ist, kann eine Dienstanfrage gezielt an einen Dienstgeber gerichtet werden. Je nach Dienst beinhaltet eine Dienstanfrage alle Informationen, die der Dienstgeber für die Erfüllung der Anfrage benötigt.

Dienstantwort

Die Dienstantwort (*Service Reply*), die der Dienstgeber einem Dienstnehmer als Antwort auf eine Dienstanfrage zukommen lässt, kann einen Rückgabewert des

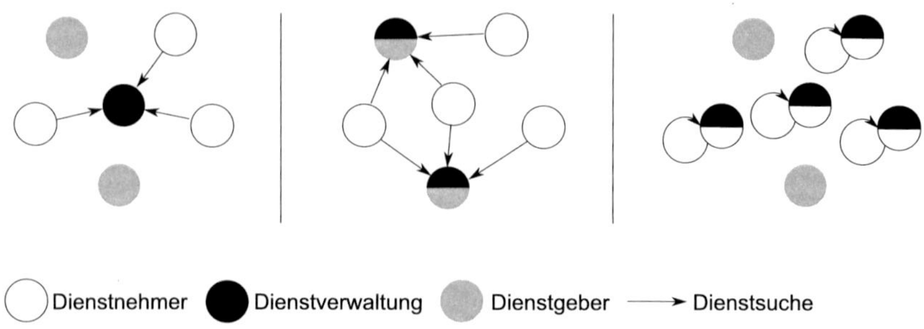

Abbildung 2.12 Drei Varianten der Dienstsuche. Links: Dienstnehmer erfragen Dienstgeber bei einem dedizierten Gerät (Dienstverwaltung). Mitte: Dienstnehmer erfragen Dienste durch Anfragen an alle erreichbaren Dienstgeber, die ihre Dienste lokal registriert haben und als Dienstverwaltung fungieren. Rechts: Dienstnehmer erfragen mögliche Dienstgeber von der lokalen Dienstverwaltung bei der sich Dienstgeber zuvor registriert haben

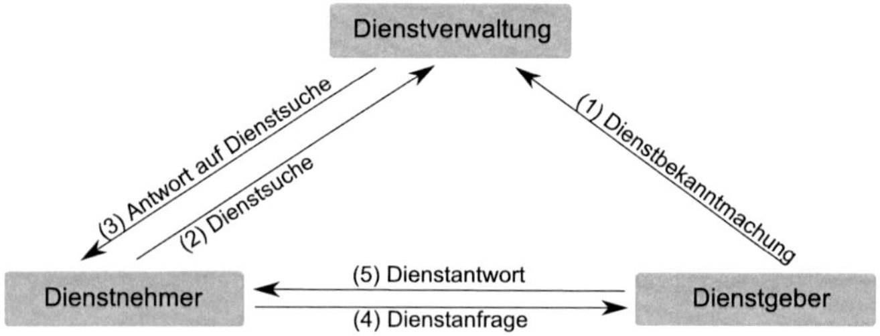

Abbildung 2.13 Schematische Darstellung der Rollen in einer dienstorientierten Architektur

Dienstes oder lediglich eine Bestätigung der Dienstanfrage und gegebenenfalls eine Erfolgsmeldung enthalten.

2.4.2 Aufbau dienstorientierter Architekturen

In Abbildung 2.13 sind die verschiedenen Rollen in einer dienstorientierten Architektur dargestellt. Neben dem Dienstgeber und dem Dienstnehmer ist die Dienstverwaltung zu sehen, die für die Vermittlung von passenden Dienstgebern für interessierte Dienstnehmer zuständig ist. Ein in einer dienstorientierten Architektur involviertes Gerät kann dabei mehrere dieser drei Rollen übernehmen - es kann sowohl als Dienstgeber als auch als Dienstnehmer und Dienstverwaltung in Erscheinung treten.

2.4.3 Ablauf einer Dienstnutzung

Die Bereitstellung und Verwendung eines Dienstes umfasst in der Regel mindestens fünf Schritte, die im folgenden beschrieben werden. Auch dieser Ablauf ist in Abbildung 2.13 veranschaulicht.

1. **Dienstbekanntmachung:** Bei der Bekanntmachung eines Dienstes wird dieser bei der Dienstverwaltung registriert und im Zuge dessen werden für die Nutzung des Dienstes relevante Eigenschaften des Dienstes und des Dienstgebers bei der Dienstverwaltung hinterlegt. Diese umfassen unter anderem eine Adresse, unter der der Dienstgeber erreicht werden kann und eine Dienstbeschreibung, die angibt, was der Dienst leistet. Weitere Angaben können die Kosten für die Erbringung des Dienstes oder dienstspezifische Eigenschaften sein. So kann ein Dienst, der eine Ortsangabe bereitstellt, zum Beispiel durch eine Fehlerabschätzung oder durch die Angabe der verwendeten Lokalisierungstechnik (GPS, GSM, WLAN) näher beschrieben werden.

2. **Dienstsuche:** Im zweiten Schritt wendet sich eine an der Nutzung eines Dienstes interessierte Anwendung an die Dienstverwaltung und erbittet die Angabe eines oder mehrerer potentieller Dienstgeber.

3. **Antwort auf die Dienstsuche:** Die Antwort der Dienstverwaltung auf die in Schritt 2 gestellte Anfrage beinhaltet die Adressen eines oder mehrerer passender Dienstgeber, falls ein solcher verfügbar ist. Wenn, wie es im Rahmen dieser Arbeit geschieht, IP als Netzwerkprotokoll eingesetzt wird, handelt es sich hierbei um eine IP-Adresse. Wenn innerhalb einer durch einen Timeout spezifizierten Zeitspanne kein passender Dienstgeber gefunden wird, wird die Dienstsuche beendet und kann, falls dies gewünscht wird, ein weiteres Mal gestartet werden.

4. **Dienstanfrage:** Mit Hilfe der in Schritt 3 empfangenen Adressen ist es dem Dienstnehmer möglich, direkt mit dem Dienstgeber in Kontakt zu treten und die Erbringung des Dienstes anzufordern. Eine solche Dienstanfrage kann auch Eingabewerte für die Erbringung des Dienstes enthalten. So kann zum Beispiel eine gewünschte Dienstgüte angegeben werden oder aber Daten zur weiteren Verarbeitung übergeben werden.

5. **Dienstantwort:** Im letzten Schritt sendet der Dienstgeber dem Dienstnehmer eine Bestätigung für die Erbringung des Dienstes und gegebenenfalls einen Rückgabewert vom in der Dienstbeschreibung vereinbarten Typ.

2.4.4 Einsatz dienstorientierter Architekturen

Das Konzept einer dienstorientierten Architektur ist in diversen Anwendungsbereichen weit verbreitet. So wird es unter anderem zur Implementierung von Geschäftsprozessen verwendet [45]. Ein zweites Anwendungsfeld ist das Grid-Computing [74, 75], bei dem mittels einer geeigneten Infrastruktur der einfache Zugriff

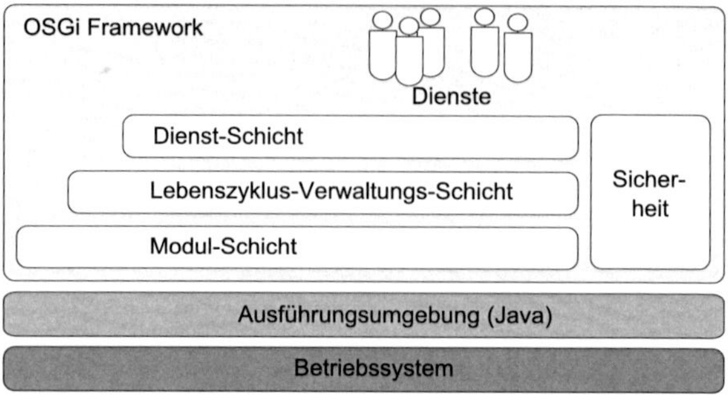

Abbildung 2.14 Logischer Aufbau des OSGi-Frameworks nach [163]

auf in Form von Diensten angebotene Ressourcen auch über verschiedene Organisationsdomänen hinweg möglich ist. Aber auch für stark leistungsbeschränkte eingebettete Geräte wie zum Beispiel Sensorknoten existieren Ansätze für eine dienstbasierte Nutzung. So beschreibt Kuntz die dienstbasierte Nutzung von drahtlosen Sensornetzen [105] am Beispiel eines intelligenten Gewächshauses, in dem einzelne Sensoren und Aktoren als Dienste zugänglich gemacht werden.

2.5 OSGi als Dienstplattform

Eine Möglichkeit der Realisierung für eine dienstorientierte Architektur bietet die OSGi-Plattform (Open Services Gateway initiative) [24, 163]. Die *OSGi Service Platform* realisiert ein dynamisches Modulsystem für Java. OSGi wurde ursprünglich für die Ausführung auf eingebetteten Systemen entwickelt, und auch Laufzeitumgebungen für Java sind auf mobilen Kommunikationsgeräten weit verbreitet. Somit kann auf vielen verschiedenen mobilen Kommunikationsgeräten ein OSGi-Framework ausgeführt werden. OSGi bietet neben einer stimmigen Abbildung des Dienstkonzeptes durch ein serviceorientiertes Programmiermodell auch eine Lebenszyklus-Verwaltung für Module, die Auflösung von Abhängigkeiten zwischen einzelnen Diensten und eine Dienstregistrierung. Somit werden wichtige Konzepte einer dienstorientierten Architektur bereits von Haus aus unterstützt beziehungsweise deren Implementierung durch die vorhandenen Mechanismen stark vereinfacht. Der in Kapitel 4 beschriebene Prototyp baut auf OSGi als Dienstplattform auf. Sowohl einzelne Dienste, die den Zugriff auf bestimmte Ressourcen erlauben, als auch der in Kapitel 7 behandelte Energieschätzer und der Service Selector, der einen geeigneten Dienstgeber auswählt (Kapitel 5), wurden als OSGi-Module, die als Bundles bezeichnet werden, implementiert.

Abbildung 2.14 zeigt den logischen Aufbau des OSGi-Frameworks. Durch die Ausführung in einer Java Virtual Machine (Ausführungsumgebung) ist das OSGi-Framework plattformunabhängig, kann also auf diversen Betriebssystemen zum Einsatz kommen. Das Framework selbst ist in logische Schichten gegliedert. Während

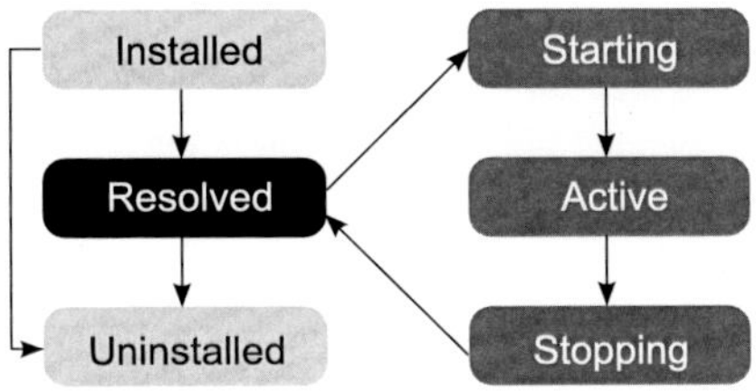

Abbildung 2.15 Lebenszyklus eines OSGi-Bundles

die Modul-Schicht das Bundle als Modularisierungseinheit für OSGi Anwendungen festlegt, regelt die Lebenszyklus-Verwaltungs-Schicht die Zustände, in denen sich ein Bundle innerhalb des Frameworks befinden kann. Wie in Abbildung 2.15 dargestellt, kann sich ein Bundle in sechs Zuständen befinden. Nach der Installation (*installed*) müssen zunächst eventuell vorhandene Abhängigkeiten zu anderen Bundles aufgelöst werden (*resolved*) bevor ein Bundle gestartet werden kann (*starting*). Ein Bundle, das gerade ausgeführt wird (*active*), kehrt, nachdem es beendet wurde (*stopping*) wieder in den Zustand *resolved* zurück. Dann kann es entweder erneut ausgeführt werden, oder aber deinstalliert werden (*uninstalled*). Die Dienst-Schicht ermöglicht es, Dienste zu registrieren und so systemweit der Nutzung durch andere Module zugänglich zu machen. Die Sicherheits-Schicht regelt die Sicherheitsaspekte, wie zum Beispiel die Ausführungsrechte einzelner Module.

2.5.1 OSGi-Bundles und OSGi-Services

OSGi unterstützt die Entkopplung einzelner Softwarekomponenten durch die Konzepte der Bundles und Services. Als ein Bundle wird dabei eine Menge von Klassen und Ressourcen bezeichnet, die durch einen fachlichen oder technischen Zusammenhang zueinander gehören und die als Einheit innerhalb des OSGi-Frameworks installiert werden können. Ein solches Bundle besteht aus einem Java-Archiv (Jar-Datei) in dem neben der Klassen und Ressourcen eine Manifest-Datei enthalten ist, die unter anderem den Namen des Bundles sowie etwaige Abhängigkeiten zu nicht im Bundle enthaltenen Packages definiert.

Ein Bundle kann einen Service anbieten; ein Service ist hier ein Java-Objekt, das unter dem Namen eines Interfaces registriert wird. Mittels einer *Service Registry* können beliebige Bundles die Services anderer Dienste erfragen und in Anspruch nehmen. Somit nimmt innerhalb des OSGi-Frameworks die Service Registry die in Abschnitt 2.4.1 beschriebene Funktion der Dienstverwaltung wahr.

2.5.2 OSGi-Implementierungen

Die OSGi Alliance stellt neben der Spezifikation eine Implementierung bereit, die aber nicht zum Produktiveinsatz sondern als Referenzimplementierung vorgesehen ist. Es existieren sowohl einige quelloffene Implementierungen (u.a. Concierge [2],

Apache Felix [1], Knopflerfish [9], Eclipse Equinox [4], Prosyst mBedded Server Equinox Edition [11]) als auch diverse kommerzielle Implementierungen (u.a. Knopflerfish Pro [9], mBedded Server Professional Edition [11]). Da die Concierge Implementierung speziell für den Einsatz auf eingebetteten Systemen konzipiert und optimiert wurde, greift der in Kapitel 4 vorgestellte Prototyp hauptsächlich auf diese Implementierung zurück.

2.5.3 OSGi-Erweiterungen

Mittels geeigneter Erweiterungen namens R-OSGi (Remote-OSGi) [135] und jSLP können beim OSGi-Framework registrierte Dienste dann auch anderen Geräten bekanntgemacht und von diesen über ein verbindendes Netzwerk aufgerufen werden.

Die Verbreitung von Informationen über mögliche Dienstgeber erfolgt dazu mittels des jSLP-Bundles. jSLP ist eine reine Java-Implementierung des Service Location Protocols [155], die sich weitgehend nach dem Request for Comments (RFC) 2614 *An API for Service Location* [102] richtet. Die ursprünglich an der ETH Zürich implementierte Software wird nun von der Eclipse-Stiftung betreut. Sie steht unter anderem in Form eines OSGi-Bundles zur Verfügung und zeichnet sich durch einen geringen Speicherbedarf aus, was sie für den Einsatz auf mobilen Kommunikationsgeräten besonders geeignet macht. jSLP unterstützt zwei Betriebsmodi: zum einen unterstützt es die Bekanntmachung von Diensten mittels dedizierter Directory Agents (DA) (vgl. Abbildung 2.11 links) zum anderen bietet es auch die Möglichkeit, Dienste direkt allen potentiellen Interessenten bekannt zu machen (vgl. Abbildung 2.11 rechts). Die Konfiguration des Bundles erfolgt mittels Properties, die in einer Konfigurationsdatei hinterlegt sind und beim Start des OSGi-Frameworks und dem Laden der Bundles ausgelesen werden.

R-OSGi ist ein weiteres Bundle, das an der ETH Zürich im Rahmen des flOwSGi-Projektes entwickelt wurde. R-OSGi erlaubt die entfernte Nutzung von Diensten, die durch Bundles auf anderen Geräten angeboten werden. Wenn sich ein Bundle als Dienstgeber registriert hat, kann dieser Dienst von anderen Geräten aus transparent genutzt werden. Für den Nutzer eines Dienstes ist also kein Unterschied zwischen der Verwendung eines Dienstes, der vom gleichen Gerät erbracht wird, und der Nutzung eines Dienstes, der von einem anderen Gerät erbracht wird, sichtbar. Für einen registrierten Dienst, der auf einem anderen Gerät erbracht wird, wird ein lokales Proxy-Bundle erzeugt, das den gleichen Dienst registriert. Aufrufe an diesen Dienst werden von dem Proxy-Bundle an den eigentlichen Anbieter weitergeleitet.

2.6 Zusammenfassung

In diesem Kapitel wurden die Grundlagen erläutert, die für das Verständnis dieser Dissertation hilfreich und notwendig sind. Es wurden mit zellulärem Mobilfunk, WLAN und Bluetooth drei drahtlose Kommunikationstechnologien vorgestellt, die für den Aufbau von Systemen zur gemeinsamen Ressourcennutzung mit mobilen Geräten in Frage kommen. Ferner wurde DYMO als Routingverfahren in mobilen

Ad-Hoc-Netzen erklärt und dargestellt, wie der Energieverbrauch eingebetteter Geräte gemessen werden kann. Außerdem wurden die Grundlagen dienstorientierter Architekturen vermittelt sowie OSGi als eine Softwareplattform zur Umsetzung solcher Architekturen beschrieben.

Das Ganze ist mehr als die Summe seiner Teile; aber es repräsentiert sich über seine Einzelheiten.

(Manfred Peschel)

3. Gemeinsame Ressourcennutzung mit mobilen Geräten

Das Potential, das darin liegt, die Ressourcen mobiler Geräte auch über die Grenzen des Gerätes hinaus und damit gemeinsam nutzbar zu machen, wurde in wissenschaftlichen Kreisen in den letzten Jahren umfassend diskutiert [21, 119, 133]. Dabei stehen je nach Blickwinkel verschiedene Fragestellungen im Mittelpunkt der Betrachtung: Geeignete Strukturen zur Kommunikation und Verwaltung der Ressourcen, Umgang mit der großen Heterogenität bezüglich eingesetzter Hardware und Software, dynamische Netzwerktopologien im Umfeld mobiler Geräte oder Schaffung von Anreizen für die Bereitstellung von Ressourcen durch mobile Geräte.

In diesem Kapitel werden die besonderen Herausforderungen, die der Einsatz mobiler Geräte in einem System zur gemeinsamen Ressourcennutzung mit sich bringt, benannt und es wird erläutert, wie andere Forschungsarbeiten diesen Herausforderungen begegnen. Mit Hilfe eines Klassifikationsschemas werden existierende Arbeiten gruppiert und zueinander in Beziehung gesetzt. Aufbauend auf dieser Analyse bereits existierender Forschungsarbeiten wird dargelegt, wie die wissenschaftlichen Beiträge dieser Dissertation einzuordnen sind.

3.1 Herausforderungen für gemeinsame Ressourcennutzung mit mobilen Geräten

Mobile Geräte bringen besondere Herausforderungen für die Umsetzung einer gemeinsamen Ressourcennutzung mit sich. So verfügen sie über weniger Rechenleistung und Speicherkapazität als PC-Systeme der gleichen Generation und vor allem ist ihr Energievorrat durch den Betrieb mit Batterien von vorn herein beschränkt. Außerdem sind sie, dem Nutzerverhalten und beschränktem Energiebudget geschuldet, in der Regel nicht permanent mit einem Netzwerk verbunden. Weitere Herausforderungen sind die große Heterogenität bezüglich der verfügbaren Hard- und Software sowie die dynamische Netzstruktur, die sich in erster Linie aus der Mobilität der Geräte ergibt. Diese vier gewichtigen Herausforderungen sowie die daraus resultierenden Implikationen für gemeinsame Ressourcennutzung mit mobilen Geräten werden in den nachfolgenden Abschnitten diskutiert.

3.1.1 Beschränkte Ressourcen der mobilen Geräte

Vergleichbar mit der Leistung von PC-Systemen, erhöhen sich auch für mobile Geräte die Leistungskennzahlen wie Prozessortaktung, Speichergröße und Netzwerkbandbreite kontinuierlich, wie auch durch eine Gegenüberstellung von Herstellerdaten und Angaben in wissenschaftlicher Literatur [133] gezeigt werden kann. Die Leistungsmerkmale mobiler Geräte sind jedoch nach wie vor um eine Größenordnung kleiner als die von PC-Systemen.

Die bedeutendste Einschränkung der mobilen Geräte stellt die Energieversorgung dar: Mobile Geräte werden in der Regel durch Batterien mit Strom versorgt. Haverinen, Siren und Eronen [90] geben die Batteriekapazität handelsüblicher Mobiltelefone mit 700 mAh bis 1500 mAh an. Batterien für Notebooks bieten immerhin schon 4000 mAh bis 5000 mAh. Obwohl auch die Leistungsdaten von Batterien beständig gesteigert werden, kann die Energiedichte, die eine kritische Größe für tragbare Geräte darstellt, nicht mit der Leistungsaufnahme der Geräte Schritt halten. Diese Entwicklung wurde von Lahiri et al. [110] untersucht und beschrieben.

Angesichts des kleinen Energiebudgets der mobilen Geräte und der Erwartung ihrer Benutzer, diese möglichst lange ohne Ladevorgänge nutzen zu können (mehrere Tage bei Mobiltelefonen, mehrere Stunden bei Laptops), sind Maßnahmen notwendig, um den Energieverbrauch so gering wie möglich zu halten. So werden beispielsweise die meisten Hardwarekomponenten mobiler Geräte so oft wie möglich in einen energiesparenden Zustand versetzt, um eine lange Zeit zu ermöglichen, in der das Gerät zur Verfügung steht. Im Kontext der gemeinsamen Ressourcennutzung gibt es grundsätzlich zwei verschiedene Arten des Energieaufwands:

1. Die Energie, die dafür aufgewendet wird, eine bestimmte Ressource oder einen bestimmten Dienst zu erbringen (zum Beispiel das Betreiben des GPS-Bauteils). Hier wird vom *Energiebedarf des Dienstes* gesprochen.

2. Die Energie, die für den Betrieb des Gesamtsystems notwendig ist (zum Beispiel für das Finden von angebotenen Diensten und Ressourcen oder die Buchführung über in Anspruch genommene Dienste und deren Abrechnung). Dieser Energiebedarf wird im Rahmen dieser Dissertation als *Grundlast* bezeichnet.

Darum müssen sich Ansätze, die versuchen die Ressourcen mobiler Geräte in ein System zur gemeinsamen Ressourcennutzung einzubeziehen, mit folgenden Problemstellungen befassen:

Die Teilsysteme, die für das Finden und die Auswahl von Dienst- und Ressourcenanbietern verantwortlich sind, sollten sowohl die für die Bereitstellung des Dienstes benötigte als auch die zur Verfügung stehende Energie als maßgebliche Eingangsgrößen für die Auswahl eines geeigneten Dienstanbieters berücksichtigen. Falls mehrere Anbieter die gleiche Ressource oder den gleichen Dienst anbieten, sollte der Anbieter gewählt werden, der hinsichtlich einer energiebewussten Auswahlmetrik am besten geeignet ist. Ein Beispiel für einen solchen Ansatz ist COMBINE [25]. Verfahren und Protokolle, die zur Verfügung stehende und benötigte Energie als wichtige Entscheidungsgrundlage berücksichtigen, werden im Rahmen dieser Arbeit als *energiebewusst* bezeichnet.

Weil Rechenleistung, Speicherkapazität, Kommunikationsbandbreite und das Energiebudget mobiler Geräte begrenzt und verhältnismäßig klein sind, ist es umso wichtiger, so wenig wie möglich zusätzlichen Aufwand für die Kommunikation und das Management der gemeinsam genutzten Ressourcen zu generieren. Protokolle zum Auffinden und zur Reservierung von Ressourcen und Diensten, die für traditionelle Grid-Systeme entworfen wurden, erzeugen eine hohe Netzwerklast, die mobile Geräte stark beansprucht [141]. In Kapitel 5 werden mehrere energiebewusste Auswahlstrategien für ein System zur gemeinsamen Ressourcennutzung mit mobilen Geräten untersucht und dabei auch untersucht, wie sich diese Strategien auf die Netzwerklast auswirken.

3.1.2 Sporadische Konnektivität

Energiesparmechanismen, unvollständige Netzabdeckung und auch verschiedene Nutzungsmuster resultieren zumindest bei einer großen Anzahl mobiler Geräte in einer lediglich sporadischen Konnektivität. In der Folge muss ein System zur gemeinsamen Ressourcennutzung, das solche Geräte miteinbezieht, mit Dienstanbietern zurechtkommen, deren Ressourcen vorübergehend nicht erreichbar sind. Ebenso können Ressourcennutzer nicht mehr erreichbar sein, wenn ihnen nach einer Anfrage Zugriff auf die Ressource gewährt wird. Auch Teile der Infrastruktur selbst, z. B. Dienste zum Auffinden von Ressourcen, Verzeichnisdienste oder Dienste zur Koordination und Planung von Zugriffen, können vorübergehend nicht erreichbar sein, wenn sie auf nur sporadisch verbundenen Geräten ausgeführt werden. Daraus ergeben sich die folgenden Anforderungen für Systeme zur gemeinsamen Ressourcennutzung mit mobilen Geräten:

- **Hohe Verfügbarkeit der Kernfunktionalität:** Dienste, die eine Kernfunktionalität des Systems zur gemeinsamen Ressourcennutzung bereitstellen, wie zum Beispiel das Auffinden von Diensten (*Service Discovery*) oder die Einplanung von Ressourcen (*Scheduling*) sollten auf solchen Geräten platziert werden, die möglichst oft erreichbar sind. So wird von Kurkovsky und Bhagyavati [108] vorgeschlagen, die Vermittlung von Anfragen an geeignete Dienstanbieter (*Brokering*) auf Infrastrukturkomponenten der Mobilfunkbetreiber zu platzieren, da diese einen hohen Grad an Verfügbarkeit bieten.

- **Redundanz des Dienstangebotes:** Um die Auswirkungen sporadischer Konnektivität zu beherrschen, können Anfragen an mehrere Dienstanbieter gleichzeitig vermittelt werden. Dies setzt freilich das Vorhandensein zahlreicher Dienstanbieter voraus. Solche Redundanz erhöht die Wahrscheinlichkeit, dass zumindest einer der angefragten Anbieter auch tatsächlich ein Ergebnis bereitstellt. Der notwendige Grad an Redundanz muss der Häufigkeit angemessen sein, mit der die Geräte die Verbindung zum System zur gemeinsamen Ressourcennutzung verlieren. Nachteile eines solchen Ansatzes sind der erhöhte Kommunikationsaufwand und die Notwendigkeit zusätzlicher Infrastruktur und Mechanismen, um die Konsistenz des Gesamtsystems zu gewährleisten: Replizierte Anfragen müssen verfolgt und ihr Abarbeitungszustand aktualisiert werden, um einen konsistenten Zustand des Systems zu erhalten. Die Nachteile erhöhter Redundanz werden von Park, Ko und Kim [129] aufgezeigt.

- **Überbrückung von Ausfallzeiten:** Nachrichten, die Anfragen oder Ergebnisse enthalten oder dazu bestimmt sind, Zustände zu erhalten, können von Zwischensystemen gepuffert werden solange der eigentliche Empfänger nicht erreichbar ist. Hampshire [86] beschreibt einen solchen Ansatz. Eine automatisierte Sendewiederholung kann dafür Sorge tragen, dass ein Gerät nach einer vorübergehenden Unterbrechung der Erreichbarkeit wieder von Nachrichten erreicht wird.

- **Zustandssicherung:** Wenn schon im Vorab bekannt ist, dass eine Periode bevorsteht, in der ein Gerät nicht erreichbar ist, kann eine Speicherung des Zustandes (*Snapshot*) angefertigt werden. Eine Vorgehensweise für eine solche Zustandsabbildung eines verteilten Systems wurde von Chandy und Lamport [51] vorgeschlagen. Mit Hilfe eines solchen Abbildes kann der Zustand eines Gerätes, das vorübergehend nicht erreichbar ist, auf ein anderes Gerät übertragen werden. Dieses Vorgehen ist nicht speziell auf Systeme zur gemeinsamen Ressourcennutzung zugeschnitten, sondern im Allgemeinen für verteilte Systeme entwickelt worden.

Der Aspekt der sporadischen Konnektivität mobiler Geräte schlägt sich in der vorliegenden Arbeit unter anderem in dem in Kapitel 6 vorgeschlagenen Anreizsystem nieder, das ohne eine permanente Verbindung zu einer vertrauenswürdigen Instanz auskommt. Auch bei der Entwicklung des Prototypen, der in Kapitel 4 beschrieben ist, wurde der sporadischen Konnektivität mobiler Geräte Rechnung getragen, in dem beispielsweise auf eine zentrale Dienstvermittlung zugunsten einer redundanten, verteilten Lösung verzichtet wurde. Im Gegensatz zu Ansätzen, die eine hohe Verfügbarkeit von Kernfunktionalität durch eine Platzierung auf zentraler Infrastruktur zu ermöglichen suchen, verfolgt diese Arbeit also den Ansatz, die Vermittlung von Anfragen durch die mobilen Geräte selbst zu bewerkstelligen. So können in einem spontan aufgebauten lokalen Netz Ressourcen gemeinsam verwendet werden, ohne dass eine weitere, energieaufwendige Mobilfunkverbindung aufgebaut werden muss. Eine Redundanz des Dienstangebotes ist in den Konzepten dieser Arbeit ausdrücklich vorgesehen und wird durch energiebewusste Auswahlstrategien (siehe Kapitel 5) sinnvoll genutzt. Eine Sicherung des verteilten Zustandes ist im Rahmen dieser Arbeit nicht notwendig: Die Anwendungsdienste selbst sind zustandslos und die Dienstverzeichnisse, mit denen diese aufgefunden werden, sind mittels Softstates realisiert. Fällt ein Dienstgeber aus, so wird dies durch den Ablauf von Timeouts erkannt und der der entsprechende Eintrag aus dem Verzeichnis entfernt.

3.1.3 Heterogenität

Eine weitere Herausforderung, die sich durch das Einbeziehen mobiler Geräte in ein System zur gemeinschaftlichen Ressourcennutzung stellt, besteht in der zusätzlichen Heterogenität der verwendeten Geräte. Durch die Verwendung mobiler Geräte werden weitere Betriebssysteme, Middleware-Systeme und Laufzeitumgebungen zu der Menge an Software hinzugefügt, die zusammenwirken muss. Die wachsende Heterogenität wirkt sich außerdem auf die Verfügbarkeit und Zugänglichkeit der Ressourcen und die Kosten für einen Zugriff aus: So kann das Senden einer bestimmter Datenmenge zu einem Dienstanbieter deutlich teurer sein (sowohl bezüglich Energie als auch bezüglich monetärer Kosten), wenn dieser Anbieter ein mobiles Gerät ist.

Bei der Zuordnung von Anfragen zu möglichen Dienstgebern müssen in einem stark heterogenen Umfeld unter Umständen die Anfragen aufgeteilt und den knappen verfügbaren Ressourcen der mobilen Diensterbringer entsprechend zugestellt werden. Phan et al. [133] schlagen die Einführung von sogenannten *Interlocutors* vor, die jeweils eine Menge kleiner mobiler Geräte vertreten und für die Aufteilung von Anfragen zuständig sind. Auf diese Weise bleibt die Heterogenität der Dienstleister für das anfragende Gerät transparent.

Ein Buchhaltungssystem muss berücksichtigen, dass verschiedene Arten des Netzzugangs verschiedene Kosten mit sich bringen. In COMBINE [25] beeinflusst die Tarifstruktur der Mobilfunkanbieter die Kostenfunktion für die Bereitstellung von Download-Bandbreite.

Ein weiterer Aspekt von Heterogenität ist die unterschiedliche Darstellung von Daten. XML-Wrapper und Ontologien sind zwei mögliche Ansätze für diese Herausforderung. Mit Hilfe von Technologien des semantischen Web können Ressourcen so beschrieben werden, dass heterogene Geräte interagieren können. Silva, Borges und Dantas [28] schlagen vor, Ontologien für die Ressourcenauswahl in einem System zur gemeinsamen Ressourcennutzung zu nutzen. Voraussetzung ist jedoch eine Analyse, ob die eingesetzten Geräte überhaupt dazu in der Lage sind, anspruchsvolle Anwendungen wie XML-Parsing komplexer Objekte zu bewerkstelligen.

Mit der Herausforderung durch die große Heterogenität mobiler Kommunikationsgeräte beschäftigt sich diese Arbeit insbesondere im Hinblick auf Energiebedarfsschätzungen für angebotene Dienste auf verschiedenen Hardware- und Betriebssystemplattformen. Dies wird ausführlich in Kapitel 7 behandelt. Auch der in Kapitel 4 vorgestellte Prototyp versucht diese Heterogenität in kleinem Maßstab abzubilden, indem unterschiedliche Hardware und Betriebssysteme zum Einsatz kommen.

3.1.4 Dynamische Netzwerkstruktur

Ein weiteres Problemfeld, das besonderer Berücksichtigung bei der Integration mobiler Geräte in ein System zur gemeinschaftlichen Ressourcennutzung bedarf, ist die dynamische Struktur, die Netzwerke mit mobilen Geräte oftmals aufweisen. Permanent mit dem Netz verbunden zu sein ist kostenintensiv, sowohl hinsichtlich des Energieverbrauchs als auch – je nach Netzzugangstechnologie – hinsichtlich monetärer Kosten. Darum wechselt der Verbindungszustand mobiler Geräte in der Regel häufig zwischen den Zuständen „verbunden" und „nicht verbunden". Darüber hinaus können sich Netzzugangspunkte (*Access Points*), Netzwerkzellen, verwendete Netzwerkschnittstellen, die Menge anderer Geräte, die in Reichweite sind oder auch der Mobilfunkanbieter während des Betriebs ändern.

Folglich müssen Systeme zur gemeinsamen Ressourcennutzung, die aus mobilen Geräten bestehen, mit einem dynamischen Netzwerk zurechtkommen. Sowohl die physikalische als auch die logische Topologie des Netzwerkes kann zahlreichen Änderungen unterworfen sein. Einzelne Elemente des Netzes können vorübergehend oder dauerhaft nicht erreichbar sein oder müssen mittels eines anderen Zugangspunkts oder Netzanbieters kontaktiert werden. Verbindungseigenschaften wie Netzwerkadresse, Bandbreite, Round-Trip Time (RTT) und Datenrate sind ebenfalls veränderlich. Die zahlreichen Veränderungen, denen der Verbindungszustand, der Ort des Teilnehmers und die verfügbare Bandbreite unterworfen sind, müssen aufgefangen werden, um mobile Geräte gut integrieren zu können. Ortswechsel, sich verändernde Zugangstechnologie oder Netzbetreiber sollten für die interagierenden Dienstanbieter und -nutzer möglichst transparent sein. Auch hier bietet sich die Verwendung von Proxies (Geräten, die stellvertretend für andere Geräte agieren) an, die das dynamische Verhalten einzelner Teilnehmer verbergen, wie dies etwa von Hampshire [86], Phan et al. (2002) [133] und anderen vorgeschlagen wurde.

Diese Arbeit betrachtet die dynamische Netzwerkstruktur vor allem in Hinblick auf die Auswirkung, die diese auf die Menge der verfügbaren Dienste und damit auf die Wirksamkeit von Dienstauswahlstrategien hat. Dies wird in Kapitel 5 behandelt.

3.2 Klassifikation von Systemen zur gemeinsamen Ressourcennutzung

Für Systeme zur gemeinsamen Ressourcennutzung, die mobile Geräte einschließen, existiert in der wissenschaftlichen Literatur eine Fülle von Begriffen, die sich teils überlappen und nicht immer ganz scharf formuliert sind. Oftmals wird dabei der Begriff *Grid* verwendet, der sich im Kontext des Grid-Computing für Systeme zur gemeinsamen Ressourcennutzung etabliert hat. So betrachten Kurdi, Li und Al-Raweshidy [106] die Mobilität von Teilnehmern an einem System zur gemeinsamen Ressourcennutzung als eine möglicherweise vorhandene Eigenschaft von sogenannten „accessible Grids" und kategorisieren diese Systeme zur gemeinsamen Ressourcennutzung weiterhin hinsichtlich ihrer Interaktivität, Nutzerzentrierung und der Möglichkeiten, diese zu verwalten. In ihrem Klassifikationsschema beinhalten

„accessible Grids“ verschiedene Ansätze, um Ressourcen für Geräte aller Art und von jedem Ort aus zugänglich zu machen. Diese Kategorie umfasst sogenannte Ad-Hoc-Grids, mobile Grids und drahtlose Grids.

McKnight et al. [119] unterscheiden zwischen drei Klassen von drahtlosen Grids. Die erste Klasse aggregiert Informationen von den Ein- und Ausgabegeräten sogenannter nomadischer Geräte, die zweite Klasse nutzt die verschiedenen Kontexte und Örtlichkeiten aus, in denen solche Geräte eingesetzt werden und die dritte Klasse baut auf die Fähigkeit dieser Geräte auf, Mesh-Netzwerke zu bilden. In ihrer Darstellung ist das primäre Klassifikationskriterium also der Einsatzzweck des Grids.

Agarwal, Norman, und Gupta [21] wiederum klassifizieren drahtlose Grids hinsichtlich ihrer Architektur und betrachten außerdem ob darüber Zugriff auf Rechenkapazität, Daten oder nützliche Soft- und Hardware ermöglicht wird. Ahuja und Myers [23] unterscheiden darüber hinaus zwischen verschiedenen drahtlosen Gerätearten: Sensornetze und -grids, mobile drahtlose Grids und ortsgebundene drahtlose Grids.

Nachfolgend soll ein Klassifikationsschema vorgestellt werden, das diese erwähnten Schemata ergänzt, sich dabei aber stark auf mobile Teilnehmer konzentriert. Im Folgenden werden Systeme betrachtet, die von Kurdi et al. [106] als „accessible“ Grids bezeichnet werden, also eine Oberklasse von Ad-Hoc-, drahtlosen oder mobilen Grids. Voraussetzung ist lediglich, dass mindestens eines der involvierten Geräte ein mobiles Gerät darstellt. Ortsgebundene drahtlose Grids [23] und „emerging“ Grids [106] werden nicht betrachtet.

3.2.1 Klassifikationskriterien

Die nachfolgend aufgeführten Dimensionen, die in den Abschnitten 3.2.1.1 - 3.2.1.4 beschrieben werden, sind die Grundlage des entwickelten Klassifikationsschemas:

1. **Managementstruktur:** Werden die Ressourcen der mobilen Teilnehmer zentralisiert, verteilt oder in einer hybriden Form verwaltet?

2. **Nutzungsschema:** Treten die mobilen Teilnehmer lediglich als Nutzer von Ressourcen oder ausschließlich als Anbieter von Ressourcen oder sowohl als Anbieter als auch als Nutzer in Erscheinung?

3. **Netzwerkarchitektur:** Basiert das System zur gemeinsamen Ressourcennutzung auf einem Infrastruktur-basierten Netzwerk oder liegt ein mobiles Ad-Hoc-Netz (MANET) zugrunde?

4. **Typ der gemeinsam genutzten Ressourcen:** Welche Art Ressourcen werden von den mobilen Geräten gemeinsam genutzt - CPU, Daten und Speicherkapazität, Software oder Hardwarekomponenten?

Der Entwurfsraum, der durch diese vier Dimensionen aufgespannt wird ist in Abbildung 3.1 dargestellt. Das Schema besteht aus 18 Quadern; jeder dieser Quader kann eine oder mehrere Farben enthalten, die den Typ der gemeinsam genutzten

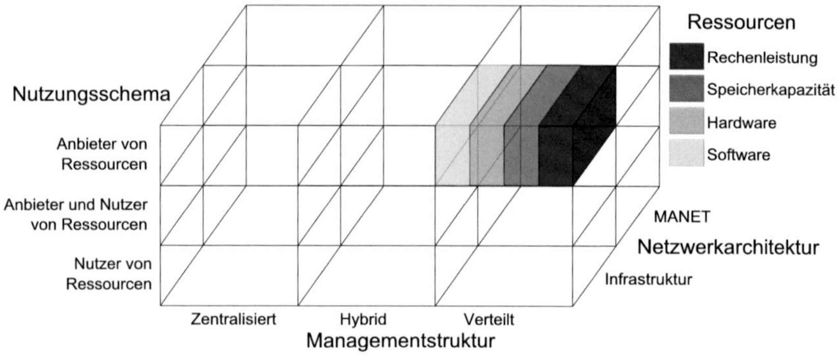

Abbildung 3.1 Klassifikationsschema für Systeme zur gemeinsamen Ressourcennutzung

Ressource spezifizieren. Jede mögliche Kombination kann eindeutig durch ein Quadrupel der Form (Managementstruktur, Nutzungsschema, Netzwerkarchitektur, Typ der gemeinsam genutzten Ressource) angegeben werden. So kann beispielsweise ein bestimmtes System zur gemeinsamen Ressourcennutzung durch das Quadrupel (verteilt, Konsument und Anbieter, -, -) klassifiziert werden. Ein Bindestrich ist dabei die Kurzschreibweise für alle möglichen Optionen einer Dimension. Nachfolgend werden die verwendeten Dimensionen detailliert erläutert und Systeme, die für die Klassifikation relevante Aspekte beinhalten, klassifiziert.

3.2.1.1 Managementstruktur

Verschiedene Ansätze, um Systeme zur gemeinsamen Ressourcennutzung unter Einbeziehung mobiler Geräte zu bauen, können grob durch die Unterscheidung klassifiziert werden, ob sie zentrale Managementstrukturen (zum Beispiel eine zentrale Ressourcenvermittlung) verwenden, oder ob sie gemeinsame Ressourcennutzung mittels eines verteilten Managementsystems ermöglichen. Da es auch Zwischenformen gibt, enthält das Schema auch eine Klasse für hybride Managementstrukturen.

Zentralisierte Managementstruktur

Ein möglicher Ansatz für die Ressourcenverwaltung eines Systems zur gemeinsamen Ressourcennutzung ist die Nutzung eines zentralen Managementsystems. Aufgaben wie *Service Discovery*, *Job Scheduling*, *Accounting* und *Billing* können mit Hilfe von Servern geschehen, die für alle Teilnehmer erreichbar sind. In diesem Fall gibt es eine Reihe von Protokollen, Mechanismen und Strategien, die sich bereits in Grid-Systemen für PC und Mainframes bewährt haben. Trotzdem ist es notwendig, die Lücke zwischen den Anforderungen dieser schon vorhandenen Technologie und den Einschränkungen mobiler Geräte, wie sie im Abschnitt 3.1 beschrieben wurden, zu schließen.

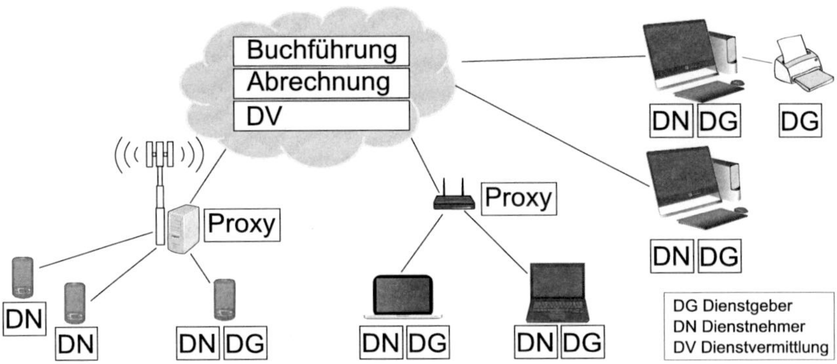

Abbildung 3.2 System zur gemeinsamen Ressourcennutzung mit einer zentralisierten Managementstruktur

Das am weitesten verbreitete Vorgehen hier ist, ein Zwischensystem nahe beim Netzzugangspunkt der mobilen Geräte zu platzieren. Dieses Zwischensystem kann Aufgaben wie die Aufteilung von Anfragen, die Einplanung von Aufgaben und die Pufferung von Nachrichten übernehmen. Abbildung 3.2 zeigt ein Szenario, in dem verschiedene mobile Geräte mittels diverser Netzzugangstechnologien zu einem System zur gemeinsamen Ressourcennutzung verbunden sind, zum Beispiel Mobilfunknetze oder IEEE-802.11-Netze [94]. Unterstützt von solchen Zwischensystemen können sie mit anderen (ortsgebundenen oder mobilen) Teilnehmern und dem zentralen Managementsystem interagieren, das für Buchführung, Abrechnung und Dienstvermittlung zuständig ist.

Verteilte Managementstruktur

Eine weitere Option für das Management von Systemen zur gemeinsamen Ressourcennutzung ist eine vollständig verteilte Managementstruktur. Managementstrukturen, die auf einer statischen Client/Server-Beziehung basieren, bereiten Schwierigkeiten in einer Umgebung, in der kein zuverlässiges Wissen über die Erreichbarkeit anderer Systeme gegeben ist. Managementsysteme, die das Finden von Ressourcen und das Zustellen von Anfragen mit Hilfe einer dezentralen Peer-to-Peer-Architektur bewerkstelligen, können mit solchen Voraussetzungen besser zurechtkommen.

Abbildung 3.3 zeigt ein System zur gemeinsamen Ressourcennutzung mit verteilter Managementstruktur, in dem mobile Geräte einander Ressourcen und Dienste zur Verfügung stellen. Es gibt keine zentrale, verantwortliche Stelle für die Registrierung und Zuteilung von Dienstgebern. Diese Aufgaben müssen von den mobilen Teilnehmern selbst übernommen werden. Diese Geräte können durchaus heterogen sein in Bezug auf die verfügbaren Ressourcen und das verfügbare Energiebudget. Im Gegensatz zum in Abbildung 3.2 dargestellten Szenario, wird die Verantwortung für die Registrierung von Diensten und das Vermitteln von Dienstgebern aufgeteilt.

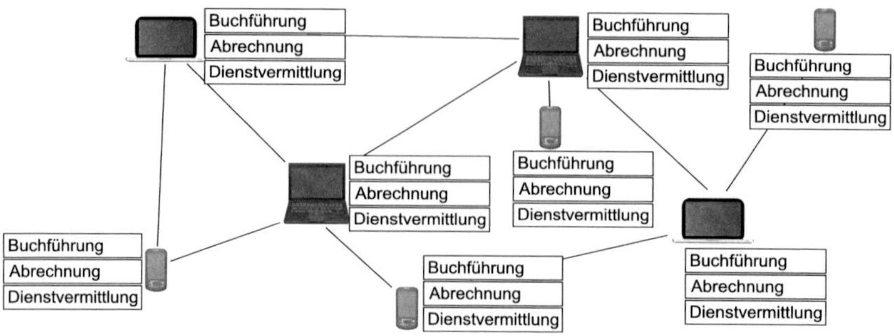

Abbildung 3.3 System zur gemeinsamen Ressourcennutzung mit einer verteilten Managementstruktur

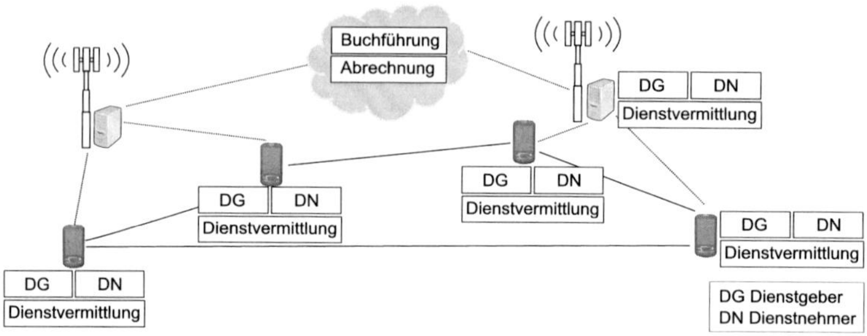

Abbildung 3.4 System zur gemeinsamen Ressourcennutzung mit hybrider Managementstruktur

Auf das Problem der Buchführung und Abrechnung in einem solchen verteilten Managementsystem wird in Kapitel 6 näher eingegangen.

Hybride Managementstrukturen

Eine dritte Herangehensweise für die Verwaltung eines Systems zur gemeinsamen Ressourcennutzung ist eine hybride Managementstruktur. In einer solchen Struktur wird ein Teil der Aufgaben von geeigneter zentraler Infrastruktur erledigt, während andere Aufgaben von den mobilen Geräten selbst übernommen werden. Abbildung 3.4 zeigt ein solches System zur gemeinsamen Ressourcennutzung mit hybrider Managementstruktur. Die Registrierung und Vermittlung von Ressourcen wird von den mobilen Geräten dezentral geregelt, während die Buchhaltung und Abrechnung über genutzte Ressourcen von einer zentralen Komponente erledigt wird.

3.2.1.2 Netzwerkarchitektur

Die zweite Dimension des vorliegenden Klassifikationsschemas ist der Typ der Netzwerkarchitektur, auf der das System zur gemeinsamen Ressourcennutzung aufbaut.

Es wird unterschieden zwischen Infrastruktur-basierten Netzen und MANETs. Der Typ der Netzwerkarchitektur ist eine relevante Eigenschaft, da sich die Herausforderungen beim Aufbau einer Infrastruktur zur gemeinsamen Ressourcennutzung unterscheiden, je nachdem, wie das zugrunde liegende Netzwerk beschaffen ist.

Client/Server mit Infrastruktur

In Systemen zur gemeinsamen Ressourcennutzung, die auf einem Infrastruktur-basierten Netz aufsetzen, können Aufgaben wie Routing, Namensauflösung und die Vermittlung von Diensten sowie die Buchhaltung über und die Abrechnung von in Anspruch genommenen Diensten von Komponenten der Infrastruktur übernommen werden. Dabei kann es sich zum Beispiel um WLAN-Access-Points oder eigens dafür von Mobilfunkbetreibern zur Verfügung gestellte Server handeln.

Peer-to-Peer in Ad-Hoc-Szenarien

Im Gegensatz zu einem System zur gemeinsamen Ressourcennutzung in einem infrastrukturbasierten Netzwerk mit Client/Server Architektur sind solche Komponenten in Systemen zur gemeinsamen Ressourcennutzung, die auf einem MANET aufbauen, nicht verfügbar. Dies bedeutet, dass alle Aufgaben, die für die Verwaltung des Systems anfallen, von den mobilen Geräten selbst abgedeckt werden müssen.

3.2.1.3 Nutzungsschema

Ein mobiles Gerät kann auf dreierlei Weise in ein System zur gemeinsamen Ressourcennutzung involviert sein: Es kann entweder als bloßer Konsument von Ressourcen in Erscheinung treten, oder ausschließlich Ressourcen zur Verfügung stellen, ohne aber die Ressourcen anderer Anbieter in Anspruch zu nehmen, oder aber Ressourcen anbieten *und* verwenden. Diese drei Nutzungsarten werden unterschieden, da sich der Aufwand, den ein mobiles Gerät zu tragen hat, stark dadurch unterscheidet, welche Rolle es in einem System zur gemeinsamen Ressourcennutzung spielt. Zumeist sind mehr Leistung, CPU-Zyklen, Speicher und Softwarekomponenten notwendig, um Dienste bereitzustellen, als dafür, von anderen bereitgestellte Dienste zu nutzen.

Mobile Geräte als Nutzer von Ressourcen

Wenn mobile Geräte ausschließlich als Nutzer von Ressourcen eingesetzt werden und die Bereitstellung von Ressourcen ausschließlich von immobilen Geräten erbracht wird, so wird zwar die Menge der Ressourcen, die für mobile Geräte verfügbar sind, erhöht und neuartige Anwendungen werden ermöglicht; ein System zur gemeinsamen Ressourcennutzung, das mobile Geräte aber nur als Nutzer von Ressourcen einbindet, verschenkt jedoch das Potential der Ressourcen und des Kontextes der mobilen Geräte. *Code Offloading* und *Cyber Foraging* [61] sind verbreitete Begriffe für solche Systeme zur gemeinsamen Ressourcennutzung, bei denen die mobilen Geräte ausschließlich als Nutzer von Ressourcen in Erscheinung treten. Auch diverse Cloud-Computing Angebote wie beispielsweise iCloud [122] erweitern die Ressourcen von mobilen Geräten.

Mobile Geräte als Anbieter

Mobile Geräte als Anbieter von Ressourcen und Diensten in ein System zur gemeinsamen Ressourcennutzung zu integrieren ist eine weitaus größere Herausforderung, als sie lediglich als Nutzer von Ressourcen einzubinden. Beim Suchen und Vermitteln von Dienstgebern muss berücksichtigt werden, dass registrierte Dienstanbieter zu jedem Zeitpunkt vorübergehend nicht erreichbar sein könnten; zugestellte Dienstanfragen werden möglicherweise nicht beantwortet, weil Geräte die Verbindung verlieren, während sie mit der Bearbeitung der Anfrage beschäftigt sind.

Mobile Geräte als Nutzer und Anbieter

Das dritte Nutzungsschema besteht darin, dass mobile Geräte sowohl als Nutzer als auch als Anbieter von Ressourcen und Diensten in Erscheinung treten.

3.2.1.4 Ressourcen

Eine weitere Dimension des vorgestellten Klassifikationsschemas ist der Typ der gemeinsam verwendeten Ressource. Genau wie im Fall klassischer Grid-Systeme ist dies auch für Systeme zur gemeinsamen Ressourcennutzung mit mobilen Geräten ein gängiges Klassifikationskriterium [106]. Die folgende Liste erhebt keinen Anspruch auf Vollständigkeit, enthält aber die gängigen Ideen bezüglich gemeinsam nutzbarer Ressourcen mobiler Geräte.

Rechenleistung

Das Bestreben, Rechenleistung gemeinsam zu nutzen, war der Hauptantrieb für die Entwicklung klassischer Grid-Infrastruktur. Um Rechenleistung gemeinsam zu nutzen, werden in der Regel große Rechenaufgaben in kleine, unabhängig voneinander zu lösende Teilaufgaben zerlegt. Ferner muss es einen Mechanismus geben, um diese Aufgaben und zugehörige Berechnungsvorschriften an teilnehmende Geräte zu verteilen. Eine grundlegende Annahme für Rechen-Grids ist, dass teilnehmende Geräte die eigene Kapazität an Rechenleistung nicht vollständig ausschöpfen und die Besitzer der Geräte mit der zeitweiligen Nutzung der Ressource durch andere einverstanden sind. Diese Annahme ist für viele PC zutreffend, wie auch Projekte wie SETI@home [27] zeigen.

Speicherkapazität

Eine weitere Ressource, die gemeinsam genutzt werden kann, ist Massenspeicher. Dies kann durch begrenztes Speichervolumen oder durch Aspekte der Urheberschaft und des Besitzes von Daten motiviert sein. Ein Mobiltelefon kann zum Beispiel Speicherplatz, der über das System zur gemeinsamen Ressourcennutzung bereitgestellt wird, nutzen, um Audioaufnahmen zu speichern, die das begrenzte Speichervolumen des Mobiltelefons übersteigen. Des Weiteren kann gemeinsam genutzte Speicherkapazität auch den Zugriff auf Daten erlauben, die nicht von jedem Gerät selbst erzeugt werden können, zum Beispiel umfangreiche Simulationsdaten. Somit kann ubiquitärer Zugriff auf Daten geschaffen werden und die Verfügbarkeit von Daten kann durch Replikation erhöht werden. In Systemen, in denen die gemeinsam genutzte Ressource Speicherplatz ist, ist aber eine Netzwerkverbindung mit entsprechend großem Durchsatz eine implizite Voraussetzung.

Software

Der dritte Typ gemeinsam nutzbarer Ressourcen ist ausführbare Software. Beispiele für solche Software, die in einem System zur gemeinsamen Ressourcennutzung anderen zur Verfügung gestellt werden kann, sind eine Tonmisch-Anwendung, die auf einem Smartphone ausgeführt werden kann [119], eine Navigationsanwendung, die einen kürzesten Weg berechnen kann oder ein Programm für Netzwerkanalysen, das aufgezeichneten Datenverkehr analysieren kann.

Hardware

Mobile Geräte können auch einzelne Hardwarekomponenten für eine gemeinsame Nutzung zur Verfügung stellen. So kann ein Mobiltelefon Zugriff auf Sensorik (für Temperatur oder Beschleunigung) gewähren. Auch Netzwerkschnittstellen können zu einer gemeinsam genutzten Ressource werden. Sogar ganze Geräte wie Drucker, Projektoren, Bildschirme und Sensorknoten können als Ressourcen in einem System zur gemeinsamen Ressourcennutzung verwendet werden.

Eine Applikation in einem System zur gemeinsamen Ressourcennutzung ist nicht notwendigerweise auf einen einzelnen dieser Typen beschränkt. Kombinationen dieser Typen sind möglich und in gewisser Hinsicht unabdingbar: Die gemeinsame Nutzung von Software schließt zum Beispiel auch den Zugriff auf die CPU mit ein, auf der diese Software ausgeführt werden soll. Dennoch macht es Sinn, Systeme zur gemeinsamen Ressourcennutzung nach dem Typ der vorrangig gemeinschaftlich genutzten Ressource zu unterscheiden, da dies großen Einfluss auf die Teilnahmevoraussetzungen für beteiligte Geräte hat.

3.2.2 Anwendung des Klassifikationsschemas

Das vorgestellte Klassifikationsschema wird im Folgenden dazu verwendet, einen Einblick in Forschungsarbeiten zu Systemen für gemeinsame Ressourcennutzung zu geben und diese einzuordnen. Diese Arbeiten beschäftigen sich sowohl mit der Architektur solcher Systeme als auch mit Algorithmen und etablierten Technologien, die zur Problemlösung eingesetzt werden können. Entsprechend der Probleme, die diese Arbeiten behandeln, wurden sie gruppiert und so weit möglich in das vorgestellte Klassifikationsschema eingeordnet.

3.2.2.1 Architektur

In einem System zur gemeinsamen Ressourcennutzung mit mobilen Geräten wird die Interaktion der Geräte durch die beschränkten Ressourcen, die nicht permanent gegebene Konnektivität und die Mobilität der Geräte behindert. Anbieter und Nutzer von Diensten können die Verbindung zueinander verlieren, nachdem eine Anfrage gestellt wurde und das Ergebnis eines Dienstaufrufs kann möglicherweise nicht an den Dienstnutzer übergeben werden, da zwischenzeitlich keine Verbindung mehr besteht. Dienstanfragen können die Möglichkeiten eines Gerätes übersteigen und müssen daher möglicherweise aufgeteilt oder an mehrere Geräte delegiert werden.

Eine mögliche Lösung dieser Probleme ist der Einsatz von Proxy-Geräten, die die Lücke zwischen zentralen Managementkomponenten und einer Menge mobiler Geräte überbrücken. Bei Kurkovsky, Bhagyavati und Ray [109] bietet dieser Proxy einen sogenannten Keep-alive Server und einen Dienstvermittler; darüber hinaus wird hier Buch über zugeordnete Aufgaben und verfügbare Ressourcen geführt. Hampshire [86] schlägt vor, Proxy-Funktionalität in einer *SOAP-Router* (Simple Object Access Protocol) genannten Komponente zu bündeln, die dafür zuständig ist, SOAP-Nachrichten zu puffern, wenn Geräte zeitweise nicht erreicht werden können.

MoCA [139], eine Middleware für kollaborative Anwendungen auf mobilen Geräten, nutzt ebenfalls Proxygeräte, um mobile Geräte beim Zugriff auf die Ressourcen anderer Geräte zu unterstützen. Das System zur gemeinsamen Ressourcennutzung, das von Ohta et al. [128] vorgeschlagen wird, beschäftigt sich zudem mit der Fragestellung nach Dienstgüte (Quality of Service, QoS): Ein QoS-Policy-Manager ermöglicht es einer Anwendung, sich verschiedenen äußeren Bedingungen anzupassen und so die Betriebszeit der mobilen Geräte zu verlängern. Die von Sajjad et al. präsentierte Middleware AutoMAGI [142] ermgöglicht ebenfalls den Zugriff auf ein System zur gemeinsamen Ressourcennutzung über eine Proxy-Komponente. Diese Komponente ist verantwortlich für die Zuteilung von Aufgaben, Sicherheitsaspekte und die Behandlung von unterbrochenen Kommunikationsvorgängen.

Im Gegensatz dazu existiert in einem mobilen Ad-Hoc-Szenario, in dem sich mobile Geräte spontan vernetzen, weder eine Serverinfrastruktur noch ein eigens eingerichtetes Proxy-System. Wenn mobile Geräte in solch einer Umgebung Ressourcen gemeinsam nutzen möchten, bietet sich ein Peer-to-Peer-basierter Ansatz für das Auffinden und Zuteilen von Ressourcen an. Yang, Li, Huang und Gao [165] schlagen einen Peer-to-Peer-Mechanismus vor, um einen verteilten, leichtgewichtigen und robusten Informationsdienst in einem sogenannten Wireless Grid bereitzustellen. Ihrer Argumentation nach ist ein Peer-to-Peer-basiertes System angesichts der dynamischen Umgebung in einem Wireless Grid besonders geeignet.

Seshasayee und Schwan schlagen mit Mobile Service Overlays [144] ebenfalls eine Overlay-basierte Middleware vor. Diese ermöglicht kooperative Anwendungen, die auf einer Vielzahl von mobilen Geräten, zum Beispiel Robotern, ausgeführt werden. Komplexe Anwendungen werden dabei in kleinere Einheiten aufgeteilt, die dann auf einzelnen mobilen Geräten zur Ausführung kommen. Dabei geschieht das Management des Overlays vollständig verteilt.

DiSUS (Distributed Semantic Unstructured Services) [71] dagegen ist ein Framework, das auf die Integration von Diensten in einem infrastrukturbasierten Netz und Diensten in einem Ad-Hoc-Netz abzielt. Aberer et al. [19, 20] stellen mit P-Grid eine Peer-to-Peer-Struktur vor, die die Bereitstellung von Grid-Funktionalität unterstützt. Das System zielt nicht ausdrücklich auf den Kontext drahtlos kommunizierender, mobiler Geräte ab. Von den Autoren wird aber betont, dass die Peer-to-Peer-Architektur generell den Vorteil der Robustheit und der besseren Lastverteilung für das Grid-System bietet.

In dem in Abschnitt 3.2 vorgestellten Klassifikationsschema (siehe Abbildung 3.1) lassen sich die Proxy-basierten Ansätze in die Kategorie (zentral, -, Infrastruktur, -) einordnen. Dagegen können die Peer-to-Peer-basierten Lösungen als (verteilt, -, -, -) klassifiziert werden.

3.2.2.2 Protokolle und Algorithmen

Da mobile Geräte auf andere Art und Weise genutzt werden und andere Geräteeigenschaften haben als herkömmliche PC oder Großrechnersysteme, sind Protokolle und Algorithmen vonnöten, die diese Unterschiede berücksichtigen. Diese Protokolle und Algorithmen werden gebraucht, um zum Beispiel Dienstanfragen zu Dienstgebern zuzuordnen (Scheduling), Dienstgeber ausfindig zu machen (Service Discovery) und Energiekosten abzuschätzen.

Von Park et al. [129] wird ein Algorithmus vorgeschlagen, um Rechenaufgaben in einem Netzwerk sporadisch verbundener Geräte zuzuteilen. Um eine kurze Bearbeitungszeit zu erreichen, wird eine ideale Anzahl mobiler Dienstgeber für eine bestimmte Aufgabe ermittelt. Der Algorithmus, der die Zuteilung der Aufgaben zu den jeweiligen Dienstgebern vornimmt, ist für die Ausführung auf einer zentralen Komponente, dem sogenannten M-Grid Gateway konzipiert. Da in dieser Arbeit insbesondere der Fall betrachtet wird, in dem mobile Geräte auch als Dienstgeber in Erscheinung treten, fällt sie in dem vorgestellten Klassifikationsschema in die Kategorie (zentral, Anbieter und Nutzer, Infrastruktur, CPU).

Das Problem, Dienstgeber in einer Umgebung aufzufinden, in der keine zentrale Komponente für das Dienstmanagement verfügbar ist, wird in diversen Publikationen bearbeitet. Zwei Peer-to-Peer-basierte Algorithmen für das Auffinden von Informationen und möglichen Dienstgebern werden von Yang et al. [165] vorgestellt. Auch hier wird das Argument vorgebracht, dass ein Peer-to-Peer-basierter Ansatz in Anbetracht der nur sporadischen Verbindungen einzelner Knoten in einem mobilen Netzwerk robuster ist. Um die Last des Netzwerkverkehrs zu reduzieren, wird ein dynamischer Algorithmus vorgeschlagen: Der Umkreis, in dem nach Dienstgebern gesucht wird, ist zu Beginn klein und wächst erst, wenn in der unmittelbaren Umgebung kein geeigneter Dienstgeber gefunden werden kann. Da dieser Algorithmus zur Dienstsuche nicht auf Systeme zur gemeinsamen Ressourcennutzung mit einer spezifischen Ressource festgelegt ist, kann dieser Ansatz wie folgt in das Klassifikationsschema (siehe Abbildung 3.1) eingeordnet werden (verteilt, Anbieter und Nutzer, -, -).

Von Hauswirth und Schmidt [89] wird das Problem der Dienstfindung in einem System zur gemeinsamen Ressourcennutzung mit dem strukturierten Peer-to-Peer-Netzwerk P-Grid angegangen. Die Autoren garantieren für den Konstruktionsalgorithmus des P-Grid, dass die Routingtabelle jedes Teilnehmers mindestens einen Pfad zu einem Peer beinhaltet, der eine Replikation des Dienstes anbietet und dass eine ausreichende Anzahl an Replikaten vorgehalten wird. Zwar werden nicht ausdrücklich Systeme zur gemeinsamen Ressourcennutzung mit mobilen Geräten erwähnt, die Voraussetzungen, die das System berücksichtigt, sind jedoch gerade für solche Systeme relevant. Der Ansatz kann ebenfalls als (verteilt, Anbieter und Nutzer, -, -) klassifiziert werden.

Auch Neo, Lin und Liew [125] schlagen ein strukturiertes Peer-to-Peer-System mit einer verteilten Hashtabelle (Distributed Hashtable, DHT) für die Auffindung von Diensten in einem System zur gemeinsamen Ressourcennutzung vor. Hier wird Chord [147] (ein strukturiertes Overlay) verwendet, um mobile Agenten in einer sogenannten Mobile Agent based Collaboration Virtual Environment (MACVE) aufzufinden. Dieser Ansatz kann ebenfalls als (verteilt, Anbieter und Nutzer, -, -) klassifiziet werden.

Der Auswahl beziehungsweise Platzierung eines geeigneten Dienstgebers wird unter anderen von Athanaileas et al. [29] und Wittenburg [162] behandelt. Athanaileas et al. vergleichen dabei einen energiebewussten Ansatz zur Dienstgeberauswahl mit einem Verfahren, das Entscheidungen basierend auf der Distanz zwischen Dienstgeber und Dienstnehmer trifft. In einem Vergleich der beiden Verfahren mittels Simulationen wird deutlich, dass der energiebewusste Ansatz dem ausschließlich auf Entfernung basierenden Verfahren hinsichtlich der Lebenszeit einzelner Geräte sowie der Dienstverfügbarkeit überlegen ist. Das auf AODV als Routingprotokoll aufbauende Verfahren ist auf ein System zur gemeinsamen Ressourcennutzung ausgerichtet, in dem mobile Geräte sowohl Anbieter als auch Nutzer von Ressourcen sind und in einem MANET vernetzt sind. Bezüglich der gemeinsam genutzten Ressourcen werden keine Einschränkungen gemacht und die Entscheidungen werden verteilt und lokal auf den einzelnen Geräten getroffen. Somit kann das Konzept als (verteilt, Anbieter und Nutzer, MANET, -) eingeordnet werden. Die Beiträge zur energiebewussten Dienstgeberauswahl in dieser Dissertation gehen über die von Athanaileas et al. vorgestellten Ansätze hinaus, da das Zusammenwirken diverser Faktoren wie Grundlast und Mobilität der Geräte mitbetrachtet und darüber hinaus noch weitere Strategien untersucht werden.

Wittenburg et al. [161] untersuchen Algorithmen zur Platzierung von Dienstgebern in Ad-Hoc-Netzen. Bezüglich der Rolle einzelner Geräte und der Art der angebotenen Dienste werden keine Einschränkungen gemacht. Da die für Dienstplatzierung verwendete Middleware auf jedem Gerät ausgeführt wird, kann das Konzept als (verteilt, Anbieter und Nutzer, MANET, -) klassifiziert werden. Ein wichtiges Unterscheidungsmerkmal im Bezug auf diese Dissertation ist, dass beim Problem der Dienstplatzierung davon ausgegangen wird, dass jedes Gerät grundsätzlich für die Erbringung eines Dienstes in Frage kommt. Im Gegensatz dazu wird im Rahmen dieser Arbeit auch von Diensten und Ressourcen ausgegangen, die nicht von beliebigen Geräten erbracht werden können, da sie von einem bestimmten Kontext oder dem Vorhandensein bestimmter Hardware abhängen (wie zum Beispiel die Bereitstellung einer Ortsangabe mit Hilfe eines GPS-Gerätes).

Eine weitere Gruppe von Algorithmen beschäftigt sich mit dem Problem der Energieverwaltung auf mobilen Geräten mit der Absicht, die Kosten für einen Dienst nachvollziehbar zu machen. Huang et al. [93] beschreiben einen Algorithmus für eine energiebewusste Zulassungskontrolle innerhalb des Pagoda Frameworks. Diese Framework unterstützt die Durchsetzung von Dienstgütezusagen für Multimedia-Anwendungen auf mobilen Geräten. Da der Algorithmus auf einer zentralen Komponente ausgeführt wird, einem Hochleistungsserver der auch für die Dienstzuteilung zuständig ist und für einen sehr speziellen Dienst konzipiert wurde (Video Encoding), kann dieser Ansatz als (zentral, Nutzer, Infrastruktur, Software) klassifiziert werden.

In COMBINE [25] wird ein Algorithmus für die Abschätzung des Batterieladezustandes vorgestellt. Der vorgeschlagene Algorithmus behandelt speziell den Verbrauch der Netzwerkschnittstelle, kann also als (-, -, Infrastruktur, Hardware) klassifiziert werden. Eine nähere Beschreibung und Klassifikation der COMBINE Anwendung[25] wird im Abschnitt 3.2.2.3 gegeben.

In Szenarien, in denen alle Geräte eines Systems zur gemeinsamen Ressourcennutzung der gleichen Person oder Organisation gehören, kann die Buchführung über den Ressourcenverbrauch und eine Zugriffskontrolle einfach implementiert oder gar vernachlässigt werden. Sobald aber Geräte, die verschiedenen Personen oder Organisationen gehören, involviert sind, können Mechanismen für die Buchführung, Zugriffskontrolle und Abrechnung notwendig sein. Mechanismen, die diesem Zweck in herkömmlichen Grid-Systemen (wie zum Beispiel Globus [73] oder gLite [112] dienen, nutzen in der Regel eine eigene Infrastruktur dafür. So beruht das Vertrauen unter Dienstgebern und Dienstnehmern zumeist auf einem Vertrauensanker, der von allen Parteien akzeptiert ist. Im Gegensatz dazu sind Systeme zur gemeinsamen Ressourcennutzung vorstellbar, die aufgrund vollständig oder teilweise verteilter Managementstrukturen über keinen gemeinsamen Vertrauensanker verfügen. Conrad et al. [56] beschreiben, wie Rechtssicherheit in einem verteilten System innerhalb des SESAM Projekts erreicht wurde. Diese Arbeit ist auch für Systeme zur gemeinsamen Ressourcennutzung relevant, die in die Kategorie (verteilt, Anbieter und Nutzer, -, -) einzuordnen sind.

3.2.2.3 Nutzungsszenarien für Systeme zur gemeinsamen Ressourcennutzung

Die Einsatzmöglichkeiten für Systeme zur gemeinsamen Ressourcennutzung mit mobilen Geräte sind zahlreich. Sie reichen von dezentralisierten Kommunikationssystemen für Katastrophenmanagement bis zu Rechen-Grids, die von Mobilfunkbetreibern angeboten und gewartet werden. Nachfolgend werden vier Bereiche dargestellt, die als vielversprechende Einsatzmöglichkeiten für Systeme zur gemeinsamen Ressourcennutzung mit mobilen Geräten gesehen werden. Zum einen können Systeme zur gemeinsamen Ressourcennutzung mit mobilen Geräten zur Realisierung der Idee des Ubiquitous Computing (UC) beitragen. Zum anderen können sie Organisationen und Institutionen dabei unterstützen, unter Einbeziehung mobiler Geräte zusammenzuarbeiten. Außerdem können Systeme zur gemeinsamen Ressourcennutzung mit mobilen Geräten einzelnen Nutzern neue Möglichkeiten zur Interaktion und Zusammenarbeit mit anderen eröffnen. Schließlich können sie Grids im traditionellen Sinn erweitern und bereichern, indem sie Dienste und Kontext bereitstellen, die zuvor nicht verfügbar waren.

Wegbereiter für Ubiquitous Computing

Um eine nahtlose, vollständig im Hintergrund ablaufende Interaktion von kleinen eingebetteten Geräten und intelligenten Objekten zu realisieren, bedarf es einer entsprechenden Infrastruktur für Systeme zur gemeinsamen Ressourcennutzung, um Dienste und Ressourcen der Geräte verwenden zu können. Solche Systeme zur gemeinsamen Ressourcennutzung können als elementarer Baustein für Ubiquitous Computing gesehen werden. Das Auffinden von relevanten Diensten und Ressourcen, der sichere Zugriff darauf und die Fähigkeit, den Zugriff anderer auf eigene Ressourcen zu kontrollieren, sind zentrale technische Herausforderungen des Ubiquitous Computings. Entsprechende Middleware für mobile Geräte trägt dazu bei, die Vision zu realisieren, dass Menschen beliebige, öffentlich verfügbare Geräte wie Keyboards und Bildschirme ohne Konfigurationsaufwand nutzen können. So beschreiben Streitz et al. mit i-LAND unter anderem ein System zur gemeinsamen Nutzung öffentlicher Display-Flächen auch mit mobilen Geräten [148]. Dieses System kann als (-, Nutzer und Anbieter, Infrastruktur, Hardware) klassifiziert werden, da die einzelnen Geräte über ein fest installiertes WLAN vernetzt werden und ihre Eingabegeräte für die Bedienung der gemeinsam genutzten Displayflächen verwendet werden.

Kollaboration im Geschäftsumfeld

Systeme zur gemeinsamen Ressourcennutzung können die Zusammenarbeit über die Grenzen einzelner Organisationen hinweg fördern. Unternehmen aus verschiedenen industriellen Bereichen können zusammenarbeiten und mit Hilfe solcher Systeme neue Dienste anbieten. Dies könnte zum Beispiel die Zusammenarbeit von staatlichen Sicherheits- und Rettungskräften und privaten Unternehmen vereinfachen. Da die Anzahl verkaufter mobiler Geräte beständig zunimmt, können Systeme zur gemeinsamen Ressourcennutzung, die mobile Geräte mit einschließen, neue Geschäftsfelder erschließen. Im EU-Projekt Akogrimo [160] wurde das Gesundheitswesen, E-Learning und Katastrophenmanagement als drei mögliche Einsatzfelder für kommerziell genutzte Systeme zur gemeinsamen Ressourcennutzung mit mobilen Geräten angeführt. In jedem dieser Szenarien werden mobile Geräte in eine bestehende Infrastruktur, die auch herkömmliche, immobile Computer umfasst, integriert. Die mobilen Geräte nutzen Dienste von Fremdanbietern, zum Beispiel die Umwandlung von Sprache zu Text. Gleichzeitig können die mobilen Geräte aber auch als Dienstgeber in Erscheinung treten, zum Beispiel durch die Bereitstellung von Bildern, GPS-Einheiten oder Mikrophonen. Wesner et al. [160] führen aus, dass Akogrimo auf eine vollständig kommerziell betriebene Architektur abzielt, die von Telekommunikationsunternehmen betrieben wird. Dies schließt eine zentralisierte Managementstruktur (u.a. für die Buchführung und Abrechnung von beanspruchten Ressourcen) ein; gleichzeitig können aber auch manche Aspekte der Verwaltung verteilt gehandhabt werden (zum Beispiel das Auffinden von Dienstgebern). Darum kann Akogrimo mit (hybrid, Nutzer und Anbieter, Infrastruktur, -) in das Klassifikationsschema eingeordnet werden.

Kollaboration zwischen Einzelpersonen

Nicht nur im großen, kommerziellen Rahmen können Systeme zur gemeinsamen Ressourcennutzung eingesetzt werden. Systeme zur gemeinsamen Ressourcennutzung mit mobilen Geräten können zum einen die Zusammenarbeit unter einzelnen

Individuen erleichtern, zum anderen können sie die gemeinsame Verwendung mehrerer Geräte, die einer einzigen Person gehören, ermöglichen. Innovaticus [12] ist ein Produkt, das auf dieses Ziel zugeschnitten ist und die gemeinsame Nutzung aller Ressourcen von mobilen Geräten erleichtern soll. Dies umfasst sowohl Filesharing als auch direkte Kommunikation und gemeinsame Nutzung von Hardware wie Bildschirmen, Mikrophonen, Kameras und Druckern. Der Mehrwert eines solchen Systems zur gemeinsamen Ressourcennutzung besteht in erster Linie in der Erweiterung der für einen Nutzer zugänglichen Ressourcen. Von Innovaticus wird die gemeinsame Nutzung von Hardware, Software und Massenspeicher unterstützt. Darum wird dieses System als (verteilt, Nutzer und Anbieter, MANET, -) klassifiziert.

Als weitere Beispiele für Systeme zur gemeinsamen Ressourcennutzung, die die Kollaboration zwischen Individuen fördern, können COMBINE [25], iShare [157] und die Arbeit von Militano et al. [121] angeführt werden. Geräte, die sich in Reichweite ihrer WLAN Funkschnittstellen befinden, können hier ihre WWAN Verbindungen (Wireless Wide Area Network) gemeinsam nutzen. Dadurch kann der Durchsatz für Datendownloads deutlich gesteigert werden. COMBINE beinhaltet sowohl Lösungsansätze für die Modellierung und Aufzeichnung von Kosten als auch für die Bildung geeigneter Benutzergruppen. Das Abrechnungssystem baut auf einen vertrauenswürdigen Server als zentrale Komponente auf, zugleich werden die Ressourcen aber über ein spontan aufgebautes Netzwerk zwischen den Kooperationspartnern zugänglich gemacht; somit stellt COMBINE ein Beispiel für eine hybride Architektur eines Systems zur gemeinsamen Ressourcennutzung dar. Die gemeinsam genutzte Ressource ist Hardware (die WWAN-Schnittstelle) und die mobilen Geräte agieren sowohl als Anbieter als auch als Nutzer der angebotenen Dienste. Somit kann dieser Ansatz als (hybrid, Anbieter und Nutzer, Infrastruktur, Hardware) klassifiziert werden.

Erweiterung bestehender Grid-Systeme

Über den Ansatz hinaus, nur den Funktionsumfang der mobilen Geräte durch ein bestehendes System zur gemeinsamen Ressourcennutzung zu erweitern, ist es auch möglich, mobile Geräte in ein bestehendes Grid zu integrieren, um Funktionsmerkmale bereitzustellen, die nur durch mobile Geräte erbracht werden können. McKnight et al. [119] führen zwei Eigenschaften mobiler Geräte an, die wertvolle Erweiterungen für ein System zur gemeinsamen Ressourcennutzung darstellen können. Zum einen können mobile Geräte, die in ein System zur gemeinsamen Ressourcennutzung integriert sind, Dienste an Orten verfügbar machen, an denen sie zuvor nicht verfügbar waren, zum anderen können mobile Geräte ihrer Natur gemäß an verschiedenen Orten eingesetzt werden. Außerdem stellen viele mobile Geräte eine Fülle von Sensorik bereit (zum Beispiel GPS-Module, Mikrophone, Beschleunigungs-, Licht-, Temperatur- und Feuchtigkeitssensoren, etc.). Als ein Beispielszenario, in dem solche Fähigkeiten mobiler Geräte durch ein System zur gemeinsamen Ressourcennutzung genutzt werden, beschreiben die Autoren DARC*, eine Anwendung für ein System zur gemeinsamen Ressourcennutzung unter Einbeziehung mobiler Geräte, das verteilte Mehrkanal-Tonaufzeichnungen mithilfe diverser Mikrophone und einem Tonmischprogramm ermöglicht. DARC* kann als (verteilt, Nutzer und Anbieter, MANET, Software und Hardware) klassifiziert werden.

Ferner gibt es Vorschläge, die Rechenkapazität mobiler Geräte wie Mobilfunkgeräte oder Smartphones zur Lösung rechenlastiger Probleme auszunutzen [107, 133]. Diese Nutzung scheint aber weitaus weniger attraktiv als die zuvor genannten, da die Nutzung der beschränkten Rechenkapazitäten von Mobiltelefonen im Vergleich zu Rechenleistung in herkömmlichen Grids deutlich teurer ist. Zwar hat die Rechenleistung von Smartphones in den letzten Jahren stark zugenommen, die beschränkte Laufzeit der batteriebetriebenen Geräte machen aber die Rechenleistung zu einer teuren Ressource. Auf diese Erkenntnis ist auch zurückzuführen, dass eine solche Nutzung von mobilen Geräten in Systemen zur gemeinsamen Ressourcennutzung in den letzten Jahren nicht mehr mit Nachdruck weiter verfolgt wurde.

3.3 Einordnung dieser Dissertation

Diese Arbeit betrachtet Systeme zur gemeinsamen Ressourcennutzung vor allem im Nutzungsszenario der spontanen Kollaboration zwischen Einzelpersonen. Dieses Nutzungsszenario beinhaltet die interessante wissenschaftliche Herausforderung, die Besitzer mobiler Geräte durch geeignete Verfahren für die Bereitstellung von Ressourcen zu gewinnen. Im Gegensatz zu Szenarien, in denen bei der Einbindung mobiler Geräte in bestehende Grid-Systeme oder der Kollaboration im Geschäftsumfeld leistungsfähige, zentrale Infrastrukturkomponenten die gesamte Verwaltung für die gemeinsame Ressourcennutzung übernehmen können, muss hier sowohl die Bereitstellung der Ressourcen als auch der Verwaltungsaufwand von mobilen Geräten getragen werden. Das knapp bemessene Energiebudget mobiler Geräte ist ein starkes Hemmnis für die Bereitschaft einzelner Nutzer, Ressourcen bereitzustellen [81]. Gleichzeitig wird der Energievorrat mobiler Geräte nur selten ganz ausgeschöpft [31] und birgt damit durchaus das Potential für eine Bereitstellung von Ressourcen für andere. Darum betrachtet diese Arbeit insbesondere Verfahren, die es ermöglichen, Ressourcen mobiler Geräte im Rahmen der spontanen Kollaboration einzelner Personen gemeinsam zu nutzen und dabei den Energieaufwand, der für die gemeinsame Ressourcennutzung notwendig ist, besonders zu berücksichtigen.

Besonders im Nutzungsszenario der Kollaboration zwischen Einzelpersonen ist es wichtig, Gerätebesitzer zur Bereitstellung von Ressourcen zu motivieren. Im Gegensatz zur Kollaboration im Geschäftsumfeld kann hier nicht einfach von übergeordneten Geschäftsinteressen ausgegangen werden, die zur Bereitstellung von Ressourcen veranlasst, auch wenn der einzelne Nutzer hierdurch Nachteile (zum Beispiel eine reduzierte Gerätelaufzeit) in Kauf nehmen muss. Mit den in dieser Dissertation präsentierten Ansätzen zur energiebewussten Dienstgeberauswahl (Kapitel 5), einem energiebewussten Anreizsystem (Kapitel 6) und einem plattformunabhängigen Verfahren zur Energiebedarfsschätzung für Dienste (Kapitel 7) ist es möglich, Gerätebesitzer zur Bereitstellung von Ressourcen trotz des damit verbundenen Energieaufwands zu motivieren.

Das System zur gemeinsamen Ressourcennutzung mit mobilen Geräten, das im weiteren Verlauf dieser Arbeit betrachtet wird, ist somit als (hybrid, Nutzer und Anbieter, MANET, -) einzuordnen: Während das Auffinden von passenden Dienstgebern von den mobilen Geräten selbst und verteilt geschieht, wird für das in Kapitel 6 vorgestellte Anreizsystem eine sporadisch erreichbare, zentrale Komponente verwendet. Somit geschieht die Verwaltung des Systems zur gemeinsamen Ressourcennutzung zum Teil verteilt, zum Teil zentralisiert. Die mobilen Geräte wirken sowohl als Anbieter als auch als Nutzer der gemeinsam verwendeten Ressourcen mit. Die für die gemeinsame Ressourcennutzung notwendige Kommunikation erfolgt in Form eines MANET, also im Kontext einer spontanen Vernetzung. Bezüglich der gemeinsam genutzten Ressourcen gibt es keine Einschränkung.

3.4 Zusammenfassung

In diesem Kapitel wurden die besonderen Voraussetzungen für Systeme zur gemeinsamen Ressourcennutzung in einem mobilen Kontext beleuchtet und mit den beschränkten Ressourcen mobiler Geräte, sporadischer Konnektivität, der großen Heterogenität und der dynamischen Netzwerkstruktur die zentralen Herausforderungen für ein solches System benannt und beschrieben. Des weiteren wurde ein Klassifikationsschema für Arbeiten gegeben, die sich mit Systemen zur gemeinsamen Ressourcennutzung beschäftigen. Sowohl andere wissenschaftliche Arbeiten, die den derzeitigen Stand der Forschung darstellen, als auch die vorliegende Dissertation wurde mit Hilfe dieses Klassifikationsschemas eingeordnet.

Jedes Denken wird dadurch gefördert,
daß es in einem bestimmten Augenblick
sich nicht mehr mit Erdachtem abgeben
darf, sondern durch die Wirklichkeit
hindurch muß.

(Albert Einstein)

4. Der CoMoGriP-Prototyp

Die in dieser Dissertation entwickelten Verfahren der energiebewussten Dienstgeberauswahl (Kapitel 5), das energiebewusste Anreizsystem (Kapitel 6) und die Energiebedarfsschätzung von Diensten (Kapitel 7), müssen mit den im vorhergehenden Kapitel beschriebenen Herausforderungen für Systeme zur gemeinsamen Ressourcennutzung mit mobilen Geräten zurechtkommen. Insbesondere bedeutet dies, dass bei der Bewertung der Verfahren die folgenden Punkte berücksichtigt werden müssen:

- *Heterogenität:* Der Energiebedarf eines Dienstes muss auf einer Vielzahl hinsichtlich Hardware und Betriebssystem heterogener Geräte abgeschätzt werden.
- *Energieeffizienz:* Das Anreizsystem muss energieeffizient sein. Ein Anreizsystem, dessen Nutzung einen hohen Energieverbrauch mit sich bringt, ist nicht geeignet, Gerätebesitzer zur Bereitstellung von Ressourcen zu motivieren.

Um die entwickelten Verfahren diesbezüglich qualitativ und quantitativ bewerten zu können, ist eine prototypische Implementierung notwendig, die die Umsetzbarkeit der Konzepte auf echter Hardware und echten Betriebssystemen nachweist. Eine solche prototypische Implementierung wurde im Rahmen des CoMoGriP-Projektes (Controlling Heterogeneous and Dynamic Mobile Grid and Peer-to-Peer Systems) entwickelt. Dieser wird nachfolgend als CoMoGriP-Prototyp bezeichnet. Er ergänzt die Evaluierung durch Simulationen, die zwar eine Untersuchung von Szenarien mit großer Geräteanzahl ermöglichen, aber zwangsläufig von der Komplexität mancher Abläufe abstrahieren und auf vereinfachenden Annahmen (zum Beispiel hinsichtlich des Energieverbrauchs der Geräte) beruhen.

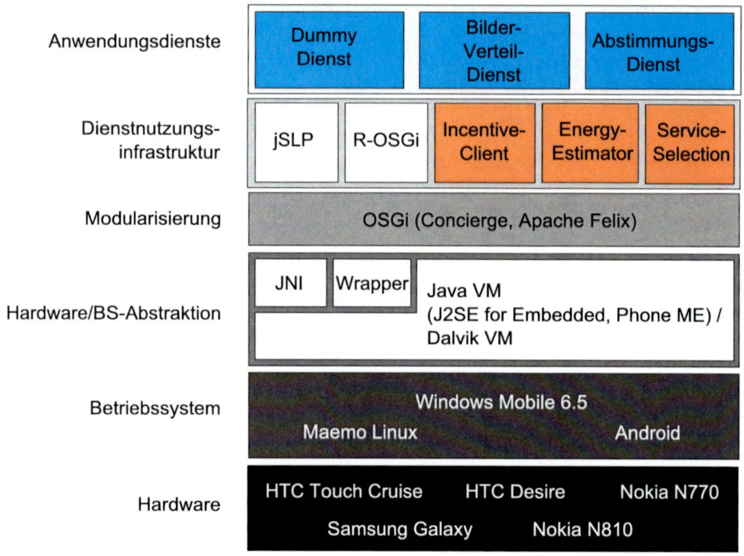

Abbildung 4.1 Architektur des CoMoGriP-Prototyps

Neben dem Nachweis der Umsetzbarkeit dient der Prototyp auch dazu, die entwickelten Verfahren quantitativ zu bewerten. Der in den folgenden Kapiteln beschriebene Energieschätzer, die Komponente zur Auswahl eines geeigneten Dienstgebers und das Anreizsystem für Dienstgeber sowie einige exemplarische Anwendungen wurden als Prototyp für mehrere mobile Geräte implementiert und mit dieser Implementierung evaluiert.

In diesem Kapitel wird der Aufbau des Prototyps, die einzelnen Softwarekomponenten sowie deren Zusammenwirken beschrieben. Zunächst wird die Architektur der energiebewussten Middleware vorgestellt, bevor auf die Hardware, die Verwendung fand, eingegangen wird. Schließlich wird die entwickelte Software für die energiebewusste gemeinsame Ressourcennutzung beschrieben. Die Auswahl eines Dienstgebers, das Anreizsystem und die Schätzung des Energiebedarfs eines Dienstes werden bei der Beschreibung der Architektur und des Prototypen jeweils als *Black Box* behandelt. Nur die für das Verständnis der Gesamtarchitektur und der Implementierung des Prototypen relevanten Sachverhalte werden dargestellt. Eine ausführlichere Beschreibung der zu Grunde liegenden Konzepte erfolgt dann in den Kapiteln 5-7.

4.1 Architektur

Das Konzept eines Systems zur gemeinsamen Ressourcennutzung mit mobilen Geräten wurde in Form einer geschichteten Architektur umgesetzt. Durch jede der

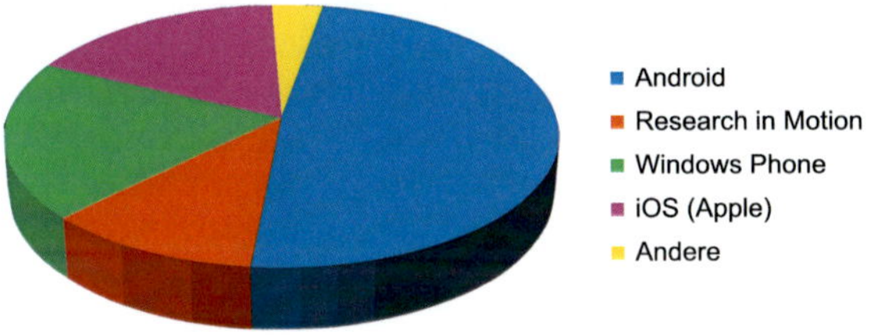

Abbildung 4.2 Prognostizierte Konsolidierung der Betriebssysteme für mobile Geräte

insgesamt 6 Schichten werden für die jeweils darüber liegenden Schichten einzelne Aspekte der Heterogenität und Komplexität des Gesamtsystems verborgen und somit die Entwicklung und Nutzung der Software erleichtert. Abbildung 4.1 stellt diese Architektur und die Schichten aus denen sie sich zusammensetzt dar. Dabei finden sich in den einzelnen Schichten auch konkrete Beispiele für Geräte, Betriebssysteme, virtuelle Maschinen und OSGi-Implementierungen, die im Rahmen dieser Arbeit verwendet wurden. Auf eine Auflistung möglicher Alternativen wurde in der Abbildung der Übersichtlichkeit halber verzichtet. Alle Bestandteile der Architektur, für die im Rahmen dieser Arbeit eigene Konzepte entwickelt und Implementierungen angefertigt wurden, sind in Abbildung 4.1 farbig dargestellt: Die Anwendungsdienste blau und die Elemente der Dienstnutzungsinfrastruktur orange. Nachfolgend werden die einzelnen Schichten und deren Aufgaben beschrieben.

Schicht 1 - Hardware:

Die in diesem System zur gemeinsamen Ressourcennutzung zum Einsatz kommende Hardware ist in mehrerlei Hinsicht heterogen. So verfügen die Geräte zum einen über unterschiedliche Sets gemeinsam nutzbarer Ressourcen, zum anderen ist auch der Energieverbrauch bei der Erbringung bestimmter Dienste und im Ruhezustand sowie die Batterieladekapazität unterschiedlich. Das Verbergen dieser Details beziehungsweise der Zugriff mittels geeigneter Schnittstellen ist Aufgabe des Betriebssystems.

Schicht 2 - Betriebssystem:

Das Betriebssystem kontrolliert den Zugriff auf die Hardware und macht durch die Bereitstellung von Betriebssystem-Aufrufen die Nutzung der Ressourcen durch Anwendungsprogramme möglich. Die für den Einsatz in einem System zur gemeinsamen Ressourcennutzung mit mobilen Geräten interessantesten Betriebssysteme sind solche für Smartphones, da sie den Zugriff auf eine Vielzahl von Ressourcen ermöglichen, ein komfortables Programmiermodell für Anwendungsentwickler bieten und die Verbreitung von Smartphones stark wächst. Derzeit wird der Markt für

Betriebssysteme für Smartphones von vier Anbietern dominiert: Google (Android), Symbian, Apple (iOS) und Research in Motion stellen die Betriebssysteme für über 95 % der im 2. Quartal 2011 verkauften Smartphones [59]. Das Marktforschungsinstitut Gartner Inc. prognostiziert für das Jahr 2015, dass mehr als 96 % der betriebenen mobilen Geräte mit den Betriebssystemen von nur vier Herstellern (Microsoft, Apple, Google, Research in Motion RIM) betrieben werden (siehe Abbildung 4.2). Während die Betriebssysteme von Apple und RIM nur auf Geräten dieser Hersteller verfügbar sind, werden die von Google und Microsoft entwickelten Betriebssysteme auf Geräten zahlreicher Hardware-Hersteller eingesetzt. Anderen Betriebssystemen, die von den Geräteherstellern selbst für die eigenen Geräte entwickelt wurden (zum Beispiel Bada oder Symbian) wird eine weitgehende Marginalisierung prognostiziert [58]. Diese stark ausgeprägte Heterogenität hebt die Notwendigkeit einer Schicht zur Abstraktion von Eigenschaften der Hardware und des eingesetzten Betriebssystems hervor. Diese Abstraktionsschicht wird nachfolgend beschrieben.

Schicht 3 - Hardware- und Betriebssystemabstraktion:

In den vergangen Jahren hat eine Konsolidierung bei der Menge verfügbarer und weitverbreiteter Betriebssysteme für mobile Geräte eingesetzt. Dennoch erschwert die heterogene Landschaft der Kombinationen aus Hardware und Betriebssystemen die Entwicklung von Anwendungen, die auf verschiedenen Geräten und verschiedenen Betriebssystemen ausgeführt werden können. Darum wird die in der *Hardware-* und *Software-*Schicht zu konstatierende Heterogenität durch die dritte Schicht (*Hardware/OS-Abstraktion*) vor dem Anwendungsentwickler und dem Software-Anwender verborgen. Auf mobilen Geräten sind virtuelle Maschinen (VM) wie die Java VM (JVM) [115] oder die Dalvik VM [3], die in Bytecode übersetzten Java Quellcode zur Ausführung bringen, weit verbreitet. Programme, die in den entsprechenden Bytecode für eine VM übersetzt wurden, sind auf allen Geräten, für die es eine solche VM gibt, ausführbar. Es wird also von Geräteeigenschaften wie Prozessor- und Speicherarchitektur abstrahiert. Da solche virtuelle Maschinen unter Umständen nicht für alle auf einem mobilen Kommunikationsgerät verfügbaren Ressourcen den Zugriff möglich machen, kann für bestimmte Ressourcen der Einsatz eines Java Native Interfaces (JNI) [113] oder einer entsprechenden Wrapper-Klasse notwendig sein.

Schicht 4 - Modularisierung:

In der vorgestellten Architektur setzt auf der dritten Schicht die Modularisierungsschicht auf. Diese Schicht, die aus einer OSGi-Implementierung besteht, unterstützt eine modulare Anwendungsentwicklung. Sie stellt Mechanismen zur Auflösung von Abhängigkeiten zwischen verschiedenen Modulen sowie zur Steuerung des Lebenszyklus eines Softwaremoduls bereit. Die Verwendung von OSGi zur Realisierung von Systemen, in denen viele Geräte einzelne Dienste bereitstellen, wird auch von Bottaro et al. [42] vorgeschlagen.

Gerät	Betriebssystem	Version
HTC Touch Cruise	Windows Mobile	6.5
Samsung Galaxy S	Android	2.2
HTC Desire	Android	2.1
Nokia N810 Internet Tablet	Maemo Linux	OS2008
Nokia N770 Internet Tablet	Maemo Linux	OS2006
Lenovo Thinkpad X200	Windows	Win 7 / Win XP
Apple Macbook Pro	Mac OSX	10.5

Tabelle 4.1 Überblick über die Hardware und die Betriebssysteme des Prototyps

Schicht 5 - Dienstnutzungsinfrastruktur:

Durch die fünfte Schicht wird die Funktionalität bereitgestellt, die notwendig ist, um Informationen über Dienste zu verbreiten, potentielle Dienstgeber aufzufinden, einen geeigneten Dienstgeber unter Berücksichtigung des Energieverbrauchs auszuwählen, dessen Dienst aufzurufen und gegebenenfalls für die Verwendung des Dienstes zu bezahlen. Die Umsetzung dieser Aufgaben erfolgt in Form von OSGi-Bundles.

Schicht 6 - Anwendungsdienste:

Die sechste Schicht bilden die eigentlichen Anwendungsdienste in dem System zur gemeinsamen Ressourcennutzung. Auch diese sind als OSGi-Bundles implementiert. Da sie aber auf die Funktionalität der Dienstnutzungsinfrastruktur zugreifen, werden sie einer höheren Schicht zugeordnet.

4.2 Verwendete Hardware und Betriebssysteme

Die im Rahmen dieser Arbeit entwickelten Konzepte zielen auf den Einsatz auf einer Vielzahl verschiedener mobiler Kommunikationsgeräte. Aus diesem Grund wurde der Prototyp gezielt aus verschiedenen mobilen Kommunikationsgeräten aufgebaut, die sich hinsichtlich der Hardware und der darauf ausgeführten Firmware beziehungsweise Betriebssysteme deutlich unterscheiden. Zum Einsatz kamen mehrere Notebooks mit den Betriebssystemen Windows XP, Windows 7 und Mac OSX, diverse Internettablets der Baureihen Nokia N810 und N770 (Maemo Linux) und drei Smartphones (Android, Windows Mobile 6.5). Tabelle 4.1 gibt einen Überblick über die Geräte und die Version der jeweils eingesetzten Betriebssysteme. Die ausgewählten Geräte stellten zum Zeitpunkt ihrer Anschaffung jeweils den aktuellen Stand der Technik dar, waren und sind weitverbreitet und ermöglichen die Ausführung der entwickelten Software [1].

[1] Apple Produkte mit dem Betriebssystem *iOS* kamen aufgrund der restriktiven rechtlichen Bedingungen für die Softwareentwicklung nicht in Frage

Alle genannten Geräte verfügen über eine Funkschnittstelle, die es erlaubt ein Ad-Hoc-Netzwerk nach IEEE 802.11 aufzubauen und darüber zu kommunizieren, wohingegen das Nokia N810 keine Mobilfunkschnittstelle bietet. Aus diesem Grund und in Anbetracht der Tatsache, dass der Betrieb mit WLAN keine weiteren Kosten verursacht, wurde der Prototyp ausschließlich unter der Verwendung von WLAN als Netzwerktechnologie realisiert. Die Evaluierung der energiebewussten Strategien zur Auswahl eines Dienstgebers wurde auf dem Prototyp demzufolge nur mit dem Grundverbrauch, der beim Betrieb eines WLAN-Ad-Hoc-Netzes anfällt, durchgeführt. Untersuchungen bezüglich des Einflusses eines höheren oder niedrigeren Grundverbrauchs, wie er durch den Einsatz alternativer Netzwerktechnologien wie Bluetooth oder zellulärem Mobilfunk herrührt, wurden statt dessen mit Hilfe eines entsprechend konfigurierten Netzwerksimulators angestellt.

4.3 Verwendete Software

Für die Implementierung der in Abschnitt 4.1 vorgestellten Architektur wurde wo möglich auf bereits existierende Softwarelösungen aufgebaut. So kamen zur Umsetzung der Modularisierungsschicht mit *Concierge* [2] von der ETH Zürich und *Apache Felix* [1] zwei frei verfügbare Umsetzungen der OSGi-Spezifikationen zum Einsatz. Die Wahl fiel auf diese beiden Implementierungen, da sich Concierge durch einen geringen Speicherbedarf generell für die Ausführung auf eingebetteten Geräten empfiehlt und die Entwicklergemeinde von Apache Felix gute Unterstützung für den Einsatz der Software unter Android bietet.

Für die Verbreitung von Informationen über angebotene Dienste und für den Dienstaufruf von anderen Geräten aus wurden die vom flOwSGi Projekt [5] bereitgestellten OSGi-Bundles *jSLP*[136] und *R-OSGi*[135] verwendet. Darüber hinaus wurden die in den Kapiteln 5, 6 und 7 vorgestellten Konzepte ebenfalls in Form von OSGi-Bundles implementiert und komplettieren damit die Dienstnutzungsinfrastruktur.

Insgesamt drei Dienste wurden zu Demonstrationszwecken implementiert: Der Dummy-Dienst, der Bilderverteildienst und der Abstimmungsdienst werden nachfolgend näher beschrieben. Während der Dummy-Dienst mit dem Ziel entwickelt wurde, mit einem möglichst geringen Eigenverbrauch des Anwendungsdienstes den Energieverbrauch der Dienstnutzungsinfrastruktur ermitteln zu können, handelt es sich beim Bilderverteildienst und dem Abstimmungsdienst um Anwendungen mit einem tatsächlichen Nutzwert. Diese wurden unter anderem dazu verwendet, die Auswirkungen einer energiebewussten Strategie zur Auswahl eines Dienstgebers auf die Lebenszeit einzelner Geräte experimentell zu bestimmen.

4.3.1 Hardware- und Betriebssystemabstraktionsschicht

Das Konzept, Bytecode von virtuellen Maschinen ausführen zu lassen, um somit von Eigenschaften einer speziellen Kombination aus Hardware und Betriebssystem zu abstrahieren, fand vor allem in Form der Java VM Eingang auf mobilen Geräten. Es existieren diverse virtuelle Maschinen, jeweils zugeschnitten auf die Gegebenheiten unter denen sie eingesetzt werden. Java Platform 2, Micro Edition (J2ME)

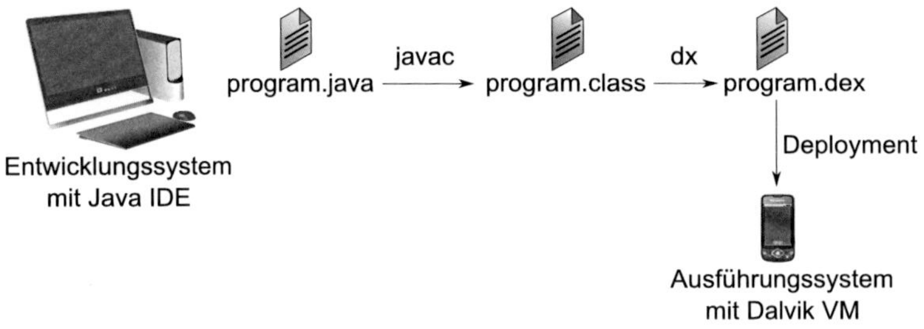

Abbildung 4.3 Prozess der Codeübersetzung für die Dalvik VM

bezeichnet dabei die Kombination aus einer VM und entsprechenden Bibliotheken für eingebettete Geräte. Es existieren verschiedene Konfigurationen und Profile von J2ME. Für das HTC Touch Cruise Gerät wurde die phoneME VM verwendet, die die Konfiguration *Connected Device Configuration (CDC)* voraussetzt und das *Personal Profile* bietet. Mit Profil werden die APIs (Application Programming Interface) bezeichnet, die es zu einer Konfiguration gibt. Das *Personal Profile* erlaubt durch seine Unterstützung des Abstract Window Toolkit (AWT) die Gestaltung von graphischen Benutzerschnittstellen (Graphical User Interface, GUI), was für die Nutzung eines Programms auf einem Gerät mit beschränkten Ein- und Ausgabemöglichkeiten von großer Wichtigkeit ist. Auf den Nokia Internettablets konnte eine von Sun beziehungsweise Oracle zur Verfügung gestellte Java Platform 2, Standard Edition (J2SE) VM namens *Java SE Embedded*, die hinsichtlich des Speicherbedarfs für eingebettete Geräte optimiert wurde, eingesetzt werden [7]. Für die verwendeten Laptops mit den Betriebssystemen Windows 7 beziehungsweise Mac OSX konnte die jeweils aktuelle Java SE Plattform verwendet werden.

Für die Geräte, die mit dem Android Betriebssystem betrieben werden, steht bereits als integraler Bestandteil des Betriebssystems die Dalvik VM zur Verfügung. Die Dalvik VM ist sowohl aus technischer als auch lizenzrechtlicher Sicht nicht mit einer Java VM gleichzusetzen, ist aber ebenfalls in der Lage, in der Java-Programmiersprache geschriebene und durch entsprechende Werkzeuge zu Bytecode kompilierte Programme auszuführen. Grundlage der Dalvik VM war die unter der Apache Lizenz vertriebene Java VM *Apache Harmony*. Im Gegensatz zu einer herkömmlichen Java VM ist die Dalvik VM aber eine Registermaschine. Die im Prozessor vorhandenen Register, auf die ein sehr schneller Zugriff möglich ist, werden also von der Dalvik VM ausgenutzt. Hierdurch und durch die gute Anpassung an die RISC-Architektur (Reduced Instruction Set Computer) der im Sektor der mobilen Kommunikationsgeräte weit verbreiteten ARM-Prozessoren bietet die Dalvik VM zum einen eine schnelle Programmausführung und hat zum anderen einen moderaten Ressourcenbedarf. Dadurch ist es möglich, jedes Programm in einer eigenen Dalvik VM auszuführen, was der Sicherheit von Anwendungen für mobile Geräte zuträglich ist [35].

Die Generierung von Bytecode, der von einer Dalvik VM ausgeführt werden kann, ist ein zweistufiger Prozess, der in Abbildung 4.3 veranschaulicht wird: In der

Gerät	Virtuelle Maschine	Details
HTC Touch Cruise	phoneME	Personal Profile
Samsung Galaxy S	Dalvik VM	
HTC Desire	Dalvik VM	
Nokia N810 Internet Tablet	Java SE for Embedded	ejre1.6.0_10
Nokia N770 Internet Tablet	Java SE for Embedded	ejre1.6.0_10
Lenovo Thinkpad X200	Java SE	1.6.0_18
Apple Macbook Pro	Java SE	1.6.0_29

Tabelle 4.2 Überblick über die virtuellen Maschinen die auf den Geräten des Prototyps eingesetzt wurden

Java-Programmiersprache geschriebener Quellcode wird zunächst mit einem Java Compiler (javac) in herkömmlichen Bytecode übersetzt und als Classfile gespeichert. Ein solches Classfile wird dann im zweiten Schritt mit dem im Android Software Development Kit (SDK) enthaltenen Werkzeug *dx-Tool* in DEX-Bytecode (DEX steht für Dalvik Executable File) umgewandelt. Dieser Prozess wird in der Regel auf einem Entwicklungssystem unter Zuhilfenahme einer Integrated Development Environment (IDE) durchgeführt, bevor der resultierende DEX-Bytecode im Deployment-Prozess auf das ausführende mobile Kommunikationsgerät übertragen wird. In der Dienstinfrastrukturschicht ist dieser Mechanismus zur Umwandlung von Java-Bytecode zu Dalvik-Bytecode von besonderer Relevanz. Darauf wird im Abschnitt 4.3.3 eingegangen.

Ein Überblick über die für die jeweilige Plattform verwendete VM ist in tabellarischer Form in Tabelle 4.2 gegeben.

4.3.2 Modularisierungsschicht

Die Modularisierungsschicht der in Abbildung 4.1 dargestellten Architektur wird durch den Einsatz frei verfügbarer Implementierungen der OSGi-Spezifikation realisiert. Zum Einsatz kommen Concierge und Apache Felix. Das OSGi-Framework liegt dabei als Java-Archiv vor und wird durch den einen entsprechenden Aufruf der Java VM gestartet: `java -jar concierge-1.0.0.jar`. Dieser initiale Aufruf wird für die Nokia Internettablets und das HTC Touch Cruise Gerät durch Bash-Skripte (Maemo Linux) beziehungsweise .cab-Dateien (Windows Mobile) getätigt, um die mühsame Eingabe von Befehlszeilen auf den mobilen Geräten zu vermeiden. Um ein OSGi-Framework auf einem Android-Gerät auszuführen, wird das OSGi-Framework aus einer Android-Applikation heraus gestartet. Abbildung 4.4 veranschaulicht diese Einbettung der Modularisierungsschicht und zeigt, wie die abgebildeten Komponenten in die zuvor vorgestellte geschichtete Architektur einzuordnen sind. Das Betriebssystem und die Abstraktionsschicht sind dabei als eine zusammengefasste Schicht dargestellt, die diverse Komponenten der Android-Plattform umfasst. Neben dem eigentlichen Betriebssystem, das auf einem Linux-Kernel basiert, sind in dieser Schicht Bibliotheken, die Dalvik-VM und das Android-Anwendungsframework enthalten. Aufbauend auf diesem Anwendungs-

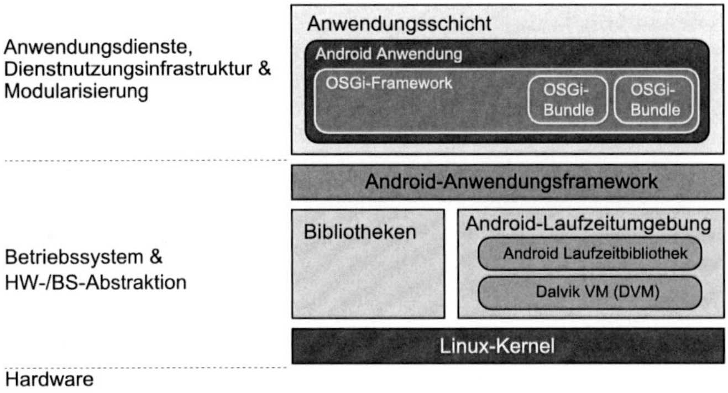

Abbildung 4.4 Einbettung des OSGi-Frameworks in das Android Programmiermodell

framework wird das komplette OSGi-Framework samt der eigentlichen als OSGi-Bundles implementierten Anwendungsdienste als Android-Anwendung gekapselt zur Ausführung gebracht. So ist es möglich, die Modularisierungsschicht im Einklang mit dem Android-Programmiermodell zu realisieren, da das OSGi-Framework so im regulären Kontext einer Android-Applikation ausgeführt werden kann, aus dem heraus der Zugriff auf Elemente des Android-Anwendungsframeworks, zum Beispiel den *Activity Manger* und *GUI Manager*, möglich ist [111].

Auf den Geräten, die Android als Betriebssystem einsetzen, wurde nicht Concierge sondern Apache Felix als OSGi-Implementierung gewählt. Dies liegt darin begründet, dass Apache Felix einfacher für die Verwendung auf einer Android-Plattform modifiziert werden konnte, als Concierge. Diese Modifikationen sind notwendig, da manche Aspekte wie (dynamisches) Classloading und Reflexion bei der Programmierung für die Dalvik VM ein anderes Vorgehen des Programmierers erfordern als bei der Programmierung für eine Java VM. Sowohl dynamisches Classloading als auch Reflexion werden von OSGi-Implementierungen genutzt, darum müssen diese gegebenenfalls für den Einsatz auf einem Android-System angepasst werden. Weitere Informationen zu diesen Anpassungen finden sich in [87, 111, 127].

4.3.3 Dienstinfrastrukturschicht

Die Dienstinfrastrukturschicht des Prototyps besteht aus mehreren OSGi-Bundles, die die notwendige Funktionalität bereitstellen, um den Energiebedarf für die Erbringung eines Dienstes abzuschätzen, Dienstgeber bekanntzumachen und zu finden, auf Dienste zuzugreifen, unter mehreren potentiellen Dienstgebern einen geeigneten auszuwählen und einen Dienstgeber für dessen Aufwand zu entschädigen. Die nachfolgend beschriebenen Bundles sind auf jeder OSGi-Plattform ausführbar.

4.3.3.1 Finden und Aufrufen von Diensten

Das Vorhandensein potentieller Dienstgeber sowie für die Auswahl relevante Eigenschaften der angebotenen Dienste werden Teilnehmern des Systems zur gemeinsamen

Ressourcennutzung mittels jSLP bekanntgemacht. Dafür wird der geschätzte Energieverbrauch eines Dienstes als Diensteigenschaft angegeben, so dass dieser als Auswahlkriterium einer energiebewussten Auswahlstrategie, wie sie in Kapitel 5 beschrieben sind, zur Verfügung steht.

Der Aufruf eines von einem anderen Gerät angebotenen Dienstes erfolgt dann per R-OSGi. Dazu wird eine Methode des für den entfernten Dienst lokal angelegten Proxy-Bundles aufgerufen. Diese Proxy-Bundle leitet den Aufruf transparent an den tatsächlichen Anbieter weiter, so dass für den Nutzer des Dienstes kein Unterschied zwischen einem entfernten und einem lokal angebotenen Dienst sichtbar ist.

Die R-OSGi-Middleware wurde ausgewählt, da sie speziell für den Einsatz auf eingebetteten Geräten konzipiert ist und sich durch einen moderaten Speicherbedarf auszeichnet. Um ein Proxy-Bundle zu generieren und die im Rahmen der Kommunikation zwischen Dienstgeber und Dienstnutzer eingesetzte Serialisierung von Objekten durchzuführen, werden Java-Techniken der Reflexion, das Parsen von Bytecode und Bytecode-Manipulation angewendet. Hierfür wird ASM, ein Werkzeug zur dynamischen Codemanipulation verwendet [46]. Da das resultierende Proxy-Bundle aus dynamisch erzeugtem Java-Bytecode besteht, kann dieses nicht ohne weiteres von der Dalvik VM eines Android-Gerätes ausgeführt werden. Darum musste das R-OSGi Bundle wie in [111] beschrieben dahingehend modifiziert werden, dass es unter Zuhilfenahme von Android-Systemsoftware zur Laufzeit eine Wandlung von Java-Bytecode zu Dalvik-Bytecode vollzieht.

4.3.3.2 Bezahlen von Diensten

Während die unteren vier Schichten Hardware, Betriebssystem, HW-/BS-Abstraktion, Modularisierung sowie die bislang genannten Teile der Dienstnutzungsinfrastruktur von dritter Seite bereitgestellt wurde und allenfalls geringfügig angepasst wurde, wurden die nun vorgestellten Bundles, die ein Anreizsystem sowie eine energiebewusste Dienstgeberauswahl realisieren, eigens entwickelt.

Für die Realisierung des in Kapitel 6 vorgestellten Anreizsystems wurden drei OSGi-Bundles entwickelt. Zum einen das Bundle `de.uka.tm.comogrip.incentivescheme.broker` (kurz `broker`), das auf einem sporadisch erreichbaren, vertrauenswürdigen Gerät ausgeführt wird, zum anderen das Bundle `de.uka.tm.comogrip.incentivescheme.client` (kurz `client`), das auf den mobilen Kommunikationsgeräten ausgeführt wird, um Zahlungen zu tätigen oder entgegenzunehmen. Das dritte Bundle `de.uka.tm.comogrip.incentivescheme.coinmanagement` (kurz `coinmanagement`) stellt die Klassen zur Verfügung, die für den Umgang mit den virtuellen Münzen notwendig sind.

Die Dienste, die das `client`-Bundle anbietet, sind in der Schnittstellendefinition `ClientService Interface` aufgeführt. Mittels der Methoden `makePayment()`, `receivePayment()` und `revertPayment()` werden die entsprechenden Aktionen angestoßen. Das Bundle wird während der Initialisierung des OSGi-Frameworks gestartet und registriert sodann die von ihm angebotenen Dienste.

Diese sind dann für andere Bundles, insbesondere diejenigen, die die Anwendungsdienste bereitstellen, nutzbar.

Das `broker`-Bundle ist für die Erzeugung der Münzen, die Zuteilung der Münzen an die mobilen Geräte sowie die nachträgliche Betrugserkennung zuständig. Die von ihm über R-OSGi zur Nutzung angebotenen Dienste werden mittels der Schnittstellendefinition `ServiceInterface` definiert. Durch einen Aufruf von `sellCoinSet()` können mobile Geräte Münzen erwerben, die im aktuellen Gültigkeitszeitraum als Zahlungsmittel eingesetzt werden können. Mittels `redeemCoins()` können übrige oder hinzuverdiente Münzen am Ende eines Gültigkeitszeitraums an den Broker zurückgegeben werden.

Das `coinmanagement`-Bundle stellt mit den Klassen `Coin`, `Transaction`, `CoinSet` und `Incident` die Datenstrukturen und Methoden zur Verfügung, die für die Verwaltung von Münzen auf den Geräten, die Übergabe von Münzen zwischen Geräten und die Aufzeichnung von Transaktionen zur späteren Betrugserkennung benötigt werden. Für weitere Informationen und Details der Implementierung sei auf [149] verwiesen.

4.3.3.3 Schätzung des Energiebedarfs von Diensten

Für die Schätzung des Energiebedarfs eines Dienstes dient das Bundle `de.uka.tm.comogrip.energyestimator` (kurz `energyestimator`). Da dieses Bundle ausschließlich von Bundles genutzt wird, die lokal, also auf dem gleichen Gerät, ausgeführt werden, bedarf es keiner Bekanntmachung durch R-OSGi.

Die Hauptfunktionalität des Bundles besteht in der Berechnung des geschätzten Energieverbrauchs eines Dienstes aus zwei Eingabewerten: Zum einen dem gerätespezifischen Energiemodell und zum anderen dem Ressourcenbedarf des Dienstes. Um schon *vor* der Erbringung eines Dienstes einen Schätzwert für dessen Energieverbrauch liefern zu können, führt das Energieschätzer-Bundle Buch darüber, wie lange der Dienst bei bisherigen Ausführungen auf die einzelnen Ressourcen zugegriffen hat. Die dafür vorgesehenen Methoden sind nachfolgend aufgeführt. Das Energiemodell selbst wird beim Start des OSGi-Frameworks in Form von `Properties` aus einer Konfigurationsdatei eingelesen.

Bundles, die Dienste anbieten möchten und hierfür eine Abschätzung des Energieverbrauchs benötigen, können auf die Funktionalität des Energieschätzers mittels der öffentlichen Methoden

- `public void savehistory(Hashtable history)` und
- `public float getvalue(Hashtable resourceDemand)`

zugreifen. Die Methode `savehistory()` wird nach einer Diensterbringung aufgerufen und legt den tatsächlichen Ressourcenbedarf dieses Dienstaufrufs in einer internen Datenstruktur ab. Die in die History einzutragenden Werte kann der Dienst selbst mit Hilfe von Zeitstempeln, die den Beginn und das Ende einer Ressourcennutzung markieren, ermitteln. Aus diesen hinterlegten Aufrufdaten wird für die nächste Schätzung ein Mittelwert gebildet. Mittels der Methode `getvalue()` wird die Berechnung einer neuen Schätzung aus dem Energiemodell und dem voraussichtlichen Ressourcenbedarf veranlasst und das Ergebnis dem aufrufenden Bundle zur Verfügung gestellt.

4.3.3.4 Auswahl des Dienstgebers

Um die Auswahl eines geeigneten Dienstgebers gemäß einer der in Kapitel 5 beschriebenen Dienstgeber-Auswahlstrategien zu gestalten, steht das Bundle `de.uka.tm.comogrip.serviceselector` (kurz `serviceselector`) zur Verfügung. Genau wie das `energyestimator`-Bundle wird das `serviceselector`-Bundle ausschließlich von Bundles auf dem lokalen Gerät genutzt. Die über das OSGi-Framework anderen Bundles zugänglichen Methoden `getbest()`, `getone` und `getall` geben jeweils einen Dienstgeber oder eine Liste von Dienstgebern an die aufrufende Instanz zurück. Die Auswahl der Dienstauswahlstrategie erfolgt über das Setzen eines entsprechenden Wertes für die Bundleeigenschaft `de.uka.tm.comogrip.serviceselector.mode` in der Konfigurationsdatei, die beim Start des Bundles durch das OSGi-Framework ausgewertet wird. Für eine umfangreichere Darstellung des `serviceselector`- und `energyestimator`-Bundles sei auf [36] verwiesen.

4.3.4 Anwendungsdienste

Auch die Anwendungsdienste wurden in Form von OSGi-Bundles implementiert, was eine einfache Nutzung unter Zuhilfenahme der in Abschnitt 4.3.2 vorgestellten Bundles der Dienstinfrastrukturschicht möglich macht. Insgesamt wurden zu Demonstrationszwecken und um die Funktionstüchtigkeit der in dieser Arbeit vorgestellten Konzepte zu testen, drei beispielhafte Anwendungen sowie eine Monitoring-Anwendung entwickelt. Diese sind nachfolgend beschrieben.

4.3.4.1 Dummy-Dienst

Dieser Anwendungsdienst wandelt die in einer Eingabezeichenkette übergebenen Zeichen von Kleinbuchstaben in Großbuchstaben um und umgekehrt. Diese Beispielanwendung wurde nicht zum tatsächlichen Gebrauch konzipiert sondern vielmehr dazu, die Dienstnutzungsinfrastruktur zu testen. Da diese Anwendung einen sehr geringen eigenen Energieverbrauch aufweist, wurde sie herangezogen, um die Energiekosten für die Nutzung der Hashcoins, wie es in Kapitel 6 beschrieben wird, zu ermitteln. Der über R-OSGi von entfernten Geräten aus nutzbare Dienst des Bundles kann über einen Aufruf der öffentlichen Methode `public String upper(String)` in Anspruch genommen werden.

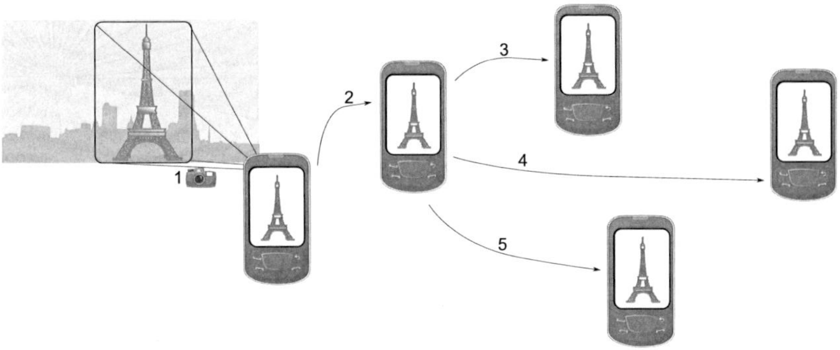

Abbildung 4.5 Nutzung des Bilderverteildienstes

4.3.4.2 Bilderverteildienst

Der Bilderverteildienst sorgt dafür, dass der Bestand an Fotographien, die mit der in manchen mobilen Kommunikationsgeräten integrierten Kamera erstellt wurden, innerhalb einer Gruppe von Geräten synchron gehalten wird. Der Ablauf einer Dienstnutzung dieses Dienstes ist in Abbildung 4.5 dargestellt. Sobald eines der Geräte ein neues Bild aufgenommen und abgespeichert hat (Schritt 1), wird dieses Bild an den Anbieter des Bilderverteildienstes gesendet (Schritt 2), der die energieintensive Aufgabe übernimmt, dieses Bild an alle Gruppenmitglieder mit Ausnahme des Urhebers des Materials zu versenden (Schritte 3 - 5). Sind mehrere Geräte vorhanden, die den Bilderverteildienst anbieten, so wird bei der Verbreitung jedes Bildes der am besten geeignete Dienstgeber ausgewählt. Je nach gewählter Strategie ist dies das Gerät, das bislang am wenigsten Energie für die Erbringung von Diensten aufgebracht hat, das Gerät, das noch über die größten Energiereserven verfügt, das Gerät, bei dem die geringsten Energiekosten für den Dienst anfallen oder ein zufällig ausgewähltes Gerät. Es kann jedoch auch ein fester Dienstgeber ausgewählt werden, der dann solange genutzt wird, bis dessen Energievorrat aufgebraucht ist. So wird für jedes Bild ein Verteilbaum der Höhe zwei aufgebaut, dessen Wurzel (der Urheber des Bildes und Nutzer des Verteildienstes) nur die Energiekosten für eine Übermittlung des Bildes an den Dienstgeber zu tragen hat, während der Dienstgeber abhängig von der Zahl der Gruppenmitglieder eine höhere Belastung übernimmt.

4.3.4.3 Abstimmungsdienst

Der Abstimmungsdienst ermöglicht es einer Gruppe von Nutzern, eine Abstimmung durchzuführen. So kann jeder Teilnehmer mittels einer graphischen Benutzeroberfläche auf seinem mobilen Kommunikationsgerät (siehe Abbildung 4.6a) seine Präferenz aus einer Reihe von Vorschlägen angeben. Die Stimmen werden vom Dienstgeber des Abstimmungsdienstes gesammelt, aggregiert und zu einem Abstimmungsergebnis aufbereitet. Das Anbieten des Dienstes erfordert, über den kompletten Zeitraum der Abstimmung hinweg erreichbar zu sein. Hierfür ist das

(a) Screenshot des Abstimmungsdienstes

(b) Der CoMoGriP-Prototyp

Abbildung 4.6 Mobiles Gerät, bei der Ausführung des Abstimmungsdienstes (links) und diverse mobile Geräte bei der Ausführung des Bilderverteildienstes und der Monitoring-Anwendung (rechts)

Aufrechterhalten der Netzwerkverbindung notwendig, was einen erhöhten Energiebedarf des Dienstgebers zur Folge hat. Um die Möglichkeit zu schaffen, den hohen Energiebedarf für den Dienstgeber über mehrere Geräte zu verteilen, kann die Rolle des Dienstgebers für eine laufende Abstimmung von einem Gerät zu einem anderen migriert werden. Dazu wird der Zustand des bisherigen Dienstgebers gespeichert, zum neuen Dienstgeber übertragen, und dann die Zuständigkeit für die Abstimmung übergeben. Des Weiteren wird der Datenbestand auf einem zweiten Gerät redundant vorgehalten, um im Falle eines unerwarteten Ausfalls des dienstgebenden Gerätes die Abstimmung weiterführen zu können.

4.3.4.4 Monitoring-Anwendung

Um die Funktionsweise der Strategien zur Dienstgeberauswahl nachvollziehbar zu machen, wurde eine Monitoring-Anwendung implementiert. Diese Monitoring-Anwendung besteht ebenfalls aus einem OSGi-Bundle und setzt genau wie die zuvor beschriebenen Anwendungen auf der Dienstinfrastruktur-Schicht auf. Die Monitoring-Anwendung ist für ein Gerät mit größerer Anzeige (zum Beispiel einen Laptop) konzipiert. Die Monitoring-Anwendung bietet selbst keinen Dienst an und nutzt keinen von einem anderen Gerät angebotenen Dienst. Sie beschränkt sich darauf, die Statusinformationen, die über SLP-Nachrichten von den mobilen Geräten verfügbar gemacht werden, aufzubereiten und graphisch übersichtlich darzustellen.

So wird unter anderem der Ladezustand und der geschätzte Energieverbrauch für die angebotenen Dienste der erreichbaren Dienstgeber dargestellt. Abbildung 4.6b zeigt drei mobile Kommunikationsgeräte, die den Bilderverteildienst ausführen, während auf dem Laptop die Monitoring-Anwendung läuft.

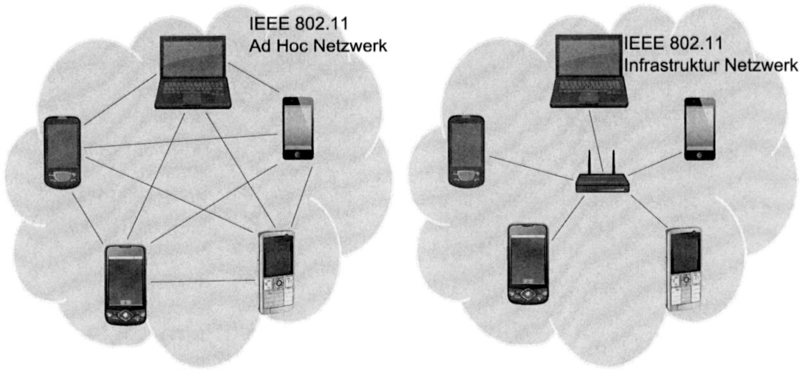

(a) WLAN im Ad-Hoc-Modus (b) WLAN im Infrastrukturmodus

Abbildung 4.7 Mögliche Netztopologien des Prototyps

4.4 Netzwerkstruktur und Kommunikationsabläufe

Beim CoMoGriP-Prototyp wurde auf die Integration eines Routingprotokolls für MANETs, wie etwa AODV oder DYMO, verzichtet. Der Prototyp kann entweder in einem vollvermaschten Netzwerk betrieben werden, in dem jedes Gerät direkt mit jedem anderen kommunizieren kann (wie in Abbildung 4.7a dargestellt), oder in einem Netzwerk, das eine sternförmige Topologie aufweist und bei dem jeder Kommunikationsvorgang zwischen zwei Geräten über den gemeinsamen Netzzugangspunkt geführt wird (Abbildung 4.7b). Für den ersten Fall müssen die Geräte, die alle über eine WLAN-Schnittstelle nach IEEE 802.11 verfügen, diese Schnittstelle im Ad-Hoc-Modus konfigurieren, im zweiten Fall kann WLAN im Infrastrukturmodus verwendet werden, was eine geringeren Grundverbrauch der WLAN-Schnittstelle nach sich zieht, da der Power Save Mode genutzt werden kann.

Nicht nur bei der Netzwerktopologie sondern auch bei der Konfiguration des Protokolls zur Dienstsuche SLP bietet der Prototyp zwei grundlegende Möglichkeiten. SLP kann zum einen in einem Modus für ein Small-Network Szenario betrieben werden zum anderen in einem Modus für ein Large-Network-Szenario [101]. Im Small-Network Szenario wird auf den Einsatz eines Directory Agents (DA) verzichtet. Stattdessen werden User Agents (UA) von Service Agents (SA) benachrichtigt, wenn diese bereit sind, Dienste anzubieten. Im Large-Network-Szenario kann ein dedizierter DA als Anlaufstelle für die Dienstvermittlung verwendet werden. Der Prototyp kann in beiden Modi betrieben werden (siehe Abbildung 4.8). Im in Abbildung 4.8a dargestellten Modus bietet sich der Vorteil, dass kein DA vorgehalten werden muss und der Konfigurationsaufwand für diesen entfällt. Im anderen Fall, dem Large-Network Szenario (Abbildung 4.8b) dagegen, sorgt der DA für eine Entlastung des Netzes, da nicht jede Dienstregistrierung an alle UA verbreitet werden

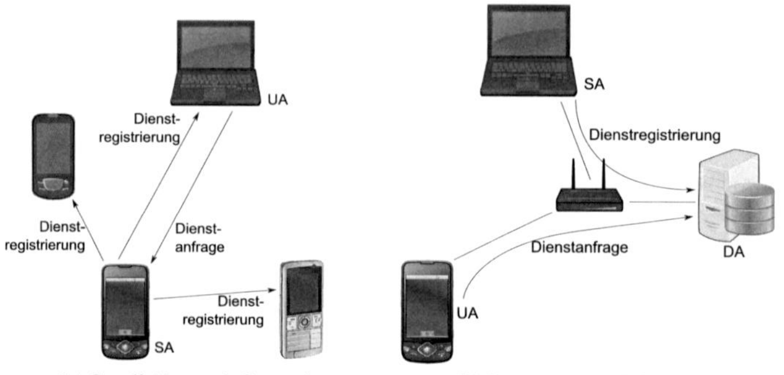

(a) Small-Network Szenario (b) Large-Network Szenario

Abbildung 4.8 Mögliche Betriebsmodi von SLP

muss. Die Wahl des Betriebsmodus bleibt durch die modulare Architektur und die strikte Schichtung für Anwendungen transparent.

4.5 Zusammenfassung

In diesem Kapitel wurde ein Überblick über den CoMoGriP-Prototyp gegeben. In diesem Prototyp wurden die in den Kapiteln 5 - 7 vorgestellten Konzepte beispielhaft implementiert und ihre Funktionstüchtigkeit nachgewiesen. Es wurde eine geschichtete Architektur verwendet und konsequent umgesetzt. Der Vorteil dieses Ansatzes liegt in erster Linie darin, dass die Implementierung einzelner Schichten geändert oder ganz ausgetauscht werden können, und lediglich minimale Seiteneffekte auf andere Schichten bestehen. So wurde eine Vielzahl an Betriebssystemen, virtuellen Maschinen und OSGi-Implementierungen eingesetzt. Die eigenen Beiträge finden sich in der Hauptsache in der Dienstinfrastrukturschicht, die OSGi-Bundles zur Energieschätzung, zur Umsetzung eines Anreizsystems und zur energiebewussten Dienstgeberauswahl beinhaltet.

Man sollte eigentlich im Leben niemals
die gleiche Dummheit zweimal machen,
denn die Auswahl ist so groß.
(Bertrand Russell)

5. Energiebewusste Auswahl des Dienstgebers

Es ist eine der zentralen Herausforderungen für die Konzeption und den Betrieb von Systemen zur gemeinsamen Ressourcennutzung, den Energieverbrauch für die Bereitstellung von Ressourcen zu kontrollieren. Dazu gehört, aus einer Menge verfügbarer Dienstgeber für einen bestimmten Dienst denjenigen auszuwählen, der unter Berücksichtigung des Energieverbrauchs für die Erbringung des Dienstes am besten geeignet ist. Für diese energiebewusste Dienstgeberauswahl sind verschiedene Auswahlstrategien denkbar, die die Realisierung diverser Ziele wie etwa langer Laufzeiten der verwendeten Geräte oder hoher Dienstverfügbarkeit ermöglichen. In diesem Kapitel werden fünf Strategien vorgeschlagen, die fünf gebräuchliche Auswahlkriterien berücksichtigen (gleichverteilte zufällige Auswahl, Netzwerkadresse, Restenergie des Gerätes, Energieaufwand des Dienstes, akkumulierter Energieaufwand für bisher erbrachte Dienste). Anhand in diesem Kapitel vorgestellter Bewertungsmaßstäbe für die Qualität dieser Auswahlstrategien wird dann die Eignung dieser Strategien für verschiedene Einsatzszenarien simulativ untersucht. Darüber hinaus wird durch Experimente mit dem in Kapitel 4 vorgestellten Prototypen gezeigt, dass durch eine geeignete Strategie zur Auswahl des Dienstgebers die Laufzeit eines Gerätes deutlich verlängert werden kann. Die Grundlage für eine energiebewusste Auswahl des Dienstgebers ist Wissen darüber, wie viel Energie für die Erbringung eines Dienstes voraussichtlich aufgewendet werden muss. Wie dieses Wissen im Rahmen dieser Arbeit mittels eines Energiebedarfsschätzers auf verschiedenen Plattformen gewonnen werden kann, ist ausführlich in Kapitel 7 dargestellt. In diesem Kapitel wird die Kenntnis über den Energiebedarf eines Dienstes als gegeben vorausgesetzt.

5.1 Strategien zur Dienstgeberauswahl

Für die folgenden Betrachtungen wird von einer statischen Menge von Benutzern und beteiligten mobilen Geräten ausgegangen, das heißt, dass Benutzer die Gruppe weder verlassen noch neue Benutzer hinzukommen. Des weiteren wird angenommen, dass sich alle Nutzer *kooperativ* verhalten, also alle Benutzer die vorgegebenen Strategien zur Dienstgeberauswahl berücksichtigen. Insbesondere bedeutet dies, dass ein Nutzer keine falschen Angaben bezüglich des Energieverbrauchs eines Dienstes oder verfügbarer Energiereserven macht, um die eigenen Energievorräte zu schonen. Kann hiervon nicht ausgegangen werden, so müssen über ein entsprechendes System Anreize dafür geschaffen werden. So wird in COMBINE [25] vorgeschlagen, Dienstgeber für erbrachte Dienste ihrem Energieverbrauch entsprechend zu bezahlen. Hieraus resultiert das Interesse jedes Dienstgebers, Dienste zu einem realistischen Preis anzubieten, da er bei einem zu hohen Preis nicht als Dienstgeber in Frage kommt. Ein Anreizsystem, das für die Umsetzung dieses Vorschlags eingesetzt werden kann, wird in Kapitel 6 vorgestellt.

Je nach Einsatzzweck eines Systems zur gemeinsamen Ressourcennutzung sind neben dem Energiezustand auch weitere Einschränkungen bezüglich der Dienstgeberauswahl denkbar. So ist es möglich, einen Dienstgeber ausschließlich aus einer Menge an Geräten auszuwählen, die einem bestimmten Personenkreis gehören, oder Dienste ausschließlich von Geräten zu beziehen, zu denen ein regelmäßiger Kontakt besteht. Solche Auswahlkriterien werden in den in diesem Kapitel vorgestellten Simulationen nicht berücksichtigt. Gleichwohl ist es möglich, die vorgestellten Strategien zur Auswahl eines Dienstgebers mit diesen und weiteren Einschränkungen zu kombinieren und zum Beispiel aus der Menge an Geräten, die einer bestimmten Person gehören, dasjenige als Dienstgeber zu wählen, das unter dem Gesichtspunkt der Energie am besten geeignet ist.

In einer solchen Umgebung, wie sie hier vorausgesetzt wird, gibt es zwei naheliegende Ziele für Strategien zur Dienstauswahl, die aber miteinander in einem inhärenten Konflikt stehen:

- **Hinauszögern von Geräteausfällen:** Einerseits gilt es, dafür zu sorgen, dass die Geräte der Nutzer möglichst lange laufen, bevor sie wegen der Erschöpfung ihrer Energievorräte ausfallen. Dies ist – aus der Perspektive des Gesamtsystems betrachtet – gleichbedeutend damit, die *Zeitspanne bis zum Ausfall des ersten Gerätes* zu maximieren.
- **Hinauszögern von Dienstausfällen:** Andererseits sollte auch die *Zeit bis zum Ausfall des ersten Dienstes* möglichst groß sein. Das heißt, mindestens eines der Geräte, die einen bestimmten Dienst anbieten, soll verfügbar sein.

5.1.1 Beschreibung der Auswahlstrategien

Mittels einer geeigneten *energiebewussten* Dienstauswahlstrategie kann der Ausfall von Diensten und Geräten hinausgezögert werden. Im weiteren werden fünf Strategien betrachtet, von denen drei den Energiezustand des Gerätes und den Energiebedarf für die Ausführung eines Dienstes berücksichtigen. Zwei der Strategien wählen den Dienstgeber ungeachtet des Energiezustandes des Gerätes und der Energiekosten des Dienstes aus.

Statische Dienstgeberauswahl (SD)

Alle Geräte, die einen bestimmten Dienst anbieten, werden nach einem Kriterium sortiert, das in keinem Zusammenhang zu den Energiekosten des angebotenen Dienstes oder dem Ladezustand des Gerätes steht. Das kann zum Beispiel die Netzwerkadresse des Dienstanbieter sein. Nachfolgend wird generisch von einem Identifikator des Anbieters gesprochen und davon ausgegangen, dass jedes Gerät eine aufsteigend nach dem Identifikator sortierte Liste der Dienstanbieter für einen bestimmten Dienst führt. Jede Anfrage an diesen Dienst wird solange dem ersten Gerät dieser sortierten Liste zugewiesen, wie dieses Gerät erreichbar ist. Wenn dieses Gerät nicht mehr verfügbar ist, werden alle Anfragen an das nächste Gerät auf der Liste geleitet. Wenn das letzte Gerät dieser Liste nicht mehr erreichbar ist, ist dieser Dienst nicht mehr verfügbar. Die einzigen Informationen, die für diese Strategie gebraucht werden, sind eine Liste aller Geräte, die einen bestimmten Dienst anbieten, sowie das Kriterium, nach dem diese Liste sortiert wird.

Zufällige Dienstgeberauswahl (ZD)

Der Dienst wird von einem Anbieter bezogen, der zuvor zufällig von der Liste aller Geräte gewählt wurde, die diesen Dienst anbieten. Auch für diese Strategie ist lediglich eine Liste der verfügbaren Dienstanbieter erforderlich, jedoch muss diese nicht sortiert sein.

Minimaler Energieverbrauch (ME)

Der Dienst wird von dem Gerät bezogen, das den Dienst für die geringsten Energiekosten anbieten kann. Dafür müssen von allen Anbietern die voraussichtlichen Kosten für die Erbringung des Dienstes bekannt sein, so dass eine nach dem Energieverbrauch aufsteigend sortierte Liste aller Dienstgeber geführt werden kann.

Faire Aufteilung des Verbrauchs (FV)

Dienstanfragen werden unter allen potentiellen Dienstgebern so aufgeteilt, dass die Anbieter möglichst die gleiche Menge an Energie für die Bereitstellung von Diensten aufbringen müssen. Außer dem Wissen, welches Gerät welche Dienste anbietet sind auch Informationen über den Energieverbrauch der einzelnen Dienste notwendig. Im Gegensatz zur Strategie *minimaler Energieverbrauch* (ME) wird aber keine Voraussage der Energiekosten benötigt, sondern ein Überblick über die bislang auf diesem Gerät für die Erbringung von Diensten angefallenen Energiekosten.

Verbleibende Ladung (VL)

Der Dienst wird von dem Gerät angefordert, das nach der Bereitstellung des Dienstes noch über die größten verbleibenden Energiereserven verfügt. Neben einer Prognose über die Energiekosten für die Bereitstellung des Dienstes für jedes der anbietenden Geräte sind für diese Strategie Informationen über die verbleibende Batterieladung der beteiligten Geräte notwendig.

Der Anbieter eines Dienstes kann aus verschiedenen Gründen für ein an seinem Dienst interessiertes Gerät nicht erreichbar sein. So ist es möglich, dass das Gerät aufgrund erschöpfter Energiereserven ausgefallen ist, oder aufgrund von Gerätemobilität beziehungsweise einer anderweitig dynamischen Netzwerktopologie keine Route zum Dienstanbieter gefunden werden kann. In einem solchen Fall wird nach Ablauf eines Timeouts der Versuch, auf den mit Hilfe der jeweiligen Strategie ausgewählten Dienstgeber zuzugreifen, abgebrochen, dieser Dienstgeber aus dem Dienstverzeichnis entfernt und anschließend eine erneute Dienstgeberauswahl ausgeführt. Diese liefert entweder den hinsichtlich der eingesetzten Strategie nächstbesten Anbieter oder wählt erneut zufällig einen Anbieter aus. Ist ein Dienstanbieter zu einem späteren Zeitpunkt wieder erreichbar, so wird dies mittels entsprechener Nachrichten bekanntgegeben. Dann wird dieser Dienstgeber wieder den Dienstverzeichnissen aus denen er zuvor entfernt wurde hinzugefügt.

Von den fünf beschriebenen Strategien benötigen die beiden Strategien *statisch* (SD) und *zufällig* (ZD) keinerlei Informationen bezüglich des Energieverbrauchs der Dienste und des Zustandes der als Anbieter in Frage kommenden Geräte. Dagegen sind solche Informationen für die Strategien *minimaler Energieverbrauch* (ME), *fairer Verbrauch* (FV) und *verbleibende Ladung* (VL) notwendig. Wie solche Informationen auf generische und weitgehend plattformunabhängige Weise gewonnen werden können, wird in Kapitel 7 erläutert.

5.1.2 Bewertungskriterien für Auswahlstrategien

Um die Eignung der fünf Strategien für bestimmte Einsatzszenarien objektiv beurteilen zu können, wird eine Reihe von Bewertungskriterien festgelegt. Diese quantitativ fassbaren Größen erlauben es, Strategien miteinander zu vergleichen und auf Grundlage dieses Vergleiches für bestimmte Einsatzszenarien eine geeignete Strategie auszuwählen. Für die nachfolgenden Betrachtungen wird das System zur gemeinsamen Ressourcennutzung wie folgt modelliert: d_i mit $1 \leq i \leq N$ bezeichnet eines der Geräte, die in dem System zur gemeinsamen Ressourcennutzung zusammenwirken. s_j mit $1 \leq j \leq M$ ist einer von insgesamt M Diensten, die von mindestens einem der Geräte angeboten werden. Die Dienstangebotsmatrix $A = a_{i,j}$ gibt an, welches Gerät welche Dienste anbietet. Es gilt

$$a_{i,j} = \begin{cases} 1 & d_i \ bietet \ s_j \ an \\ 0 & d_i \ bietet \ s_j \ nicht \ an \end{cases} \tag{5.1}$$

5.1.2.1 Lebenszeit

Die *Lebenszeit* eines Gerätes oder eines verteilten Systems ist im Umfeld verteilter, drahtlos kommunizierender und batteriebetriebener System eine gängige Größe zur Beurteilung und zum Vergleich von Protokollen. Insbesondere bei der Erforschung drahtloser Sensornetze ist die Verwendung von Lebenszeit als Bewertungsmaßstab üblich und verschiedene Definitionen der Lebenszeit eines Netzes sind in diesem Zusammenhang in Verwendung. Dietrich und Dressler [63] stellen umfassend die Problematik dar, die aus der Verwendung unterschiedlicher Definitionen der Lebenszeit eines Systems als Evaluationsmetrik erwächst. Aus diesem Grund wird nachfolgend detailliert erläutert, welcher Begriff der Lebenszeit für die Beurteilung der Dienstauswahlstrategien herangezogen wird.

Die Lebenszeit eines einzelnen Gerätes d_i ist nachfolgend definiert als die Zeit t_i in der ein Gerät an dem System zur gemeinsamen Ressourcennutzung teilnimmt bevor es die Teilnahme einstellt, weil die Batterie erschöpft ist. Für eine Übertragung des Begriffs Lebenszeit auf ein System, das aus vielen Geräten mit individueller Lebenszeit zusammengesetzt ist, gibt es diverse Ansätze. Abgeleitet von verbreiteten Definitionen der Netzwerklebenszeit in drahtlosen Sensornetzen kann die Lebenszeit eines Systems zur gemeinsamen Ressourcennutzung als die Zeit definiert werden, die vergeht, bevor ein bestimmter Anteil α der involvierten Geräte seinen Dienst einstellt und diese somit das Ende ihrer individuellen Lebenszeit erreichen. Alternative Definitionen von Netzwerklebenszeit können nicht ohne Weiteres auf ein System zur gemeinsamen Ressourcennutzung übertragen werden: So kann die Zeitspanne, in der ein bestimmtes Gebiet oder ein bestimmtes Volumen durch Sensoren eines Sensornetzes abgedeckt ist, durchaus ein nützlicher Lebenszeitbegriff für Sensornetze sein. Da in einem System zur gemeinsamen Ressourcennutzung aber nicht bestimmte und feste Orte von Interesse sind, greift diese Definition nicht. Auch Ansätze, die die Lebenszeit des Netzwerks über die Zeit definieren, in der ein bestimmter Anteil aller Geräte mit einer zentralen Datensenke kommunizieren kann, können nicht übernommen werden, da es in einem System zur gemeinsamen Ressourcennutzung keine dedizierte Datensenke gibt, deren Erreichbarkeit für die Funktionstüchtigkeit des Gesamtsystems notwendig ist.

Ein wesentliches Unterscheidungsmerkmal von Systemen zur gemeinsamen Ressourcennutzung im Vergleich zu drahtlosen Sensornetzen ist die Tatsache, dass es für das Gesamtsystem keinen einzelnen Besitzer oder Betreiber gibt. Während in einem Sensornetz eine verkürzte Lebenszeit einzelner Geräte unter Umständen in Kauf genommen werden kann, um eine lange Netzwerklebenszeit nach einer der oben genannten Definitionen zu erreichen, ist dies in einem System zur gemeinsamen Ressourcennutzung, wie es in dieser Arbeit betrachtet wird, im Allgemeinen nicht der Fall. Da die Geräte Individuen gehören und von diesen in ein System zur gemeinsamen Ressourcennutzung als mögliche Dienstgeber eingebracht werden, sind diese in erster Linie an einer langen Lebenszeit *ihres* Gerätes interessiert. Somit wird das Bewertungskriterium der Lebenszeit aus der Perspektive des einzelnen Benutzers betrachtet und nicht der eher abstrakte Blickwinkel einer Lebenszeit des Gesamtsystems gewählt. Als kritische Größe zur Bewertung einer Dienstauswahlstrategie wird also die Lebenszeit des ersten ausscheidenden Gerätes betrachtet. Die Lebenszeit T des Systems zur gemeinsamen Ressourcennutzung wird somit definiert als

$$T = \min_i(t_i). \tag{5.2}$$

5.1.2.2 Dienstverfügbarkeit

Ein weiteres Bewertungskriterium für die zu untersuchenden Strategien ist die Verfügbarkeit von Diensten. Eine Verfügbarkeit von möglichst vielen Dienstgebern für möglichst viele Teilnehmer über einen möglichst langen Zeitraum hinweg ist wünschenswert. Auch hier gibt es verschiedene Möglichkeiten, der Dienstverfügbarkeit einen konkreten, vergleichbaren Zahlenwert zuzuordnen. So kann die Anzahl angebotener und für ein individuelles Gerät erreichbarer Dienste als Metrik verwendet werden. Im Rahmen dieser Arbeit wird zum Vergleich der Dienstauswahlstrategien jedoch die Zeit bis zum Ausfall des ersten Dienstes als Vergleichskriterium verwendet. Das ermöglicht, die Dienstverfügbarkeit mit einer Kennzahl für das ganze Netz zu beschreiben. Dabei gilt ein Dienst als ausgefallen, wenn alle Dienstgeber, die diesen Dienst anbieten, ihre Lebenszeit überschritten haben. Damit ist die Dienstverfügbarkeit D des Systems zur gemeinsamen Ressourcennutzung wie folgt definiert:

$$D_S = \min_j \left(\max_{i:a_{i,j}=1} (t_i) \right) \tag{5.3}$$

5.1.2.3 Lastverteilung

Ein weiterer Aspekt für die Beurteilung, ob eine bestimmte Strategie zur Dienstgeberauswahl für ein bestimmtes Einsatzszenario geeignet ist, ist der Grad der Ungleichverteilung der Last, die mit der Bereitstellung eines Dienstes einhergeht. Als Maß für die Ungleichverteilung der Dienstaufrufe durch eine Strategie kann dabei der Gini-Ungleichverteilungskoeffizient (GUK) [43] herangezogen werden. Dieser wird wie folgt ermittelt: Durch die Lorenzkurve [83] für eine bestimmte Dienstauswahlstrategie wird jeweils einer (Teil-)menge der dienstanbietenden Geräte zugeordnet, wie groß der Anteil der durch sie erbrachten Dienste an der Gesamtzahl der erbrachten Dienste ist. Dazu wird die Liste der Dienstaufrufe, die jedes Gerät erbracht hat, aufsteigend sortiert und für die jeweiligen Quantile kumuliert. Durch die aufsteigende Sortierung und Akkumulation ergeben sich die Eigenschaften einer Lorenzkurve, nämlich dass sie

- im Koordinatenursprung (0|0) beginnt,
- im Punkt (1|1) endet,
- monoton steigend ist,
- konvex ist.

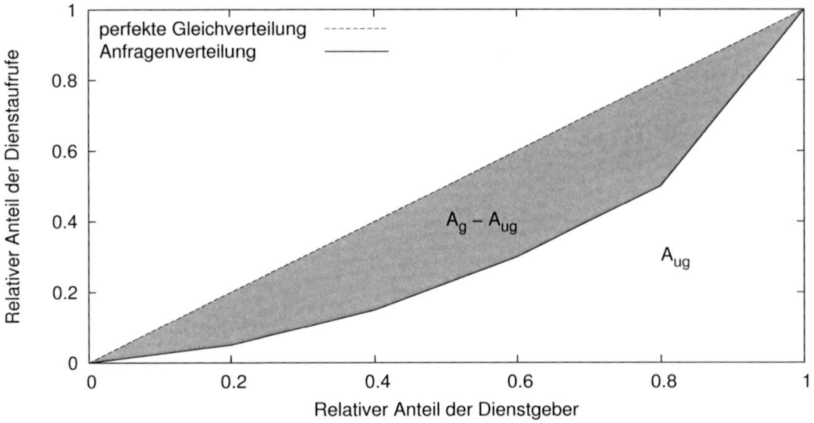

Abbildung 5.1 Lorenzkurve und Flächen, die zur Berechnung des Gini-Ungleichverteilungskoeffizienten einer Verteilung dienen

Abbildung 5.1 zeigt exemplarisch die Lorenzkurve der Dienstaufrufverteilung von 5 Geräten $d_1, \ldots, d_5$. Die insgesamt 20 Dienstaufrufe sind wie folgt auf die Geräte verteilt: $d_1 \rightarrow 1; d_2 \rightarrow 2; d_3 \rightarrow 3; d_4 \rightarrow 4; d_5 \rightarrow 10$. Die hieraus resultierende Abbildung von Quantilen der Gerätemenge auf kumulierte Anteile an den insgesamt erbrachten Diensten ist $0 \rightarrow \frac{0}{20}; 0{,}2 \rightarrow \frac{1}{20}; 0{,}4 \rightarrow \frac{3}{20}; 0{,}6 \rightarrow \frac{6}{20}; 0{,}8 \rightarrow \frac{10}{20}; 1 \rightarrow \frac{20}{20}$.

Für eine Gleichverteilung ist die Lorenzkurve die winkelhalbierende Ursprungsgerade im ersten Quadranten des Koordinatensystems. Der Gini-Ungleichverteilungskoeffizient einer Verteilung ist definiert als die Fläche zwischen der Gleichverteilungsgerade und der Lorenzkurve im Verhältnis zur Fläche zwischen der Gleichverteilungsgerade und der x-Achse. Somit gilt:

$$\mathrm{GUK} = \frac{A_g - A_{ug}}{A_g} \tag{5.4}$$

wobei A_g die Fläche unter der Gleichverteilungsgerade und A_{ug} die Fläche unter der Lorenzkurve ist, die zur betrachteten Verteilung gehört. Im vorliegenden Fall berechnet sich ein GUK von 0,4.

5.1.2.4 Kommunikations-Overhead

Während die zuvor vorgestellten drei Bewertungskriterien vor allem den Nutzen einer Dienstauswahlstrategie (Lebenszeit, Dienstverfügbarkeit und gleichmäßige Lastverteilung) abzubilden vermögen, wird mit dem Kriterium *Overhead* der Blick auf die durch die Strategie entstehenden Kosten gerichtet. Unter Overhead einer Strategie wird das Kommunikationsaufkommen, gemessen in der Anzahl versendeter Pakete, verstanden. Da die Strategien unterschiedliche Lebenszeiten der Geräte zur Folge haben können, wird der Overhead nicht nur in absoluten Zahlen sondern zusätzlich auch bezogen auf die Lebenszeit der Geräte angegeben.

5.2 Simulation der Strategien

Um den Einfluss energiebewusster Dienstauswahlstrategien auf die Verfügbarkeit von Diensten und die Lebenszeit von Geräten untersuchen zu können, wurden zahlreiche und umfangreiche Simulationen durchgeführt. Dazu wurde ein System zur gemeinsamen Ressourcennutzung mit Hilfe etablierter Simulationswerkzeuge modelliert. Dieses Simulationsmodell berücksichtigt unterschiedliche Ladezustände der Geräte, Mobilität der Geräte und Dienste, die unterschiedlich stark nachgefragt werden. Mit diesem Modell wurden die fünf vorgestellten Strategien simuliert und im Hinblick auf die in Abschnitt 5.1.2 vorgestellten Kriterien verglichen.

5.2.1 Simulations-Framework

Für die Simulationen wurde der ereignisbasierte Simulator OMNeT++ [154] verwendet. Für die Modellierung der drahtlosen Kommunikation zwischen den mobilen Kommunikationsgeräten fanden die Frameworks MiXiM [103], INET [6] und MiXNet [16] Verwendung. Dabei wird mittels MiXiM die drahtlose Kommunikation selbst und die Mobilität der Knoten simuliert. INET stellt Protokolle der Netzwerkschicht (IP) und der Transportschicht (TCP, UDP) zur Verfügung. Da die beiden Frameworks MiXiM und INET nicht kompatibel sind, ist für den gemeinsamen Einsatz dieser Frameworks das MiXNET Framework notwendig. Der Energieverbrauch der mobilen Kommunikationsgeräte wurde mit Hilfe des Energy Frameworks [69] modelliert. Für eine weitergehende Beschreibung der Integration der verschiedenen Frameworks sei auf die Dokumentation von Pfrang [132] verwiesen.

Es wurde eine feste Gruppe von N Geräten $\{d_1, \ldots, d_N\}$ simuliert. Diese Geräte befinden sich zu Beginn der Simulation zufällig über eine Fläche verteilt, die einen quadratischen Grundriss und eine Seitenlänge von l Einheiten hat. Jedes simulierte Gerät d_i, $1 \leq i \leq N$ bietet eine Teilmenge $S_i \subseteq \{1, \ldots, M\}$ von insgesamt M Diensten. Um diese Teilmenge für das Gerät d_i festzulegen, wird die Anzahl der anzubietenden Dienste $|S_i| \in \{0, \ldots, M\}$ zufällig (gleichverteilt) gewählt. Anschließend werden $|S_i|$ Dienste aus der Menge der Dienste M gewählt, auch hier liegt eine Gleichverteilung zu Grunde.

Jedes Gerät macht die von ihm angebotenen Dienste mittels *Announcements* bekannt, die in Form von Broadcast-Nachrichten verbreitet (also geflutet) werden. Um die Reichweite des Flutens zu kontrollieren, enthält jede dieser Nachrichten ein TTL-Feld (Time to live), das definiert, wie oft eine Nachricht von empfangenden Geräten weitergeleitet werden darf. Jedes Gerät, das eine solche Nachricht empfängt, verringert den im TTL-Feld gespeicherten Wert um 1 vor der Weiterverbreitung der Nachricht. Erreicht diese Zahl den Wert 0 so wird die Nachricht nicht weiterverbreitet, sondern verworfen. Durch das Setzen des TTL-Werts kann ein Dienstanbieter darauf Einfluss nehmen, wie vielen Geräten die von ihm angebotenen Dienste bekannt und damit zugänglich gemacht werden. Eine weitere Größe, die auf die Anzahl der erreichbaren Geräte einwirkt, ist die Funkreichweite der drahtlosen Netzwerkschnittstelle. Diese Reichweite wird mit r bezeichnet und in der gleichen Längeneinheit wie die Fläche, auf der die Geräte verteilt sind, angegeben. Jedes Gerät kann mit allen

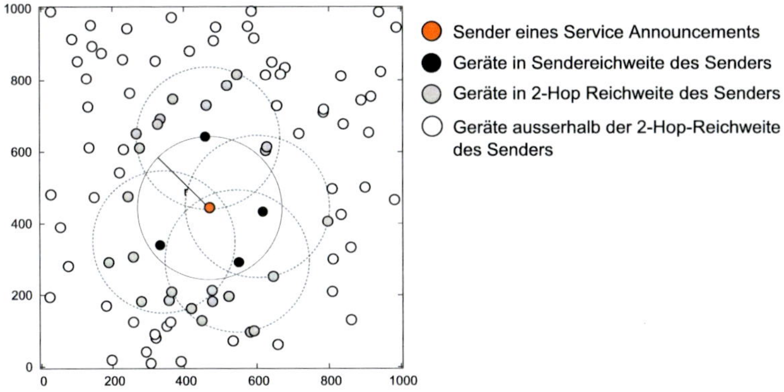

Abbildung 5.2 Einfluss der TTL und der Sendereichweite auf die Anzahl möglicher Dienstnutzer

anderen Geräten interagieren, die sich innerhalb der Kommunikationsreichweite r befinden. Abbildung 5.2 zeigt den Einfluss der Sendereichweite r und des TTL-Werts eines Announcements auf die Menge potentieller Nutzer eines Dienstes. Das Gerät in der Mitte der Abbildung verbreitet Informationen über eine von ihm bereitgestellte Ressource. Das TTL-Feld der Nachricht beinhaltet den Wert 2. Somit wird die Nachricht von allen Geräten in der unmittelbaren Sendereichweite (die schwarz dargestellten Geräte) einmal weitergeleitet. Alle Geräte in der 2-Hop Umgebung des ursprünglichen Senders (die grau dargestellten Geräte) werden von der Nachricht erreicht, eine weitere Verbreitung unterbleibt aber, da das TTL-Feld nach der Dekrementierung den Wert 0 beinhaltet und die Nachricht verworfen wird. Je größer die Sendereichweite und je öfter ein solches Announcement weitergeleitet wird, desto mehr Geräte kommen als Nutzer einer bereitgestellten Ressource in Frage. Durch eine Verbreitung der Announcements an mehr Geräte steigt aber auch die zu tragende Netzwerklast an.

In jedem Experiment der Simulation wird eine der in Abschnitt 5.1.1 beschriebenen Strategien gewählt. Diese ist maßgeblich dafür, welcher Dienstanbieter für die Beantwortung einer Dienstanfrage herangezogen wird. Jedes der N Geräte erzeugt Dienstanfragen in zufälligen Zeitabständen. Die Dauer zwischen zwei Dienstanfragen wird gleichverteilt zufällig aus dem Intervall $[t_{min}, t_{max}]$ gewählt.

Welcher Dienst m angefragt wird, wird ebenfalls zufällig aus $\{1, \ldots, M\}$ gewählt. Hierbei wird eine Zipf-Verteilung verwendet. Zipf-verteilte Anfragen sind eine gängige Annahme in verwandten Forschungsgebieten wie zum Beispiel Web Caching [44]. Dabei liegt die Annahme zu Grunde, dass es wenige Dienste gibt, die sehr attraktiv sind. Die Verteilung der angebotenen Dienste und die Verteilung der Dienstaufrufe ist in Abbildung 5.3 dargestellt.

Der Simulator zeichnet die verbleibende Batterieladung aller beteiligten Geräte auf. Hierfür wird das oben schon erwähnte Energy Framework für OMNeT++ eingesetzt.

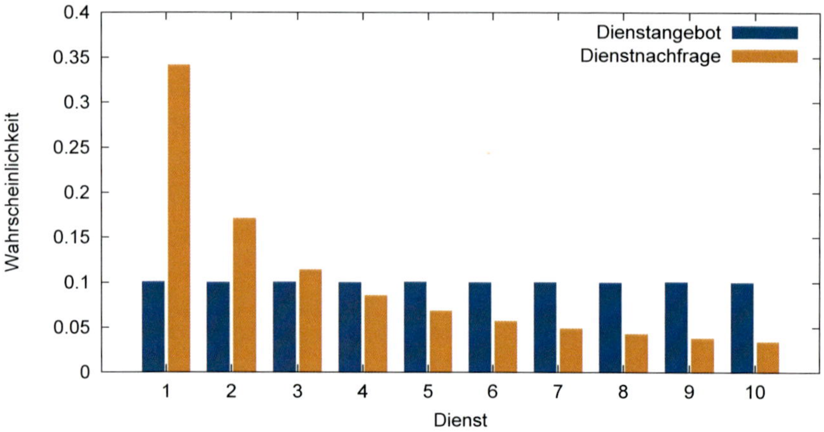

Abbildung 5.3 Verteilung von angebotenen Diensten und Dienstaufrufen in der Simulation: Die Wahrscheinlichkeit, dass ein Dienst angeboten wird, wird als gleichverteilt angenommen; die Wahrscheinlichkeit, dass ein Dienst nachgefragt wird, entspricht einer Zipf-Verteilung

Dabei wird ein lineares Model für die Ladungsabnahme der Batterien verwendet, wie dies zum Beispiel auch von COMBINE [25] angewandt wird. Die Batterie jedes Gerätes enthält zu Beginn eines Simulationslaufes $C_{initial}$, das zufällig (gleichverteilt) aus $[0{,}7 \cdot C_{max}, 1{,}0 \cdot C_{max}]$ gewählt wird, wobei C_{max} die maximale Ladung der Batterie ist. Jede Batterie wird durch den Strom entladen, der durch die einzelnen Module der simulierten mobilen Geräte fließt. Dies umfasst zum einen die Energie, die für die Erbringung eines Dienstes aufgewendet werden muss, zum anderen aber auch die Energie für die Kommunikation über die 802.11b WLAN Schnittstelle. Der durch den Betrieb der WLAN-Schnittstelle bedingte Stromfluss, der auch anfällt, wenn kein Dienst erbracht wird, wird als *Grundlast b* bezeichnet. Wie nachfolgend gezeigt wird, ist die Höhe der Grundlast ein wichtiger Einflussfaktor für Leistung von energiebewussten Dienstauswahlstrategien. Darum wurde eine Reihe von Simulationen mit unterschiedlicher Grundlast durchgeführt.

Die für einen Dienst m durchschnittlich anfallenden Kosten werden mit c_m bezeichnet. Wenn ein Dienst m erbracht werden soll, wird die Ladung der Batterie um eine Ladung, die zufällig (gleichverteilt) aus $[0{,}9 \cdot c_m, 1{,}1 \cdot c_m]$ gewählt wird, reduziert. Hierdurch wird abgebildet, dass die Energiekosten für die Erbringung eines Dienstes um einen Mittelwert schwanken.

Der Annahme Rechnung tragend, dass ein Nutzer die Bereitstellung von Ressourcen einstellen möchte, wenn ein kritischer Batteriefüllstand unterschritten wird, werden von simulierten Geräten keine Ressourcen mehr bereitgestellt, sobald die Batterieladung einen Grenzwert C_{stop} unterschreitet. Außerdem beteiligt sich ein solches Gerät auch nicht mehr an der Weiterleitung der Nachrichten anderer Geräte. Ein

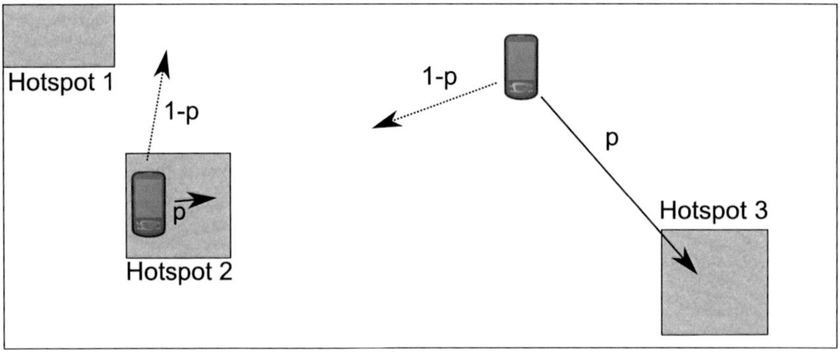

Abbildung 5.4 Random Waypoint Mobilitätsmodell mit Hotspots

solches Gerät, das keine Dienste mehr bereitstellt, ist aus Sicht des Gesamtsystems zur gemeinsamen Ressourcenverwendung also ausgefallen.

Während die Announcements durch Fluten im Netzwerk auch über die unmittelbare Reichweite r eines Gerätes hinaus verbreitet werden, werden Dienstanfragen nur an den mittels der Strategie ausgewählten Dienstgeber gesendet. Um auch Dienstgeber erreichen zu können, die sich außerhalb der Reichweite r befinden, ist ein Netzwerkprotokoll notwendig, das die Ende-zu-Ende-Kommunikation auch über Zwischenstationen in einem Ad-Hoc-Netz erlaubt. Als Netzwerkprotokoll im simulierten Ad-Hoc-Netz wurde das reaktive Routingprotokoll DYMO [50] verwendet, das in Form einer Implementierung von Sommer et al. [146] bereitstand. Die Mobilität der Geräte wurde duch ein Random-Waypoint-Mobilitätsmodell, das Hotspots beinhaltet, realisiert. Dieses von Abdulla und Simon [18] vorgeschlagene Mobilitätsmodell trägt der Beobachtung Rechnung, dass ein komplett zufälliges Random-Waypoint-Modell die Mobilität mobiler Kommunikationsgeräte nur unzureichend widerspiegelt. Durch die Hotspots wird das soziale Verhalten der Gerätebesitzer abgebildet, die sich an bestimmten Punkten mit einer höheren Wahrscheinlichkeit aufhalten. Hierdurch wird eine realistischere Simulationsgrundlage geschaffen, als dies mit einem puren Random-Waypoint-Mobilitätsmodell möglich wäre.

Jedes simulierte Gerät wird zufällig einem von insgesamt drei Hotspots zugeordnet. Dadurch wird eine Umgebung modelliert, in der es mehrere Bereiche mit erhöhter Aufenthaltswahrscheinlichkeit gibt. Dabei ist ein Hotspot ein quadratischer Bereich mit 50 Längeneinheiten Seitenlänge. Dies entspricht der im Rahmen der Simulation gewählten Funkreichweite der mobilen Geräte. Für Form und Größe der Hotspots wurden die in der Implementierung des Mobilitätsmodells von Wenz [159] vorgeschlagenen Einstellungen übernommen. Die Hotspots sind zufällig über das gesamte Spielfeld verteilt. Im Verlauf der Simulation wählen die Geräte mit einer Wahrscheinlichkeit von p den nächsten Waypoint innerhalb ihres jeweiligen Hotspots und mit einer Wahrscheinlichkeit von 1 - p außerhalb ihres Hotspots. Bei einem Wert $p > 0{,}5$ ist die Gerätedichte in den Hotspot-Gebieten im Verlauf der Simulation höher als

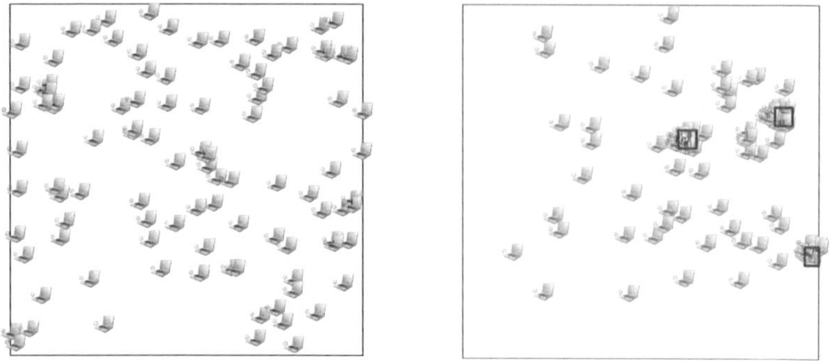

(a) Zufällige Verteilung der Geräte bei Beginn der Simulation

(b) Häufungen von Geräten innerhalb der Hotspots

Abbildung 5.5 Einfluss des Mobilitätsmodells auf die Gerätedichte

außerhalb. Abbildung 5.4 veranschaulicht das Konzept des verwendeten sozialen Mobilitätsmodells mit zwei Geräten und drei Hotspots.

Die Abbildungen 5.5a und 5.5b zeigen den Einfluss des gewählten Mobilitätsmodells auf die Verteilung der Knoten im Verlauf der Simulation. Im Rahmen dieser Arbeit wird $p = 0{,}6$ gewählt, auch dies entspricht den von Wenz [159] getroffenen Voreinstellungen des Mobilitätsmodells. Zu Beginn der Simulation sind die Geräte gleichmäßig und zufällig über das Spielfeld verteilt (Abbildung 5.5a). Abbildung 5.5b zeigt zusätzlich zu den Geräten auch die zufällig gewählte Platzierung der quadratischen Hotspots in einem exemplarischen Simulationslauf. Im Verlauf der Simulation ergibt sich innerhalb der Hotspots eine Häufung von Geräten. Für diese Häufungen gibt es zwei Gründe: Zum einen wählt jedes Gerät den Zielpunkt für die nächste Bewegung öfter innerhalb eines Hotspots als außerhalb. Zum anderen ist die Verweildauer am Zielpunkt der Bewegung länger, wenn dieser innerhalb eines Hotspots liegt, als wenn er sich außerhalb davon befindet.

5.2.2 Parametrisierung des Simulations-Frameworks

Um realistische Parameter für die Simulation verwenden zu können, werden Messungen herangezogen, die von der in Kapitel 4 beschriebenen prototypischen Implementierung des Systems für gemeinsame Ressourcennutzung mit mobilen Geräten stammen [78]. Das vermessene Gerät dieses Prototyps ist ein Nokia N810. Eine Beschreibung dieses Gerätes, und Einzelheiten, wie die Messwerte ermittelt wurden, finden sich in den Kapiteln 2.3, 4 und 7.

Die Anzahl simulierter Geräte beträgt $N = 100$. Die maximale Batteriekapazität der mobilen Geräte ist $C_{max} = 1\,500\,mAh$, der Schwellwert, ab dem die Bereitstellung von Diensten eingestellt wird ist $C_{stop} = 0{,}25 \cdot C_{max}$. Die Menge aller Dienste enthält $M = 10$ Dienste, deren jeweiliger durchschnittlicher Energieverbrauch zufällig gleichverteilt im Intervall $[100\,mAs, 10000\,mAs]$ liegt. Für den

Parameter	gewählte Belegung(en)
Anzahl Simulationsläufe	30
Anzahl simulierter Geräte N	100
Anzahl angebotener Dienste M	10
Anzahl Hotspots	3
Seitenlänge des Spielfeldes l [m]	{1000, 2000}
Seitenlänge der Hotspots [m]	50
Knotengeschwindigkeit $\left[\frac{m}{s}\right]$	$\{u(1,2),0\}$
Hotspot-Wahrscheinlichkeit p	0,6
Funkreichweite der Geräte r [m]	50
Grundlast b [mA]	{30, 70, 100, 130, 170, 200}
TTL der Announcements	{1, 2, 3, 4, 5}
Batteriekapazität C_{max} [mAh]	1500
Abschaltschwelle C_{stop} [mAh]	375
Batterieladung $C_{initial}$ [mAh]	u(1050, 1500)
Energiekosten für Dienste [mAs]	u(100, 10000)
Zeitspanne zwischen Dienstaufrufen [s]	u(180, 300)

Tabelle 5.1 Parametrisierung des Simulators

Grundverbrauch werden in mehreren Simulationsläufen unterschiedliche Werte $b \in \{30mA, 70mA, 100mA, 130mA, 170mA, 200mA\}$ verwendet. 200 mA werden durch das Energy Framework als Grundverbrauch für ein Gerät, das die WLAN-Schnittstelle im Ad-Hoc-Modus nutzt, angesetzt. 30 mA sind eine realistische Annahme für den Grundverbrauch eines Gerätes, das eine weniger energieintensive Kommunikationstechnik wie etwa Bluetooth verwendet [60]. Die Zeitspanne zwischen zwei Dienstaufrufen ist zufällig zwischen $t_{min} = 180$ Sekunden und $t_{max} = 300$ Sekunden gewählt. Es wurden auch Simulationen mit anderen Belegungen der Parameter durchgeführt [1]. Obwohl die absoluten Werte der Ergebnisse Unterschiede aufweisen, sind die qualitativen Ergebnisse weitgehend ähnlich zu denen, die nachfolgend dargestellt sind.

Für jede gewählte Kombination von Parametern und Dienstauswahlstrategien werden 30 Simulationsläufe mit unterschiedlichen Initialisierungswerten (*seeds*) für den verwendeten Zufallszahlengenerator durchgeführt. Die Ergebnisse der 30 Simulationsdurchläufe wurden gemittelt und die 99 %-Konfidenzintervalle bestimmt.

Eine Übersicht über die gewählten Parameter wird in Tabelle 5.1 gegeben. Dabei steht $u(a,b)$ für eine zufällige, gleichverteilte Auswahl aus dem Intervall $[a,b]$

5.2.3 Messparameter

Um die fünf beschriebenen Dienstauswahlstrategien hinsichtlich der in Abschnitt 5.1.2 aufgeführten Kriterien bewerten und vergleichen zu können wurden folgende Werte als Ausgabeparameter erfasst und abgespeichert:

[1] Unter anderem wurden verschiedene Zahlen von teilnehmenden Geräten, angebotenen Diensten, verschiedene Verteilungen von Dienstanfragen und angebotenen Diensten simuliert

- **Zeitpunkt des Geräteausfalls für alle Geräte:** Diese Zeitspanne wird vom Beginn der Simulation bis zu dem Punkt der Simulationszeit gemessen, an dem das simulierte Gerät den definierten Schwellwert C_{stop} erreicht.

- **Zeit bis zum Dienstausfall:** Diese Zeitspanne wird vom Beginn der Simulation bis zu dem Punkt der Simulationszeit gemessen, an dem der Dienst nicht mehr verfügbar ist. Dies ist der Fall, wenn auch die Batterieladung des letzten Geräts, das diesen Dienst anbietet, den Schwellwert C_{stop} unterschreitet.

- **Zahl versendeter Pakete:** Über einen Zähler im Netzwerkmodul jedes simulierten Gerätes wird jedes Paket gezählt, das über die physikalische Schnittstelle der Geräte versendet wird.

- **Zahl versendeter Routinganfragen:** Um den wechselseitigen Einfluss von Dienstauswahlstrategie und Routingprotokoll zu untersuchen, wird auch die Zahl versendeter Routinganfragen (RREQ) dokumentiert. Hierbei beinhaltet der Zähler jedoch nur RREQs, die vom jeweiligen Gerät selbst initiiert wurden. Weitergeleitete RREQs gehen in diese Messgröße nicht ein. Dadurch wird gewährleistet, dass tatsächlich der Einfluss der auf Anwendungsebene getroffenen Dienstgeberauswahl auf den Routingaufwand gemessen wird. Würden weitergeleitete RREQs ebenfalls berücksichtigt, so könnten die Effekte der Dienstgeberauswahl durch topologisch bedingte vielfache Weiterleitungen überlagert werden. Dies würde die gezielte Untersuchung des Zusammenhangs von Dienstgeberauswahlstrategie und Routingaufwand erschweren.

Aus diesen vier unmittelbaren Messgrößen lassen sich vier weitere, mittelbare Messgrößen ableiten:

- **Mittlere Zeit bis zum Geräteausfall:** Diese Größe wird bestimmt, indem die Zeit bis zum Erreichen der Schwelle C_{stop} für alle Geräte ermittelt wird und dann über alle Geräte der Mittelwert gebildet wird.

- **Mittlere Zeit bis zum Dienstausfall:** Diese Größe ist wiederum der Durchschnitt über die gemessenen Zeitspannen bis zum Ausfall aller Dienste.

- **Zahl versendeter Pakete normiert auf die Lebenszeit aller Geräte:** Da die Laufzeit der Simulationen von der Lebenszeit der simulierten Geräte abhängt, muss die Zahl der versendeten Pakete auf die Lebenszeit der Geräte normiert werden, um einen zwischen den Strategien zur Dienstgeberauswahl vergleichbaren Wert zu erhalten.

- **Zahl versendeter Routinganfragen normiert auf die Lebenszeit aller Geräte:** Auch die Anzahl der versendeten RREQs wird auf die Lebenszeit der simulierten Geräte normiert, um einen vergleichbaren Wert zu erhalten, der nicht durch die unterschiedliche Lebenszeit der Geräte verfälscht wird.

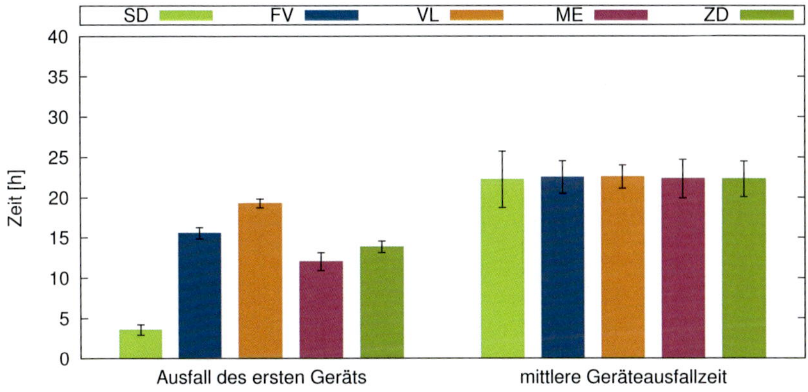

Abbildung 5.6 Leistungsvergleich bezüglich Gerätelebenszeit von fünf Dienstauswahlstrategien bei einem Grundverbrauch, der dem Betrieb mit Bluetooth entspricht

5.3 Vergleich der Strategien

Mit dem beschriebenen Simulations-Framework wurden die fünf Strategien simuliert und hinsichtlich der in Abschnitt 5.1.2 erläuterten Kriterien Lebenszeit, Dienstverfügbarkeit, Lastverteilung und Overhead verglichen. Der Einfluss weiterer Faktoren, die nicht unmittelbar durch die eingesetzte Strategie bestimmt werden, deren Leistung hinsichtlich der genannten Kriterien aber zu beeinflussen vermögen, wurde durch entsprechende Parametrisierungen herausgearbeitet. Die hierbei untersuchten Faktoren sind Gerätemobilität, Grundlast der Geräte und Reichweite der Announcements.

5.3.1 Lebenszeit

Abbildung 5.6 veranschaulicht die Güte der fünf Strategien hinsichtlich der Lebenszeit des zuerst ausfallenden Gerätes. In den Simulationen, die dieser Untersuchung zu Grunde liegen, wurde die Grundlast mit $b = 30\,mA$ veranschlagt und die TTL der Service Announcements beträgt 3.

Auf der y-Achse ist die Zeit in Stunden abgetragen. In der linken Säulengruppe des Säulendiagramms zeigt jede Säule für die eingesetzte Strategie die Lebenszeit des Gerätes an, dessen Energievorräte zuerst erschöpft waren. Dabei wurde über die Lebenszeit des zuerst ausfallenden Gerätes in 30 Simulationsläufen gemittelt. In der rechten Säulengruppe ist die mittlere Lebenszeit aller 100 simulierten Geräte dargestellt. Bei den Ergebnissen sind außerdem die 99 %-Konfidenzintervalle für die Ergebnisse jeder Strategie eingetragen.

Als Resultat kann beobachtet werden, dass die Wahl einer geeigneten Dienstauswahlstrategie für die Zeit bis zum ersten Geräteausfall durchaus relevant ist. Die *statische* Dienstauswahlstrategie (SD), bei der ein Dienst vorzugsweise von dem

Anbieter mit dem kleinsten Identifikator abgerufen wird, resultiert erwartungsgemäß in der kürzesten Lebenszeit des zuerst ausfallenden Gerätes. Da das Gerät unter den möglichen Anbietern eines Dienstes, das den kleinsten Identifikator hat, die Dienstanfragen *aller* Interessenten in Reichweite bearbeiten muss, sind dessen Energievorräte sehr schnell erschöpft. Darum fällt das erste Gerät im Durchschnitt über die 30 Simulationsläufe schon nach dreieinhalb Stunden aus, was beispielsweise für den Betrieb eines Smartphones für viele Benutzer inakzeptabel ist.

Besser als die *statische* Strategie (SD) schneidet die Strategie *minimaler Energieverbrauch* (ME) ab. Der Energieverbrauch für die Erbringung eines Dienstes durch ein bestimmtes Gerät ist hier die für die Auswahl den Ausschlag gebende Größe. Geräte, die einen Dienst bezüglich des Energieaufwandes günstig anbieten können, werden öfter als Dienstgeber ausgewählt, als Geräte, bei denen die Diensterbringung hohe Kosten verursacht. Durch die häufigere Erbringung von Diensten werden die Energievorräte der Knoten, die wenig Energie für die Diensterbringung benötigen, stärker belastet. Darum fällt das erste Gerät recht schnell aus (nach etwa 12 Stunden). Da die Energiekosten, die ein Gerät für einen bestimmten Dienst aufzubringen hat, innerhalb gewisser Grenzen variieren, werden aber auch die Dienstaufrufe unter mehreren Geräten verteilt. Somit fällt das erste Gerät deutlich später aus, als bei Verwendung der *statischen* Strategie (SD).

Noch längere Lebenszeiten der zuerst ausfallenden Geräte lassen sich mit den Strategien *fairer Verbrauch* (FV) und *zufällig* (ZD) erzielen. Durch beide werden sehr viele verschiedene Geräte zur energieintensiven Erbringung von Diensten herangezogen. Während die *zufällige* Strategie (ZD) eine Gleichverteilung als Verteilung der Dienstaufrufe unter den möglichen Dienstgebern anstrebt, berücksichtigt die Strategie *fairer Verbrauch* (FV) die Energie, die bislang schon für das System zur gemeinsamen Ressourcennutzung eingebracht wurde. Insgesamt führt dies dazu, dass die am stärksten beanspruchten Geräte deutlich weniger Energie für die Erbringung von Diensten aufwenden müssen als bei den Strategien *statisch* (SD) und *minimaler Energieverbrauch* (ME), was sich auch in einer entsprechend längeren Lebenszeit der zuerst ausfallenden Geräte zeigt. So hat das zuerst ausfallende Gerät bei Verwendung der Strategie *fairer Verbrauch* (FV) eine Lebenszeit von über 15,5 Stunden, bei der *zufälligen* Strategie (ZD) kommt das am stärksten als Dienstgeber strapazierte Gerät auf eine Lebenszeit von knapp 14 Stunden.

Die längste Lebenszeit des zuerst ausfallenden Gerätes kann mit der Strategie *verbleibende Ladung* (VL) realisiert werden. Mit über 19 Stunden erreicht das zuerst ausfallende Gerät im Mittel über die 30 Simulationsläufe eine um 39 % höhere Lebenszeit als mit der *zufälligen* Strategie (ZD), die ohne jedes Wissen bezüglich des Energiezustandes des Gerätes und dem Energiebedarf der Dienste auskommt. Da durch die Strategie *verbleibende Ladung* (VL) immer gezielt das Gerät zur Erbringung eines Dienstes herangezogen wird, dessen Energiereserven noch am weitesten von der Abschaltschwelle entfernt sind, werden Geräte mit geringen Energiereserven geschont. Dies führt zu dem erwähnten späten Ausfall des ersten ausfallenden Gerätes. Ob dabei der geringe Abstand zur Abschaltschwelle von einem starken Engagement für das System zur gemeinsamen Ressourcennutzung herrührt, spielt

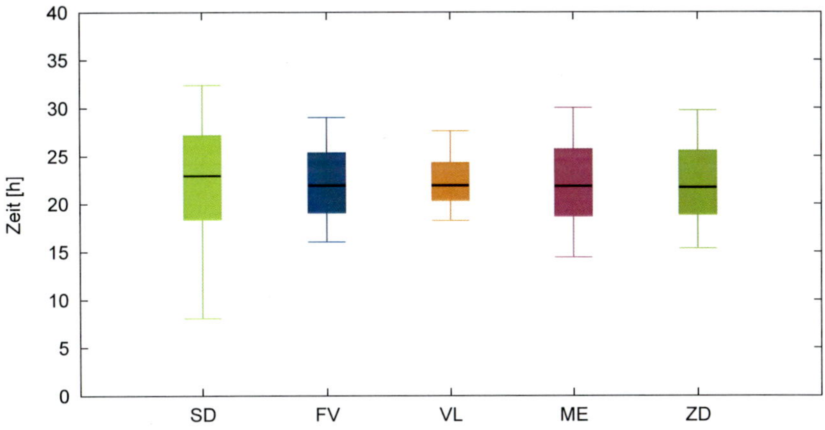

Abbildung 5.7 Verteilung der Lebenszeit aller Geräte in Abhängigkeit der verwendeten Strategie zu Auswahl des Dienstgebers. Die Balken zeigen die Quartile, die Ausläufer $Q_{.5}$ und $Q_{.95}$ der Datensätze an

im Gegensatz zur Strategie *fairer Verbrauch* (FV) keine Rolle. Durch die Strategie *verbleibende Ladung* (VL) wird die Annäherung des Energievorrats aller Geräte an ihre jeweilige Abschaltschwelle harmonisiert. Dies hat zur Folge, dass alle anderen Geräte ebenfalls schon relativ kurze Zeit nach dem Ausfall des ersten Gerätes, bedingt durch ein Unterschreiten der Abschaltschwelle, ausscheiden.

Die rechte Säulengruppe in Abbildung 5.6 zeigt die mittlere Lebenszeit aller Geräte, die aus der Verwendung einer bestimmten Strategie resultiert. Die mittlere Lebenszeit aller Geräte ist hauptsächlich durch das Gesamt-Energiebudget aller Geräte ($\sum_{i=1}^{N} C_{initial_i} - \sum_{i=1}^{N} C_{stop_i}$) und die Energiekosten der Dienste ($c_m, m \in [1, \ldots, M]$) bestimmt, nicht aber von der durch die Strategien beeinflusste Reihenfolge der Diensterbringung durch verschiedene Anbieter. Somit beträgt die mittlere Lebenszeit folgerichtig für alle Strategien etwa 22,5 Stunden. Werden also in einem bestimmten Umfang Dienste des Systems zur gemeinsamen Ressourcennutzung in Anspruch genommen, so kann die mittlere Gerätelebenszeit *nicht* beeinflusst werden. Allerdings kann die Lebenszeit der am stärksten beanspruchten Geräte, die mutmaßlich auch die attraktivsten Dienste bereitstellen, durch eine energiebewusste Strategie zur Dienstgeberauswahl deutlich gesteigert werden, *ohne* die mittlere Lebenszeit aller Geräte negativ zu beeinflussen.

Die Strategien unterscheiden sich jedoch nicht nur hinsichtlich der Lebenszeit des zuerst ausfallenden Gerätes. Abbildung 5.7 zeigt die Verteilung der Lebenszeit der Geräte über alle 30 Läufe hinweg. Die oberen und unteren Ausläufer der Balken markieren die 5 % und 95 % Perzentile $Q_{.5}$ und $Q_{.95}$, die Balken selbst zeigen die oberen und unteren Quartile und den Median der Datensätze für alle fünf simulierten Strategien. Die *statische* Strategie (SD), die zu einem besonders frühen Ausfall des am stärksten beanspruchten Gerätes führt, sticht durch eine besonders breite Streuung der Lebenszeiten hervor. Dies kann dadurch erklärt werden, dass die Dienstgeber mit einem großen Identifikator erst dann ausgewählt werden, wenn keine Dienstgeber für den angefragten Dienst mehr verfügbar sind, die einen kleineren Identifikator haben. Somit werden die Dienstgeber mit großen Identifikatoren geschont und kommen dementsprechend erst sehr spät an ihre definierte Abschaltschwelle. Die 5 % der Geräte, die am längsten betrieben werden können, haben mit einer Lebenszeit von über 30 Stunden eine um etwa das fünffache längere Lebenszeit als die 5 % der Geräte, die als erstes ausfallen.

Bei den Strategien *fairer Verbrauch* (FV), *minimaler Energieverbrauch* (ME) und *zufällig* (ZD) ist die Zeitspanne, innerhalb derer die Geräte ausfallen, deutlich kürzer. Die ersten 5 % sind nach etwa 15 Stunden ausgefallen, die Geräte mit der höchsten Lebenszeit fallen nach ungefähr 27 Stunden aus. Am kürzesten ist der Zeitraum, innerhalb dessen die Geräte ausfallen, bei Verwendung der *verbleibende Ladung* (VL) Strategie. Der Abstand der Lebenszeit von $Q_{.5}$ und $Q_{.95}$ beträgt etwa neun Stunden und ist damit deutlich geringer als bei allen anderen Strategien. Dies ist wünschenswert, weil dadurch einem intuitiven Verständnis von Gerechtigkeit Genüge getan wird: Die für den Besitzer eines mobilen Gerätes subjektiv wichtigste Größe, nämlich die Laufzeit des eigenen Gerätes, liegt mit großer Wahrscheinlichkeit näher an der mittleren Lebenszeit aller Geräte als bei Verwendung der anderen Strategien.

Im Hinblick auf das Bestreben, Nutzer zu einer Bereitstellung ihrer Ressourcen zu bewegen, ist die *Zeit bis zum ersten Geräteausfall* von besonderer Wichtigkeit. Die Erfahrung, durch die Bereitstellung von Diensten von einem sehr frühen Geräteausfall betroffen zu sein, ist ein Hemmnis für das Anbieten von Diensten. Somit ist die Lebenszeit des eigenen Gerätes für den Besitzer von weitaus größerem Interesse als die eher abstrakte Größe *Zeit bis zum ersten Dienstausfall*. Dennoch ist die möglichst lange Verfügbarkeit von Diensten ein wichtiges Kriterium für die Bewertung der Strategien und wird im nachfolgenden Abschnitt untersucht.

5.3.2 Dienstverfügbarkeit

Die Ergebnisse der Simulationen bezüglich der Verfügbarkeit von Diensten sind in den Abbildungen 5.8 und 5.9 dargestellt. Auch hier wurde die Grundlast mit $b = 30mA$ veranschlagt und die TTL der Service Announcements betrug 3. In beiden Abbildungen ist auf der y-Achse die Zeit in Stunden abgetragen, auf der x-Achse sind die fünf untersuchten Strategien jeweils als eigene Säule beziehungsweise Box mit Perzentilbalken dargestellt.

Die linke Säulengruppe im Säulendiagramm Abbildung 5.8 gibt die Zeit bis zum Ausfall des ersten Dienstes bei der Verwendung der verschiedenen Strategien an. Da ein Dienst erst dann ausfällt, wenn das letzte Gerät, das diesen Dienst anbietet, das Ende seiner Lebenszeit erreicht hat, bietet die Strategie, die einer Teilmenge der Geräte eine sehr lange Lebenszeit ermöglicht, nämlich die *statische* Strategie (SD), die längste Zeit bis zum ersten Dienstausfall. Erst nach beinahe 30 Stunden ist der erste Dienst nicht mehr verfügbar. Hinsichtlich der Dienstverfügbarkeit kann hier also von der extremen Streuung der Gerätelebenszeiten profitiert werden.

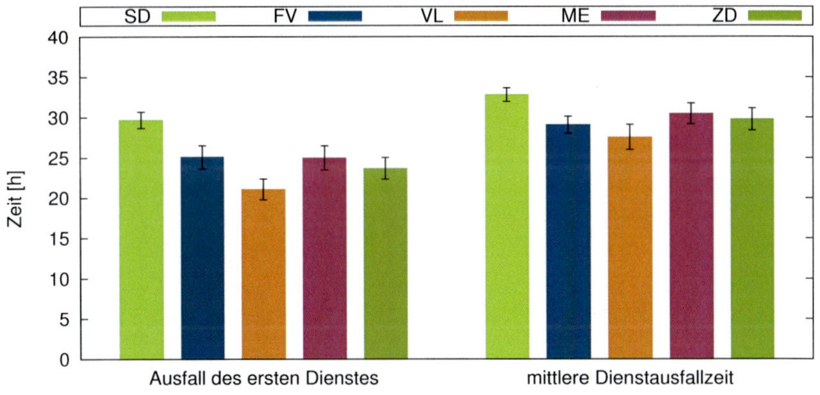

Abbildung 5.8 Leistungsvergleich bezüglich Dienstverfügbarkeit von fünf Dienstauswahlstrategien bei einem Grundverbrauch, der dem Betrieb mit Bluetooth entspricht

Die Strategien *fairer Verbrauch* (FV), *minimaler Energieverbrauch* (ME) und *zufällig* (ZD) können für rund 25 Stunden die Bereitstellung aller Dienste im System zur gemeinsamen Ressourcennutzung bewerkstelligen. Am schnellsten, nach 20 Stunden, fällt der erste Dienst aus, wenn die Strategie *verbleibende Ladung* (VL) eingesetzt wird. Genau wie bei der *statischen* Strategie (SD) wird hier der Zusammenhang zwischen Lebenszeit der am längsten aktiven Geräte und der Ausfallzeit des zuerst ausfallenden Dienstes deutlich. Weil bei Verwendung der *verbleibende Ladung* Strategie (VL) alle Geräte relativ rasch nacheinander ausfallen, da sie sich gemeinsam ihrer Abschaltschwelle genähert haben, fällt der erste Dienst schon früh aus.

Im Gegensatz zur mittleren Gerätelebenszeit unterscheidet sich die mittlere Zeitdauer bis zum Ausfall eines Dienstes (gemittelt über die 10 angebotenen Dienste) bei Verwendung verschiedener Strategien deutlich. Dies ist in der rechten Säulengruppe der Abbildung 5.8 dargestellt. Auch hier zeichnet sich die Strategie *statisch* (SD) durch eine besonders lange Zeit aus, in der die Dienste verfügbar sind, während es bei Verwendung der Strategie *verbleibende Ladung* (VL) am schnellsten zum Ausfall von Diensten kommt. Bei allen fünf Strategien liegt die Zeit bis zum Dienstausfall gemittelt über alle Dienste mindestens zwei Stunden über der der Zeit bis zum Ausfall des ersten Dienstes. Dies ist darin begründet, dass Geräte, die nur Dienste anbieten, die selten abgefragt werden, entsprechend längere Lebenszeiten haben und somit diese Dienste länger verfügbar bleiben.

Abbildung 5.9 zeigt analog zu Abbildung 5.7 die 5 % und 95 % Perzentile $Q_{.5}$ und $Q_{.95}$, die oberen und unteren Quartile und den Median der Zeiten bis zum Ausfall eines Dienstes. Grundlage dieses Graphen sind die Ausfallzeiten der 10 Dienste in je 30 Simulationen, also 300 Ausfallzeiten. Die Zeitspanne zwischen dem Ausfall von 5 % der populärsten Dienste (die aufgrund intensiver Nutzung zuerst ausfallen) bis zum Ausfall von 95 % der Dienste (alle bis auf die nur ganz selten nachgefragten

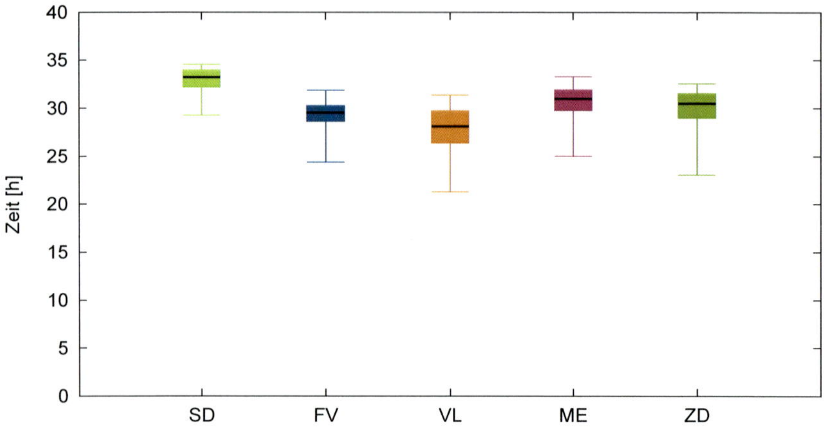

Abbildung 5.9 Verteilung der Laufzeiten bis zur Nichtverfügbarkeit eines Dienstes. Die Balken zeigen die Quartile, die Ausläufer $Q_{.5}$ und $Q_{.95}$ der Datensätze an

Dienste sind ausgefallen) wird durch die Markierungen, die $Q_{.5}$ und $Q_{.95}$ anzeigen, deutlich. Für die *statische* Strategie (SD) ist diese Zeitspanne mit etwa zwei Stunden am kürzesten, für die Strategie *verbleibende Ladung* (VL) mit über zehn Stunden am längsten. Bei den drei anderen Strategien liegt diese Spanne dazwischen (*fairer Verbrauch* (FV): sieben Stunden, *minimaler Energieverbrauch* (ME): acht Stunden, *zufällig* (ZD): neun Stunden).

Legt man ausschließlich Wert auf eine hohe Dienstverfügbarkeit, so ist also die *statische* Strategie (SD) von Vorteil, da sowohl der Zeitpunkt des ersten Dienstausfalls, als auch der Zeitpunkt des durchschnittlichen Dienstausfalls, gemittelt über die verschiedenen Dienste, deutlich später gekommen sind. Außerdem sind Aussagen über den wahrscheinlichen Zeitpunkt eines Dienstausfalls einfacher zu treffen, da sie nicht so stark in Abhängigkeit von der Beliebtheit eines Dienstes schwanken, wie dies für die anderen Strategien der Fall ist.

5.3.3 Lastverteilung

Die unterschiedliche Leistung der fünf Strategien hinsichtlich der Bewertungskriterien Dienstverfügbarkeit und Lebenszeit wird maßgeblich von der durch die Strategien gesteuerten Lastverteilung beeinflusst. Geräte, die einen größeren Anteil der insgesamt erbrachten Dienste übernehmen, haben einen höheren Energieverbrauch, als solche Geräte, die selten oder nie als Dienstgeber in Erscheinung treten. Aus diesem Grund wird in diesem Abschnitt die Verteilung der Dienstaufrufe eingehend betrachtet. Dabei ist insbesondere das Maß der Ungleichverteilung von Interesse. Denn durch die Ungleichverteilung von Diensten kann zum einen eine Ungleichverteilung der Lebenszeit gefördert werden, zum anderen kann durch die Ungleichverteilung von Diensten aber auch einer ungleichen Verteilung der Energiereserven angemessen und ausgleichend begegnet werden.

Die Abbildungen 5.10a - 5.10e zeigen die Lorenzkurven für die Verteilung der Dienstaufrufe für die fünf Strategien für den beliebtesten Dienst (Dienst 0). Da in den 30 Simulationsläufen die Anzahl der Anbieter für diesen Dienst variiert, wurde als Grundgesamtheit aller Dienstaufrufe die Menge der Dienstaufrufe betrachtet, die von den 20 am häufigsten ausgewählten Dienstgebern bearbeitet wurden. Auf der y-Achse ist der Anteil an dieser Gesamtmenge der Dienstaufrufe für Dienst 0 abgetragen, auf der x-Achse der relative Anteil der Dienstgeber, die die zugehörige Menge an Dienstaufrufen bearbeitet haben.

Deutlich zu sehen ist, dass die beiden Auswahlstrategien, die den Energiezustand des Gerätes und den Energiebedarf des Dienstes nicht berücksichtigen, nämlich die *statische* (SD) (Abbildung 5.10e) und die *zufällige* (Abbildung 5.10d) Strategie (ZD), die beiden Extrema bezüglich der Ungleichverteilung von Dienstaufrufen darstellen. Während die *zufällige* Strategie (ZD) zu der Verteilung von Dienstaufrufen führt, die am nächsten an der Gleichverteilung liegt, resultiert die *statische* Strategie (SD) in der stärksten Ungleichverteilung aller Strategien.

Von den energiebewussten Auswahlstrategien erzeugt die *minimaler Energieverbrauch* Strategie (ME) die gleichmäßigste Verteilung, was durch die Tatsache erklärt werden kann, dass in der Simulation die Energiekosten eines Dienstes innerhalb bestimmter Grenzen bei jedem Aufruf zufällig gewählt werden. Da bei jedem Aufruf der hinsichtlich Energieverbrauch billigste Dienstgeber gewählt wird, werden diese Aufrufe unter verschiedenen Dienstgebern verteilt. Die Strategie *verbleibende Ladung* (VL) weist eine deutlich stärkere Ungleichverteilung als die Strategien *fairer Verbrauch* (FV) und *minimaler Energieverbrauch* (ME) auf. Dies entspricht der Intention dieser Strategie, Dienstaufrufe gezielt an solche Geräte zu vermitteln, die noch über größere Energiereserven verfügen. Bei einer sehr starken Ungleichverteilung der Energiereserven nimmt auch die Ungleichverteilung der Dienstaufrufe durch diese Strategie zu. Anzumerken ist jedoch, dass sich die Auswirkungen der Ungleichverteilung bei den Dienstaufrufen deutlich von denen durch die *statische* Strategie (SD) verursachten unterscheiden: Bei der *statischen* Strategie (SD) wirkt die starke Ungleichverteilung der Dienstaufrufe lebenszeitverlängernd für spät ausfallende Geräte und lebenszeitverkürzend für früh ausfallende Geräte. Bei der *verbleibende Ladung* Strategie (VL) ist dies genau umgekehrt.

Abbildung 5.10f zeigt die aus den Lorenzkurven der Abbildungen Abbildungen 5.10a - 5.10e berechneten GUK. Auf der y-Achse ist dabei der GUK abgetragen, der bei einer perfekten Gleichverteilung den minimalen Wert 0 und bei einer extremen Ungleichverteilung, bei der ein Gerät alle Dienstaufrufe bearbeitet und alle anderen Geräte gar keine, den maximalen Wert 1 annehmen kann. Auf der x-Achse sind die einzelnen Strategien jeweils als eine Säule dargestellt. Diese Gegenüberstellung macht die qualitativen Aussagen über die in den Lorenzkurven dargestellten Verteilungen quantitativ fassbar. Der GUK für die *statische* Strategie (SD) ist mit 0,65 beinahe doppelt so groß wie der für die *verbleibende Ladung* (VL) Strategie (0,33).

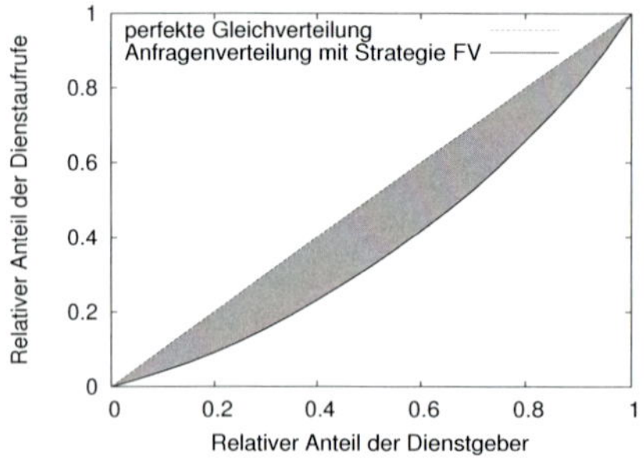

(a) Lorenzkurve der *fairer Verbrauch*-Strategie (FV)

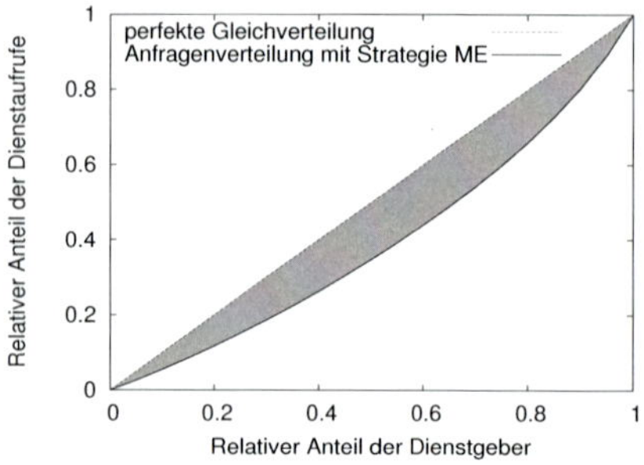

(b) Lorenzkurve der *minimaler Energieverbrauch*-Strategie (ME)

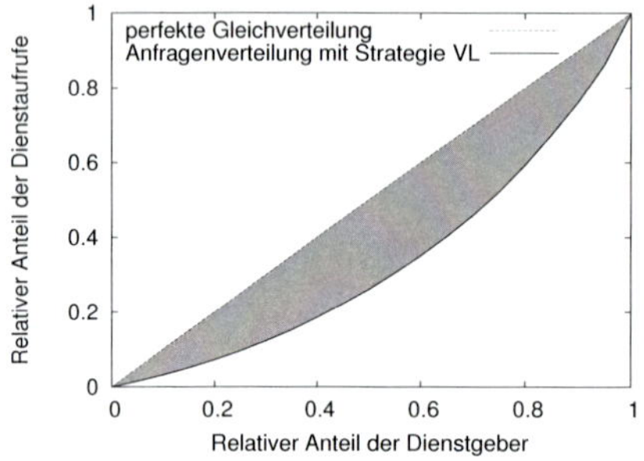

(c) Lorenzkurve der *verbleibende Ladung*-Strategie (VL)

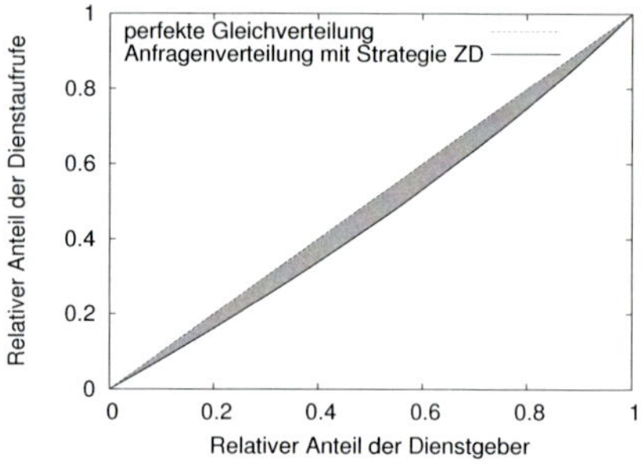

(d) Lorenzkurve der *zufälligen* Strategie (ZD)

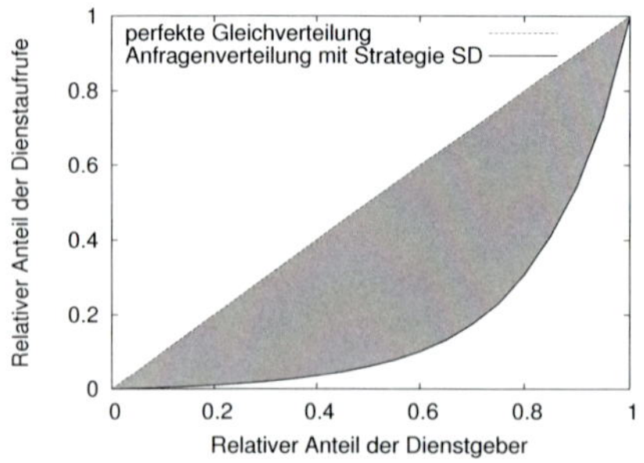

(e) Lorenzkurve der *statischen*-Strategie (SD)

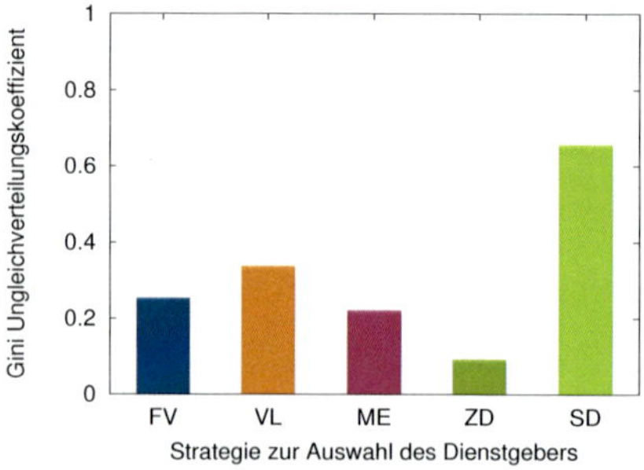

(f) Gini-Ungleichverteilungskoeffizienten der Strategien

Abbildung 5.10 Übersicht über die Ungleichverteilung von Dienstaufrufen bei Nutzung der fünf Strategien unter den 20 beliebtesten Ressourcenanbietern

Die GUK für die Strategien *fairer Verbrauch* (FV) und *minimaler Energieverbrauch*

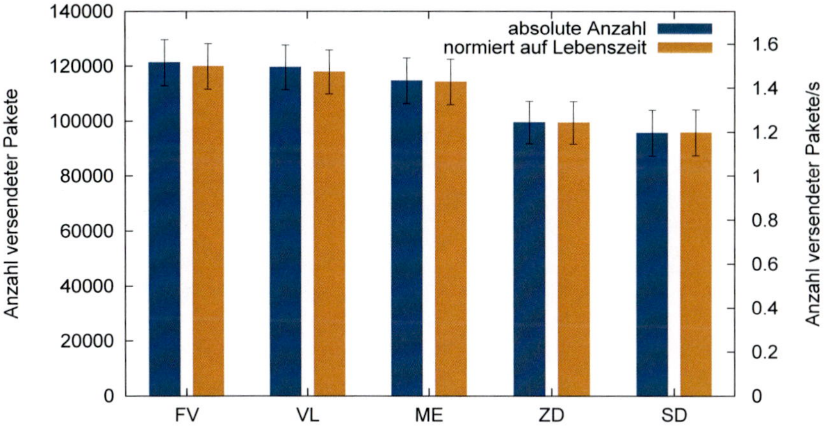

Abbildung 5.11 Anzahl der Pakete, die ein Gerät verschickt, abhängig von der gewählten Strategie zur Dienstgeberauswahl

(ME) liegen mit 0,25 und 0,22 eng beieinander, während der GUK der *zufälligen* Strategie (ZD) mit 0,09 am nächsten an dem der Gleichverteilung liegt.

Neben der unmittelbaren Auswirkung einer ungleichmäßigen Verteilung der Dienstaufrufe, nämlich, dass manche Dienstgeber sehr viel Energie auf die Erbringung von Diensten aufwenden und andere nur wenig, sind auch mittelbare Folgen zu konstatieren. So werden bei der Verwendung eines reaktiven MANET-Routingprotokolls erst dann Routen gesucht, wenn ein Sendewunsch seitens einer Anwendung besteht. Der Aufwand für die Routensuche hängt also davon ab, wie oft neue, bislang unbekannte Routen gesucht werden müssen, was wiederum auch durch die Verteilung der Dienstaufrufe beeinflusst wird. Dieser Zusammenhang wird im folgenden Abschnitt näher beleuchtet.

5.3.4 Kommunikations-Overhead

Die im vorhergehenden Abschnitt diskutierte unterschiedliche Verteilung der Dienstanfragen unter den möglichen Dienstgebern durch die Strategien hat auch Auswirkungen auf den entstehenden Kommunikationsmehraufwand (Overhead). Aus diesem Grund wurde die Anzahl der von einem Gerät verschickten Pakete als Messgröße ermittelt. Abbildung 5.11 gibt sowohl die absolute Anzahl als auch die auf die Lebenszeit der Geräte normierte Anzahl der pro Gerät verschickten Pakete an. Die Ergebnisse sind jeweils über 30 Simulationsläufe gemittelt und mit den zugehörigen 99 %-Konfidenzintervallen als Säulendiagramm dargestellt. Auf der linken y-Achse ist die absolute Anzahl der Pakete abgetragen, auf der x-Achse gibt es für jede Strategie eine Säulengruppe bestehend aus zwei Säulen. Die linke davon gibt die absolute Anzahl der versendeten Pakete an.

Auffallend ist vor allem der starke Unterschied in der Anzahl der versendeten Pakete zwischen den energiebewussten Strategien (*verbleibende Ladung* (VL), *fairer Ver-*

brauch (FV) und *minimaler Energieverbrauch* (ME)) und den nicht energiebewussten Strategien *zufällig* (ZD) und *statisch* (SD). Während bei Einsatz der *statischen* und zufälligen Strategie jeweils weniger als 100000 Pakete pro Gerät versendet wurden, sind dies bei den energiebewussten Strategien deutlich mehr. Bei Einsatz der Strategie *minimaler Energieverbrauch* (ME) sind es rund 15 % mehr (114600 Pakete), bei *verbleibender Ladung* (VL, 119000 Pakete) und *fairer Verbrauch* (FV, 121000 Pakete) liegt der Kommunikationsaufwand verglichen mit den nicht energiebewussten Strategien mehr als 20 % höher.

Da die Simulationen so lange durchgeführt werden, bis kein Gerät mehr Dienste anbietet, wirkt sich eine längere Lebenszeit der Geräte auch direkt auf die Simulationsdauer aus. Um die Vermutung zu überprüfen, dass die größere Anzahl versendeter Pakete ausschließlich auf eine längere Lebenszeit der Geräte und damit eine längere Simulationszeit zurückzuführen ist, wurde die Anzahl der gesendeten Pakete auf die Lebenszeit der Geräte in den jeweiligen Simulationsläufen normiert. Dies ist jeweils durch die rechte zu einer Strategie gehörenden Säule in Abbildung 5.11 dargestellt. Auf der rechten y-Achse sind die gesendeten Pakete pro Gerät und *pro Sekunde* abgetragen. Die Abbildung macht deutlich, dass der beobachtete Kommunikationsmehraufwand tatsächlich nicht auf eine unterschiedliche Simulationsdauer zurückzuführen ist. Nach wie vor ist ein deutlicher Mehraufwand für die energiebewussten Strategien sichtbar.

Die Announcements, mit denen das Dienstangebot eines Dienstgebers und die Eigenschaften des Dienstes im Netzwerk verbreitet werden, werden durch Broadcasts versendet und gegebenenfalls mehrmals durch die jeweiligen Empfänger dieser Nachrichten weiterverbreitet. Da dieses Fluten der Announcements agnostisch bezüglich der genutzten Dienstauswahlstrategie geschieht, muss der größere Overhead der drei energiebewussten Strategien durch mehr versendete Pakete beim Zugriff auf den ausgewählten Dienstgeber entstehen. Da mit DYMO ein reaktives Routingprotokoll für MANETs zum Einsatz kommt, wird erst dann eine Route zu einem Dienstgeber aufgebaut, wenn dieser tatsächlich kontaktiert werden soll. Dies geschieht mittels eines RREQ-Pakets (Route Request), das durch das Netz geflutet wird, bis das gesuchte Gerät eine Antwort schickt und somit eine Route aufgebaut werden kann. Der durch diese Pakete entstehende Kommunikationsaufwand hängt also direkt davon ab, wie oft eine neue Route durch das Netzwerk gesucht werden muss, weil entweder bislang keine Route zum entsprechenden Zielknoten bekannt ist, oder eine bislang verwendete Route nicht mehr aktuell ist.

Abbildung 5.12 zeigt analog zu Abbildung 5.11 die Anzahl der RREQs, die von einem Gerät über die gesamte Simulation hinweg versendet werden sowohl in absoluten Zahlen als auch bezogen auf die Lebenszeit der Geräte. Dabei werden nur die RREQs erfasst, die von einem Gerät initiiert werden. Von anderen Geräten versendete RREQs, die lediglich weitergeleitet werden, sind also in dieser Zahl nicht erfasst, jedes RREQ wird somit nur einmal gezählt. In dieser Abbildung zeigt sich deutlich, dass die energiebewussten Strategien einen höheren Routingaufwand erzeugen, was sich in erster Linie darin zeigt, dass öfter nach einer neuen Route gesucht werden muss, um einen Dienstgeber zu erreichen. In den Simulationen, in denen eine der drei

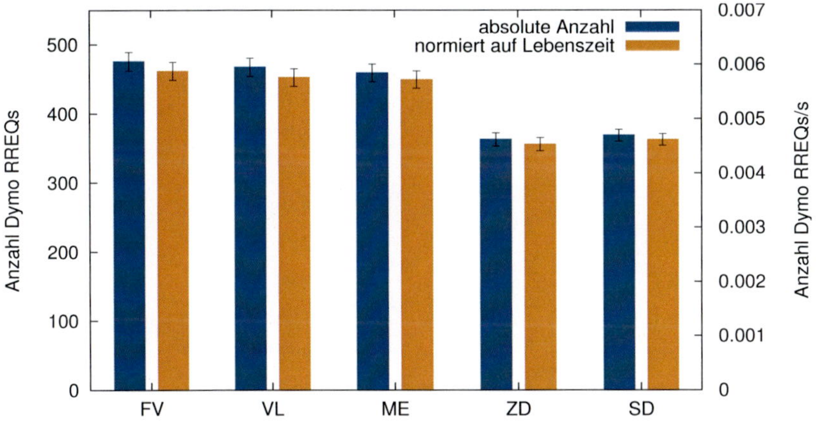

Abbildung 5.12 Anzahl der Route Requests, die ein Gerät verschickt, abhängig von der gewählten Strategie zur Dienstgeberauswahl

energiebewussten Strategien zum Einsatz kam, wurden über 20 % mehr Prozesse zur Suche einer Route angestoßen als bei der Verwendung der *zufälligen* oder *statischen* Strategie (*statisch* (SD): 368 RREQs, *zufällig* (ZD): 362 RREQs, *minimaler Energieverbrauch* (ME): 458 RREQs, *fairer Verbrauch* (FV): 475 RREQs, *verbleibende Ladung* (VL): 467 RREQs).

Zum Verständnis dieses auffälligen Phänomens kann abermals die Verteilung der Dienstaufrufe durch die verschiedenen Strategien helfen. Abbildung 5.13 zeigt exemplarisch, wie oft der beliebteste Dienst (Dienst 0) von den zwanzig am häufigsten ausgewählten Dienstgebern erbracht wurde. In dieser Darstellung ist ersichtlich, dass durch die *statische* Strategie nur wenige Geräte tatsächlich für die Erbringung von Diensten angefragt werden, diese erbringen dafür umso mehr Dienste. Bezogen auf den Routingaufwand profitiert das Netzwerk hier von der überaus starken Ungleichverteilung der Dienstanfragen. Da nur wenige Geräte als Dienstgeber angefragt werden, müssen nur wenige Routen gefunden werden. Da die wenigen Dienstgeber sehr oft angefragt werden, werden die Routen entsprechend oft genutzt, was dazu führt, dass sie aktuell gehalten werden, nicht veralten und darum nicht aus den Routingtabellen gestrichen werden.

Im Gegensatz dazu profitiert das Netzwerk bei Einsatz der *zufälligen* Strategie (ZD) von der sehr gleichmäßigen Verteilung der Dienstaufrufe unter den Anbietern. Über die gesamte Simulationszeit hinweg werden fortlaufend Routen zu allen Dienstgebern gesucht. Das verwendete Routingprotokoll DYMO zeichnet sich unter anderem dadurch aus, dass Geräte auch Routen in ihre Tabellen aufnehmen, die sie bislang nicht selbst benötigt haben, von denen sie aber durch die Routensuche eines anderen Gerätes Kenntnis erlangen. Diese beiden Sachverhalte tragen dazu bei, dass die Routingtabellen vieler Geräte bereits entsprechende Einträge aufweisen, wenn diese

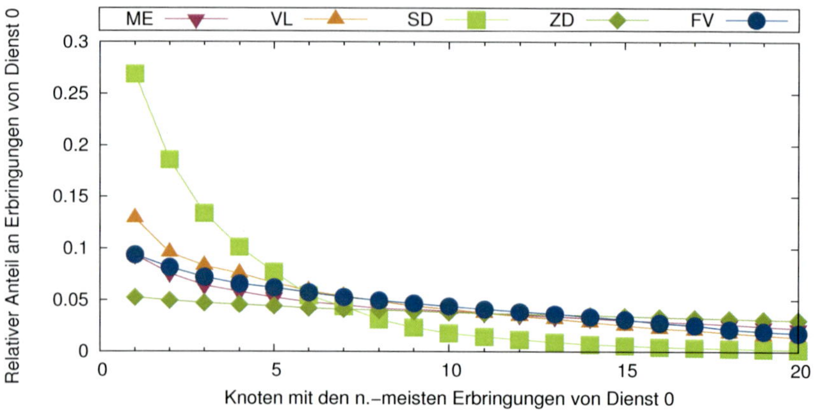

Abbildung 5.13 Anteil einzelner Anbieter an der Erbringung eines Dienstes in Abhängigkeit der gewählten Strategie

Routen benötigt werden und somit seltener ein neuer Prozess zum Finden einer Route angestoßen werden muss.

5.4 Weitere Einflussfaktoren

Neben der Strategie für die Auswahl des Dienstgebers gibt es noch weitere Einflussfaktoren, die die behandelten Bewertungskriterien beeinflussen. Zum Teil beeinflussen diese Faktoren auch unmittelbar die Leistung der Dienstauswahlstrategie. Um diesen Einfluss zu untersuchen, wurden Simulationen mit unterschiedlicher Parametrisierung dieser Faktoren durchgeführt und ausgewertet. Dabei handelt es sich um

- die Mobilität der Geräte,
- die Reichweite der Announcements
- und die Grundlast des Frameworks.

Um die Mobilität der Geräte und verschiedene TTL-Werte der Announcements sinnvoll untersuchen zu können, wurden die nachfolgend dargestellten Simulationsergebnisse mit der Konfiguration eines größeren Spielfeldes (2000 Einheiten Seitenlänge) gewonnen. Bei einer kleinen Spielfeldgröße ist der Einfluss von Mobilität und Reichweite der Announcements von vornherein reduziert, da die Knotendichte durch das kleine Spielfeld hoch ist.

5.4.1 Gerätemobilität

Das in Abschnitt 5.2.1 dargestellte Mobilitätsmodell *Random Waypoint with Hotspots*, durch das die Bewegung der Geräte simuliert wird, hat zwei für die Dienstauswahlstrategien und ihre Leistungsfähigkeit hinsichtlich der Lebenszeit der Geräte relevante Auswirkungen:

- **Durchmischung der möglichen Dienstgeber:** Die Konfiguration der Spielfeldgröße, der Funkreichweite der Geräte und des TTL-Wertes der Announcements können dazu führen, dass die Announcements eines Dienstgebers nicht alle Geräte erreichen. Somit steht einem Gerät, das an einem Dienst interessiert ist, nur eine Teilmenge der möglichen Dienstgeber tatsächlich zur Verfügung. Sind die Geräte mobil, so wird die Menge der erreichbaren Dienstgeber fortlaufend durchmischt.
- **Höhere Gerätedichte:** Die im Mobilitätsmodell verwirklichten Hotspots sorgen für eine höhere Gerätedichte innerhalb und im unmittelbaren Umfeld dieser Hotspots (siehe Abbildung 5.5b). Sind die Geräte dagegen immobil und wie zu Beginn der Simulation gleichmäßig über das Spielfeld verteilt (wie in Abbildung 5.5a), so sind die Abstände zwischen den Geräten höher und somit bei geringer Reichweite der Announcements weniger Geräte erreichbar.

Der Effekt der höheren Gerätedichte in den Hotspots überlagert sich mit den Auswirkungen einer größeren Reichweite der Announcements. Beides erhöht die Anzahl möglicher Dienstgeber und verschafft somit mehr Wahlmöglichkeiten für die Dienstauswahlstrategie. Aus diesem Grund wird zunächst die Reichweite der Announcements als weiterer Einflussfaktor diskutiert, bevor die Simulationen zur Untersuchung dieser Einflüsse vorgestellt werden.

5.4.2 Reichweite der Announcements

Der Zugewinn an Laufzeit bis zum ersten Geräteausfall, der durch eine energiebewusste Dienstauswahlstrategie erzielt werden kann, hängt stark von der Anzahl erreichbarer Geräte ab, unter denen die Strategie den Dienstanbieter auswählen kann. Um die Zahl möglicher Dienstgeber, unter denen gewählt werden kann, zu erhöhen, besteht die Möglichkeit, die Announcements durch einen höheren TTL-Wert öfter weiterzuverbreiten, um somit mehr Geräte zu erreichen.

Die Abbildungen 5.14 und 5.15 veranschaulichen die Laufzeit des Gerätes, das als erstes ausfällt, in Abhängigkeit von der Reichweite der Announcements. Auf der y-Achse ist die Lebenszeit des zuerst ausfallenden Gerätes in Stunden angegeben, auf der x-Achse der TTL-Wert der Announcements. Alle dargestellten Simulationsläufe setzen einen Grundverbrauch von 30 mA voraus. Während in Abbildung 5.14 die Ergebnisse für Geräte, die nach der anfänglichen zufälligen Platzierung auf dem Spielfeld nicht mehr bewegt werden, dargestellt sind, zeigt Abbildung 5.15 die Ergebnisse für Geräte, die sich dem verwendeten Mobilitätsmodell gemäß und mit einer Geschwindigkeit von ein bis zwei Metern pro Sekunde bewegen.

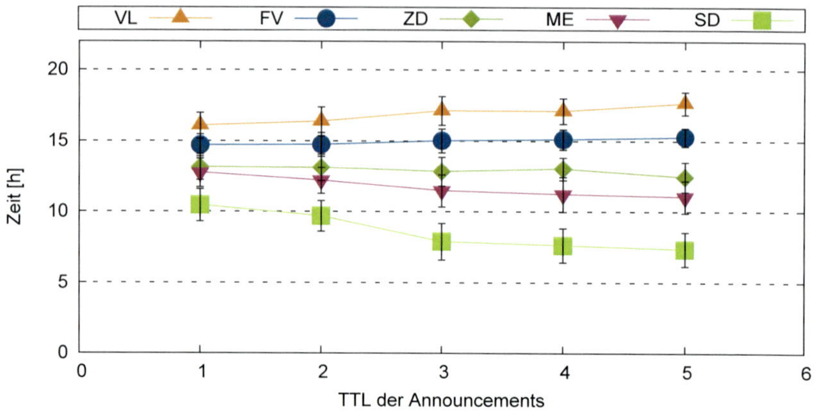

Abbildung 5.14 Laufzeit bis zum ersten Geräteausfall in Abhängigkeit der Anzahl erreichbarer Geräte und der eingesetzten Dienstauswahlstrategie (unbewegliche Geräte)

Für den Fall unbewegter Geräte ist zu sehen, dass die Strategien *verbleibende Ladung* (VL) und *fairer Verbrauch* (FV) von einer zunehmenden Anzahl erreichbarer Geräte profitieren, während die Strategien *minimaler Energieverbrauch* (ME) und *statisch* (SD) bei zunehmender Anzahl erreichbarer Geräte schlechter abschneiden. Dies kann darauf zurückgeführt werden, dass bei den beiden letztgenannten Strategien die Anzahl erreichbarer Geräte direkt mit der Anzahl an Dienstaufrufen zusammenhängt, die zu einem bestimmten Gerät geleitet werden. Aus einer größeren Anzahl zu bearbeitender Dienstaufrufe resultiert unmittelbar eine schnellere Erschöpfung der Energiereserven. Die *zufällige* (ZD) Strategie wird weder positiv noch negativ von einer sich verändernden Anzahl erreichbarer Geräte beeinflusst. Diese Beobachtungen sprechen abermals dafür, die Strategie *Verbleibende Ladung* (VL) einzusetzen, da es der intuitiven Erwartung entspricht, dass eine größere Menge an teilnehmenden Geräten, die ihre Ressourcen gemeinsam nutzen, zu einer geringeren Last für den einzelnen Teilnehmer und somit einer zunehmenden Laufzeit der einzelnen Anbieter führen sollte.

Wenn sich die Geräte bewegen, wird durch die *verbleibende Ladung* (VL) Strategie für das zuerst ausfallende Gerät unabhängig vom TTL-Wert der Announcements eine längere Lebenszeit ermöglicht als im Fall unbewegter Geräte (siehe Abbildung 5.15). Dies ist durch die bessere Durchmischung der erreichbaren Dienstgeber, insbesondere im Fall geringer TTL-Werte, und die hohe Gerätedichte an den Hotspots zu erklären. Hierdurch können die Dienstaufrufe auf insgesamt mehr Geräte verteilt werden, was die Laufzeit der früh ausfallenden Geräte erhöht. Der selbe Sachverhalt ist für die noch kürzeren Lebenszeiten des zuerst ausfallenden Gerätes beim Einsatz der *statischen* Strategie (SD) verantwortlich. Durch die hohe Gerätedichte in den Hotspots nimmt die Zahl der Zugriffe auf Dienstgeber mit kleinen Identifikatoren

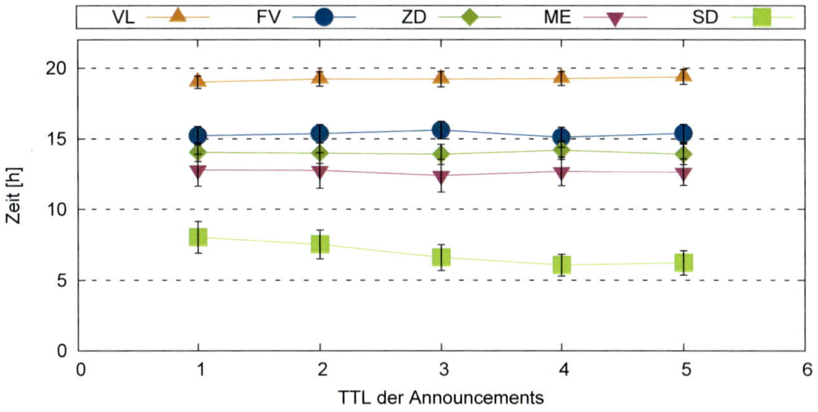

Abbildung 5.15 Laufzeit bis zum ersten Geräteausfall in Abhängigkeit der Anzahl erreichbarer Geräte und der eingesetzten Dienstauswahlstrategie (mobile Geräte)

zu, was eine schnelle Erschöpfung von derer Energiereserven und damit eine kurze Lebenszeit zur Folge hat.

5.4.3 Grundlast des Frameworks auf den Geräten

Eine weitere wichtige Einflussgröße für die Lebenszeit von Diensten und Geräten stellt der Grundverbrauch der Geräte dar, was auch aus Abbildung 5.16 hervorgeht. In dieser Abbildung wird die Zeit bis zum ersten Geräteausfall für jede der fünf Strategien als eine Funktion des Grundverbrauchs dargestellt. Auf der y-Achse ist wiederum die Lebenszeit des zuerst ausfallenden Gerätes abgetragen, auf der x-Achse ist der Grundverbrauch des Frameworks abzulesen. Dieser Grundverbrauch wurde für Werte zwischen 200 mA und 30 mA simuliert. 200 mA entspricht dem durch das Energy Framework angesetzten Grundverbrauch eines Gerätes, das die WLAN-Schnittstelle im Ad-Hoc-Modus nutzt. 30 mA sind dagegen eine sinnvolle Annahme für den Grundverbrauch eines Gerätes, das eine weniger energieintensive Kommunikationstechnik wie etwa Bluetooth verwendet.

Die Ergebnisse machen deutlich, dass beim Einsatz einer Plattform, die auf einem WLAN-Netz aufbaut, das nicht im Power Safe Mode betrieben wird, nur geringe Effekte auf die Gerätelaufzeit durch den Einsatz geeigneter Dienstauswahlstrategien erzielt werden können. Dennoch sind diese Effekte sichtbar. Eine Schlussfolgerung aus Abbildung 5.16 ist, dass es wichtig ist, die Plattform für gemeinsame Ressourcennutzung mit möglichst geringem Energieaufwand zu betreiben. Ein reduzierter Grundverbrauch lässt sich zum Beispiel durch die Verwendung sogenannter *duty cycling* Mechanismen oder den Einsatz sparsamerer Funktechnologien erreichen. Unter der Annahme eines Grundverbrauchs von 30 mA ist es immerhin möglich, die

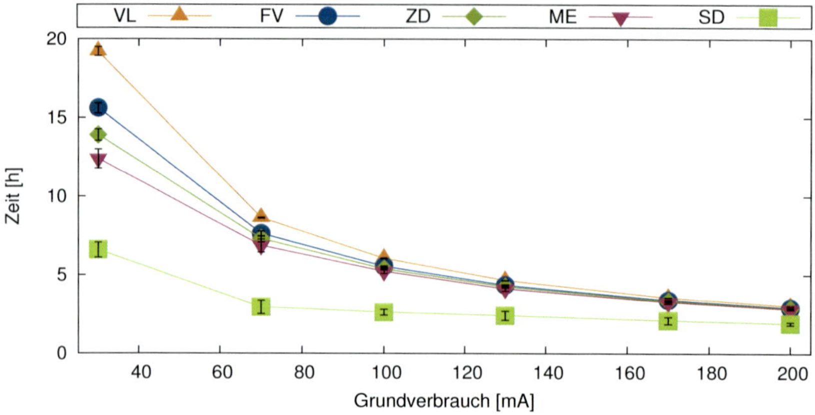

Abbildung 5.16 Laufzeit bis zum ersten Geräteausfall in Abhängigkeit des Grundverbrauchs und der eingesetzten Dienstauswahlstrategie

Laufzeit des ersten ausfallenden Gerätes mittels einer geeigneten Strategie (*verbleibende Ladung* (VL)) um 38 % verglichen mit einer *zufälligen Dienstgeberauswahl* (ZD) zu steigern (19,2 Stunden gegenüber 13,9 Stunden - siehe Abbildung 5.16).

5.5 Bewertung der Strategien

Ausgehend von den in den vorhergehenden Abschnitten dargestellten Ergebnissen können für einzelne der fünf Strategien Einsatzszenarien identifiziert werden, für die sie besonders geeignet sind. So empfiehlt sich die Strategie *verbleibende Ladung* (VL), um die Lebenszeit des Gesamtsystems zu erhöhen und die Motivation der Benutzer zu steigern, eigene Ressourcen einzubringen, obwohl sie in Bezug auf die *Zeit bis zum ersten Dienstausfall* von anderen Strategien deutlich übertroffen wird. In einem Szenario, in dem einzelne, von einander unabhängige Benutzer ihre Geräte in ein System zur gemeinsamen Ressourcennutzung einbringen *ohne* eine gemeinsame Motivation zu haben, ist die Laufzeit des eigenen Gerätes ein wichtigeres Kriterium als langfristige Verfügbarkeit von Diensten für das Gesamtsystem.

Eine weitere interessante Beobachtung ist, dass die *statische Dienstgeberauswahl* (SD) im Vergleich mit den vier anderen Strategien gut abschneidet im Hinblick auf die Verfügbarkeit der Dienste. Dies ist darauf zurückzuführen, dass die Energie der Geräte, die einen Dienst anbieten, der Reihe nach ausgeschöpft wird. Da diese Strategie aber zu einem frühen Ausfall einzelner Geräte führt, ist diese Strategie aus der Perspektive eines einzelnen Nutzers keine attraktive Alternative. Es sei denn, es handelt sich um ein System zur gemeinsamen Ressourcennutzung das von einer einzelnen Person oder geschlossenen Gruppe betrieben wird. In einem solchen Fall existiert unter Umständen ein gemeinsames Ziel, nämlich ein möglichst langer Betrieb des System zur gemeinsamen Ressourcennutzung bei Verfügbarkeit

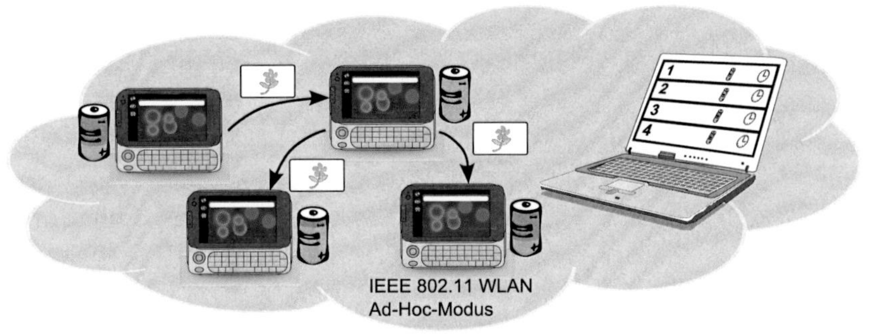

Abbildung 5.17 Experiment zur Bestimmung der Laufzeitverlängerung

möglichst vieler Dienste. Ein Beispiel für ein solches Szenario ist eine einzelne Person, die mehrere Geräte in einem System zur gemeinsamen Ressourcennutzung betreibt, oder eine Gruppe wie eine Familie oder Wandergruppe.

Die Strategie *minimaler Energieverbrauch* (ME) ist zwar weder hinsichtlich der Lebenszeit der Geräte noch hinsichtlich der Dienstverfügbarkeit die beste der fünf vorgestellten Strategien, allerdings ist dies eine sinnvolle Auswahlstrategie, wenn Dienstgeber für ihren Energieaufwand entschädigt werden sollen, wie dies zum Beispiel von [25] vorgeschlagen wird. Der Interessent an einem Dienst ist durch die Kopplung von Energiekosten und Preis für einen Dienst zwangsläufig an dem günstigsten Anbieter interessiert und wird den Dienstgeber anhand der Strategie *minimaler Energieverbrauch* (ME) auswählen.

5.6 Experimentelle Validierung

Um die im Abschnitt 5.2 durchgeführte Simulation zu validieren wurden eine Reihe von Experimenten zur Ermittlung der Gerätelaufzeit in einem Prototyp durchgeführt. Im Rahmen dieser Experimente wurde untersucht, ob auch in einer prototypischen Implementierung die Verwendung einer energiebewussten Dienstauswahlstrategie eine wahrnehmbare Verlängerung der Gerätelaufzeit bewirkt.

5.6.1 Verlängerung der Laufzeit

Für die experimentelle Untersuchung der Dienstauswahlstrategien wurde der Prototyp [78] herangezogen, der in Kapitel 4 detailliert beschrieben wurde. Die Funktionalität der energiebewussten Dienstgeberauswahl wurde in Form des in Abschnitt 4.3.3.4 erwähnten OSGi-Bundles `serviceselector` verwendet.

Wie in Abbildung 5.17 schematisch dargestellt sind vier Nokia N810 Geräte und ein Laptop mittels eines drahtlosen lokalen Netzes (WLAN) miteinander verbunden. Die WLAN Schnittstellen aller Geräte sind dabei im Ad-Hoc-Modus konfiguriert, es wird also kein Access Point eingesetzt. Der Laptop ist lediglich ein passives

Mitglied des Systems zur gemeinsamen Ressourcennutzung. Er stellt keine Dienste zur Verfügung, bietet aber die Möglichkeit, die Nachrichten zur Statusaktualisierung der vier Internet Tablets zu überwachen. Jedes der vier Nokia N810 Geräte führt einen Bilder-Verteildienst aus. Dieser Dienst synchronisiert neu angelegtes Bildmaterial unter einer Gruppe von Geräten. Direkt nach der Aufnahme eines neuen Bildes wird der hinsichtlich der gewählten Strategie am besten geeignete Anbieter des Verteildienstes ermittelt und aufgerufen.

Um einen reproduzierbaren Ablauf der Versuche zu gewährleisten, wird das Aufnehmen neuer Bilder mittels der integrierten Kamera auf allen beteiligten Geräten von einem Skript gesteuert. Die Geräte sind so konfiguriert, dass jedes von ihnen unterschiedlich stark ausgelastet ist; alle 30, 60, 120 oder 300 Sekunden wird ein neues Bild geschossen. In jedem Durchlauf wird die Zeit gemessen, bis das erste Gerät aufgrund einer erschöpften Batterie ausfällt. Das Experiment wurde je drei mal mit drei verschiedenen Dienstauswahlstrategien (*Statische Dienstgeberauswahl* (SD), *Zufällige Dienstgeberauswahl* (ZD), *Verbleibende Ladung* (VL)) ausgeführt. Diese neun Durchläufe hatten eine Gesamtlaufzeit von etwa 39 Stunden. Um einen Referenzpunkt bezüglich der erreichbaren Lebenszeit zu erhalten wurde das Experiment zusätzlich einmal ohne jeglichen Dienstaufruf durchgeführt.

Als Ergebnis dieser Untersuchung kann festgehalten werden, dass die Verwendung einer energiebewussten Dienstauswahlstrategie tatsächlich ein geeignetes Instrument darstellt, um das vorhandene Energiebudget der Geräte besser auszuschöpfen und somit die Lebenszeit einzelner Geräte zu verlängern. Die Lebenszeit des Gerätes, das am stärksten belastet wurde, konnte um bis zu 7 % erhöht werden (von 256 auf 274 Minuten). Dabei muss berücksichtigt werden, dass der Grundverbrauch der betrachteten Nokia N810 Geräte mit 100 mA verhältnismäßig groß ist und somit der Einfluss der Dienstauswahlstrategien limitiert wird, wie dies auch in Kapitel 5.2 dargestellt wurde. Durch eine Reduktion des Grundverbrauchs kann der positive Effekt einer geeigneten Dienstauswahlstrategie verstärkt werden.

5.7 Verwandte Arbeiten

Die Fragestellung, von welchen Geräten in einem MANET, in dem eine verteilte dienstorientierte Anwendung ausgeführt wird, ein Dienst erbracht werden soll, wurde bislang unter verschiedenen Gesichtspunkten untersucht. So geben Wittenburg und Schiller [161] einen Überblick über verschiedenen Möglichkeiten der Dienstplatzierung in einem MANET. Sie führen dabei das Problem der Dienstplatzierung auf verwandte Probleme der *Facility Location Theory* aus der Unternehmensforschung zurück und unterscheiden insgesamt 10 grundsätzliche Herangehensweisen. Dabei klassifizieren sie die Lösungsansätze zum einen danach, ob es um die Platzierung eines oder mehrere Dienste geht, ob ein Dienst nur auf einem Gerät (zentral) oder in Form mehrerer Instanzen (verteilt) angeboten wird, auf welchem Kriterium die Dienstplatzierung beruht und mit welchen Mechanismen sie schließlich umgesetzt wird.

Obwohl das in dieser Arbeit betrachtete Problem der Auswahl eines geeigneten Dienstgebers in manchen Aspekten sehr ähnlich zum Problem der Dienstplatzierung ist, unterscheiden sich die beiden Fragestellungen bei einer wesentlichen Annahme. So sind laut Wittenburg und Schiller [161] Ansätze zur Dienstplatzierung nur für geräteunabhängige Dienste verwendbar, das heißt für Dienste, die nicht an bestimmte Hardware oder andere Eigenschaften eines Gerätes gebunden sind. Dagegen ist dies keine zwingende Voraussetzung für die im Rahmen dieser Arbeit vorgestellten Auswahlmechanismen für Dienstgeber. Ein weiteres von Wittenburg und Schiller angeführtes Merkmal für Dienste, das auch für die Einordnung dieser Arbeit relevant ist, ist die Unterscheidung zwischen Nachrichten-basierten und Datenstrom-basierten Diensten. Da in dieser Arbeit die Energiekosten eines Dienstes geschätzt werden und dafür die Ausführungszeit eines Dienstes eine wichtige Eingangsgröße ist (siehe Kapitel 7), werden Dienste, die in Form eines kontinuierlichen Datenstroms ohne im Voraus feststehende Dauer erbracht werden (insbesondere die Bereitstellung von multi-media Inhalten), nicht betrachtet. Der im Rahmen dieser Arbeit eingesetzte Protokollmechanismus zur Verbreitung der Informationen, die zur Auswahl eines Dienstgebers herangezogen werden, kann in die von Wittenburg und Schiller beschriebenen Klasse der *wiederholten Broadcasts mit beschränkter Reichweite* eingeordnet werden, da die Service Announcements regelmäßig im Netz per Broadcasts verbreitet werden und die Reichweite dieser Broadcasts durch ein TTL-Feld beschränkt wird.

Ververidis und Polyzos [156] untersuchen verschiedene Ansätze zur Auffindung von Diensten (*Service Discovery*) in einem MANET. Insbesondere werden auch Mechanismen der Dienstgeberauswahl verglichen und klassifiziert. Klassifikationskriterien sind hier zum einen, ob die Auswahl automatisch geschieht oder von einem Nutzer veranlasst wird und zum anderen, anhand welcher Metrik Dienstgeber bezüglich ihrer Eignung bewertet und ausgewählt werden. Hierbei wird von Ververidis und Polyzos zwischen Metriken unterschieden, die sich auf Eigenschaften der Netzwerkpfade zwischen Dienstgeber und Dienstnehmer beziehen (zum Beispiel Latenz, Pfadlänge und verfügbare Bandbreite) und solchen, die Eigenschaften der Dienste beziehungsweise der Dienstgeber als Entscheidungsgrundlage heranziehen. Die in dieser Arbeit vorgestellten Strategien zur Dienstgeberauswahl beruhen auf Eigenschaften der Dienstgeber (zum Beispiel dem Batteriestand oder dem Identifikator). Dennoch hat die Netzwerktopologie einen Einfluss auf den Auswahlmechanismus, da die Service Announcements nur eine begrenzte Reichweite haben, und so die Menge der potentiellen Dienstgeber aus denen ausgewählt werden kann, von einer netzwerkspezifischen Eigenschaft, nämlich der Knotendichte, abhängt.

Die Arbeiten von Frank und Karl [76] beschränken sich bei der Auswahl eines Dienstgebers auf das Kriterium räumlicher Nähe. Der von ihnen vorgestellte Mechanismus zur Dienstgeberauswahl baut auf AODV auf. Im Gegensatz dazu stellt die in dieser Arbeit vorgestellte Kombination aus DYMO für das Routing und einem davon unabhängigen SLP-basierten Verfahren für die Suche und Auswahl eines Dienstgebers eine Möglichkeit dar, zur räumlichen Entfernung orthogonale Auswahlkriterien, nämlich den Energiebedarf von Diensten und den Energiezustand von Geräten, zusätzlich in Betracht zu ziehen. Wie in diesem Kapitel dargestellt, wirkt sich die Berücksichtigung dieser Faktoren bei der Auswahl eines Dienstgebers positiv auf die Laufzeit der Geräte und auf die Verfügbarkeit der Dienste in einem System zur gemeinsamen Ressourcennutzung aus.

Athanaileas et al. [29] beschreiben ebenfalls einen positiven Effekt auf die Laufzeit batteriebetriebener Geräte in einem MANET, wenn der Batteriestand möglicher Dienstgeber als Auswahlkriterium herangezogen wird. Zum Vergleich wird von Athanaileas et al. ein Verfahren zur Auswahl des Dienstgebers herangezogen, das ausschließlich die Entfernung (in Hops) zwischen Dienstgeber und Dienstnehmer verwendet. Die in diesem Kapitel dargestellten Ergebnisse gehen über die Resultate von Athanaileas et al. hinaus. So wird unter anderem eine weitere energiebewusste Auswahlstrategien vorgestellt, die auch in einem System zur gemeinsamen Ressourcennutzung sinnvoll eingesetzt werden kann, in dem Dienstgeber für ihren Energieaufwand entschädigt werden. In einem solchen Szenario ist ein Dienstnehmer an der Auswahl eines *günstigen* Dienstgebers interessiert; es kann kein altruistisches Verhalten vorausgesetzt werden, bei dem der Dienstnehmer freiwillig einen höheren Preis bezahlt um die Laufzeit des Dienstgebers zu erhöhen. Des Weiteren ermöglicht der Erkenntnisgewinn bezüglich des Zusammenhangs von Grundlast, Mobilität, Auswahlstrategien und Reichweite der Service Announcements eine sinnvolle Auswahl von Protokollparametern und Auswahlstrategien in einem gegebenen Szenario für ein System zu gemeinsamen Ressourcennutzung. Das in dieser Arbeit verwendete Mobilitätsmodell *Random Waypoints with Hotspots* berücksichtigt darüber hinaus soziale Aspekte menschlicher Mobilität und ist darum für die Simulation von MANETs, die aus von Menschen getragenen Kommunikationsgeräten bestehen, besser geeignet als das von Athanaileas et al. [29] et al. verwendete Mobilitätsmodell *Random Waypoint*, das von komplett zufälligen Bewegungsmustern ausgeht.

Ein zentraler Unterschied zur Arbeit von Athanaileas et al. besteht außerdem darin, dass das von ihnen vorgeschlagene Konzept zur Dienstgeberauswahl stark mit dem verwendeten Routingprotokoll (AODV) zusammenhängt. Die Funktionsweise des Routingprotokolls hat darum Seiteneffekte auf die Auswahl des Dienstgebers. Da in AODV in nach und nach wachsendem Umkreis nach Routen zu einem Zielknoten gesucht wird (*Expanding Ring Search, ERS*) kann es vorkommen, dass nur eine geringe Anzahl potentieller Dienstgeber gefunden wird. Dann kann es vorkommen, dass jede Strategie, unabhängig davon, ob sie nach Dienstgebern oder Pfaden durch das Netzwerk mit einer bestimmten Eigenschaft sucht, den Dienstgeber auswählt, der dem Dienstnehmer am nächsten liegt. Ein solcher unerwünschter Seiteneffekt des Routingprotokolls auf die Auswahl des Dienstgebers kann durch die in dieser Arbeit strikt eingehaltene Trennung von Routensuche (Netzwerkschicht) und Auswahl eines Dienstgebers (Anwendungsschicht) ausgeschlossen werden.

Einen der Arbeit von Athanaileas et al. ähnlichen Ansatz verfolgen Fan und Ho [68], deren Protokoll zum Auffinden geeigneter Dienstgeber ebenfalls auf AODV aufbaut. Ähnlich wie es im Rahmen dieser Arbeit geschieht, verwendet auch Fan und Ho SLP, um Informationen über die Dienste im Netz zu verbreiten. Allerdings zielt das von Fan und Ho vorgeschlagene Protokoll in erster Linie auf den Anwendungsfall des Multimedia-Streamings in einem MANET und zieht daher auch ausschließlich Quality-of-Service-Aspekte (QoS) als Bewertungsmetrik bei der Auswahl eines Dienstgebers heran. Der Energiezustand einzelner Geräte und der Energiebedarf des Dienstes finden also keine Berücksichtigung.

5.8 Zusammenfassung

In diesem Kapitel wurden gewichtige Einflussfaktoren auf die Lebenszeit von mobilen Geräten, die in einem System zur gemeinsamen Ressourcennutzung zusammenarbeiten, untersucht. Dabei wurde festgestellt, dass neben der Höhe des Grundverbrauchs, der Mobilität der Geräte und der Kommunikationsreichweite vor allem die Strategie, mit der ein Dienstgeber ausgewählt wird, von Relevanz für die Laufzeit der eingesetzten Geräte und damit mittelbar für die Bereitschaft, Geräte einzubringen, ist. Diese Einflussfaktoren und ihr Zusammenhang wurden durch umfangreiche Simulationen untersucht, in denen fünf Strategien für die Auswahl eines geeigneten Dienstgebers verwendet wurden. Dadurch konnte gezeigt werden, dass die Lebenszeit der beteiligten mobilen Geräte deutlich verlängert werden kann, wenn die verwendeten Dienstauswahlstrategien die zur Verfügung stehende und die zur Diensterbringung benötigte Energie in Betracht ziehen. Wie die dafür notwendigen Informationen bezüglich der vorhandenen und benötigten Energie bereitgestellt werden, wird in Kapitel 7 ausgeführt.

Du sollst dem Ochsen, der da drischt, nicht das Maul verbinden.
(Jüdisches Gesetzbuch)

6. Energiebewusstes Anreizsystem für gemeinsame Ressourcennutzung

Der limitierende Faktor für die Realisierung von Systemen zur gemeinsamen Ressourcennutzung ist und bleibt auf absehbare Zeit die Batteriekapazität der mobilen Geräte, die bislang nicht mit dem Wachstum an Rechenkraft, Speichergröße, Kommunikationsbandbreite und Ressourcenvielfalt Schritt halten kann [110]. Das Bereitstellen von Ressourcen für Anwendungen, die von anderen Benutzern verwendet werden, kann einen beträchtlichen Anteil des zur Verfügung stehenden Energiebudgets aufzehren und so die Betriebszeit eines Gerätes, in der es dem Besitzer zur Verfügung steht, spürbar reduzieren. Darum sind Mechanismen notwendig, um die Besitzer der mobilen Geräte – die sich im Allgemeinen nicht persönlich kennen oder gar nahestehen und somit kein gemeinsames Ziel verfolgen – dazu zu motivieren, Energie zu Gunsten anderer Nutzer aufzubringen. Eine Möglichkeit, dies zu bewerkstelligen, sind sogenannte *Anreizsysteme*. Diese Systeme ermöglichen es, Nutzer für ihren Energieaufwand zu Gunsten anderer Nutzer zu entschädigen und diese Entschädigung wiederum für die Inanspruchnahme der Ressourcen anderer zu verwenden. Die dafür notwendige Voraussetzung, dass der Energieverbrauch für die Erbringung eines Dienstes bekannt ist, ist durch das im Kapitel 7 vorgestellte Verfahren zur Energiebedarfsschätzung gegeben. Für das Verständnis dieses Kapitels genügt die Annahme, dass der Energiebedarf eines Dienstes bekannt ist und das Wissen, dass der Anreiz für dessen Erbringung daran gekoppelt werden kann.

Für Anreize jedweder Art muss sichergestellt werden, dass die Inanspruchnahme dieser Anreize keinen größeren Energieaufwand verursacht, als der, für den sie als Kompensation dienen sollen. Ferner muss dafür Sorge getragen werden, dass sogenanntes *free riding*, also die fortgesetzte Nutzung von Dienstleistungen anderer, ohne selbst Dienste anzubieten, sowie andere Formen des Betrugs wirkungsvoll unterbunden oder zumindest erschwert werden.

In diesem Kapitel wird ein Anreizsystem vorgestellt, das speziell auf das Anwendungsszenario der energiebewussten gemeinsamen Ressourcennutzung mit mobilen Geräten zugeschnitten ist. Das System zeichnet sich insbesondere durch einen geringen Energieverbrauch aus, was durch den konsequenten Verzicht auf den Einsatz von rechenintensiver asymmetrischer Kryptographie erreicht wird. Die Anreize werden mittels einer virtuellen Währung gesetzt, die aus mehrfach verwendbaren virtuellen Münzen besteht. Diese Münzen können unter Anbietern und Nutzern von Ressourcen ausgetauscht werden, ohne dass eine zentrale vertrauenswürdige Instanz oder eine andere dritte Partei bei jedem Zahlvorgang involviert ist. Zahlungsmittel, die ein Teilnehmer des Systems als Gegenleistung für die Erbringung von Diensten erhält, können wiederverwendet werden, um wiederum für Ressourcen und Dienste anderer Teilnehmer zu bezahlen. Die dadurch mögliche illegitime mehrfache Verwendung des Zahlungsmittels wird nachträglich verfolgt, indem eine vertrauenswürdige Instanz, die nur sporadisch verfügbar sein muss, die abgewickelten Transaktionen analysiert.

Andere Anreizsysteme schließen eine illegitime mehrfache Verwendung des Zahlungsmittels durch den Gebrauch digitaler Signaturen oder durch eingeschränkte Verwendungsmöglichkeiten der digitalen Währung komplett aus. Werden hauptsächlich sehr kleine Beträge beglichen, so sind die für diese Sicherheitsmaßnahmen anfallenden Energiekosten und Einschränkungen der Verwendungsmöglichkeiten unverhältnismäßig groß. Insbesondere gilt dies, wenn durch die Zahlung ein Ausgleich für Energiekosten, die durch die Bereitstellung von Diensten entstanden sind, geschaffen werden soll. Darum nimmt der in dieser Arbeit vorgeschlagene Ansatz in Kauf, dass keine absolute Sicherheit gegen Betrugsversuche geboten wird. Dafür ist aber der Energieverbrauch für das Anreizsystem gravierend niedriger ist und die verwendete digitale Währung kann flexibler eingesetzt werden als dies in vergleichbaren Anreizsystemen der Fall ist.

Die Stärken dieses Ansatzes, nämlich der geringe Energiebedarf und die Robustheit gegen potentielle betrügerische Aktivitäten trotz des Verzichts auf digitale Signaturen, werden durch ausführliche Untersuchungen nachgewiesen. Durch Messungen an einer prototypischen Implementierung wird gezeigt, dass der zusätzliche Energieaufwand, der durch den Einsatz dieses Anreizsystems entsteht, im Vergleich zu einem System zur gemeinsamen Ressourcennutzung ohne Anreizsystem, marginal ist. Darüber hinaus werden in einer Simulationsstudie [149] unterschiedliche Bedrohungsszenarien betrachtet und es wird gezeigt, dass betrügerische Aktivitäten mit großer Wahrscheinlichkeit erkannt und die Betrüger zur Rechenschaft gezogen werden. Die in diesem Kapitel vorgestellten Ergebnisse zeigen, dass es mit dem vorgeschlagenen System möglich ist, mit geringem zusätzlichen Energieaufwand ein wirksames und robustes Instrument zur Verfügung zu stellen, das es erlaubt, Anreize für die gemeinsame Ressourcennutzung bereitzustellen.

Das weitere Kapitel ist wie folgt gegliedert: Im Abschnitt 6.1 werden verschiedene bereits existierende Ansätze für Anreizsysteme betrachtet und ihre Eignung hinsichtlich des gegebenen Einsatzszenarios bewertet. Das Konzept des vorgeschlagenen Anreizsystems wird in Abschnitt 6.2 näher erläutert. Abschnitt 6.3 behandelt die Mechanismen, die für die nachträgliche Betrugserkennung und -ahndung zum Einsatz kommen. Ergebnisse der Evaluierung im Hinblick auf den Energieverbrauch des Anreizsystems und die Qualität der Betrugserkennung werden in Abschnitt 6.4 vorgestellt. Abschnitt 6.5 fasst das Kapitel zusammen.

6.1 Anforderungen und verwandte Arbeiten

Für unterschiedliche Anwendungsszenarien kooperierender Anwender gibt es eine Vielzahl vorgeschlagener Anreizsysteme, wie beispielsweise MilliCent [118], NetPay [62], Bitcoin [124] und Micromint [137]. Die meisten dieser Ansätze setzen das Vorhandensein vertrauenswürdiger Hardware, eine permanent verfügbare Verbindung mit einer vertrauenswürdigen zentralen Instanz oder zu einer dritten Partei voraus oder verwenden Zahlungsmittel, die nur für einen einzigen Bezahlvorgang verwendet werden können. Damit sind sie für den Einsatz in dem dargestellten Anwendungsfall, nämlich zur Motivation der gemeinsamen Ressourcennutzung von mobilen Geräten, bestenfalls eingeschränkt tauglich. Ein noch gewichtigeres Hemmnis für den Einsatz solcher Anreizsysteme in einem Umfeld mit begrenztem Energiebudget ist, dass die meisten dieser Systeme selbst einen erheblichen Energiebedarf verursachen. So verwenden viele der bislang existierenden Ansätze asymmetrische Kryptographie (Public Key Cryptography, PKC). Diese Verfahren sind in der Regel sehr rechen- und damit energieintensiv und konterkarieren somit das primäre Ziel des Anreizsystems, nämlich für den durch das Zurverfügungstellen von Ressourcen entstandenen Energieaufwand zu entschädigen.

6.1.1 Anforderungen an ein Anreizsystem

Die Anforderungen für ein Anreizsystem sollen im Folgenden anhand des Szenarios erläutert werden, das auch schon in den vorhergehenden Kapiteln angeführt wurde: Gegeben sei eine Touristengruppe, die sich in der Nähe einer Sehenswürdigkeit befindet. Die mobilen Kommunikationsgeräte der Touristen bieten einander in einem MANET die Ressourcen an, die die einzelnen Geräte bereitzustellen in der Lage sind. So kann eine digitale Kamera in die Lage versetzt werden, die aufgenommenen Bilder mit einer Ortsmarkierung zu versehen, indem GPS-Koordinaten von einem sich in der Nähe befindlichen Gerät bezogen werden. Über das Angebot des Zugriffs auf einzelne Ressourcen hinaus kann ein Gerät auch Dienste anbieten, die mehrere Ressourcen kombinieren. So kann im betrachteten Beispiel ein Gerät unter Verwendung einer GPS-Einheit und einer Netzwerkschnittstelle einen Dienst bereitstellen, der es erlaubt, Bilder mit einer Ortsmarkierung auf mehreren Geräten einen Bilderbestand synchron zu halten.

Die Bereitstellung solcher Dienste ist kostenintensiv hinsichtlich der dafür aufzuwendenden Energie. Darum ist ein Anreizsystem notwendig, das den Anbieter eines solchen Dienstes entschädigt. Aufbauend auf dem geschilderten Szenario gelten für solch ein Anreizsystem die folgenden Anforderungen:

- **Verzicht auf vertrauenswürdige Hardware:** Anreizsysteme, die die Verwendung von vertrauenswürdiger Hardware in Form eines Trusted Platform Modules (TPM) voraussetzen, schränken die Menge der für die Ausführung in Frage kommenden Geräte stark ein. Je größer die Ansprüche an die Hardware werden, desto kleiner wird die Menge der potentiellen Nutzer eines solchen Systems werden. Vor allem für Geräte wie die im obigen Szenario erwähnte Digitalkamera oder Navigationsgeräte ist eine flächendeckende Verfügbarkeit von vertrauenswürdiger und vor Manipulation geschützter Hardware nicht abzusehen und keine sinnvolle Annahme.

- **Verzicht auf ständig erreichbare zentrale Infrastruktur:** Drahtlose WAN-Verbindungen (zum Beispiel duch 3G/4GZellfunk) zu zentralen Infrastrukturkomponenten, die über eine lange Zeitdauer hinweg aufrecht erhalten werden müssen, verringern die Betriebszeit batteriebetriebener Geräte beträchtlich [90]. Da das Anreizsystem den Energiebedarf eines mobilen Kommunikationsgerätes nicht übermäßig erhöhen darf, soll auf Infrastruktur verzichtet werden, die ständig erreichbar sein muss. Da in Einsatzszenarien wie dem oben dargestellten für die Dienstnutzung ohnehin ein lokales Netz genutzt wird, ist es wünschenswert, wenn für den Zahlungsvorgang keine WAN-Verbindung aufgebaut werden muss.

- **Verzicht auf Einbeziehung einer dritten Partei:** Wenn bei jedem Bezahlvorgang eine dritte Partei involviert wird, erhöht sich der Kommunikationsaufwand beträchtlich. Es ist entweder notwendig bei jedem Bezahlvorgang einen Zugang zum Internet aufzubauen, oder aber es wird vorausgesetzt, dass die dritte Partei in räumlicher Nähe und im gleichen MANET erreichbar ist. Beide Annahmen stellen starke Einschränkungen für den anvisierten Einsatzbereich dar.

- **Verkäufer-unabhängige Währung:** Es besteht die Möglichkeit, Zahlungsmittel auszugeben, die ausschließlich bei einem bestimmten Händler gegen eine Ware oder Dienstleistung getauscht werden können. Solche an einen bestimmten Verkäufer gebundene Währung schränkt aber die Nutzbarkeit der Währung in Szenarien, in denen jeder Teilnehmer sowohl potentieller Anbieter als auch Konsument von Ressourcen ist, stark ein. So müsste im dargestellten Beispiel der Dienstnutzer separate Zahlungsmittel für den Anbieter des GPS-Dienstes und für den Anbieter des Foto-Upload-Dienstes vorhalten und verwalten. Dies erhöht den Aufwand deutlich und führt dazu, dass attraktive Dienste unter Umständen nicht verwendet werden können, weil der am Dienst Interessierte im Augenblick über keine Zahlungsmittel des Dienstgebers verfügt.

- **Wiederverwendbare Zahlungsmittel:** Zahlungsmittel, die mehrfach verdient und ausgegeben werden können, bieten Teilnehmern die Möglichkeit, Liquidität durch das Anbieten von Diensten und Ressourcen zu schaffen beziehungsweise zu erhalten. Damit wird der Anreizeffekt noch zusätzlich verstärkt.

- **Verzicht auf Public Key Cryptography:** Die Erzeugung und Überprüfung von digitalen Signaturen und Ver- beziehungsweise Entschlüsselung von Daten mittels PKC benötigt viel Rechenzeit und damit Energie. Um eine übermäßige Belastung der involvierten Parteien zu vermeiden verzichtet der vorgeschlagene Ansatz vollständig auf den Einsatz von PKC.

- **Erkennung von Betrugsversuchen:** Falls böswillige Teilnehmer in betrügerischer Absicht agieren, so ist es ein wünschenswertes Merkmal für ein Anreizsystem, betrügerische Nutzer erkennen und zur Verantwortung ziehen zu können.

6.1.2 Diskussion alternativer Ansätze

Das Setzen von Anreizen für die Erbringung von Diensten in dezentralen Netzwerken war bereits mehrfach Gegenstand von Forschungsbemühungen. Der Klassifikation von Obreiter und Nimis [126] nach können Anreizsysteme grundsätzlich in handels- und vertrauensbasierte Systeme kategorisiert werden. Beispiele für vertrauensbasierte Systeme können unter anderem bei Kaune et al.[98] und Bocek et al. [40] gefunden werden. Da Reputationssysteme nur in Szenarien mit stabilen Kooperationsbeziehungen gute Ergebnisse liefern [126] und im Rahmen dieser Arbeit von Anwendungsfällen mit flexiblen und oftmals wechselnden Kooperationsmustern ausgegangen wird, ist ein handelsbasiertes System, bei dem eine Diensterbringung durch eine Gegenleistung abgegolten wird, zu bevorzugen. Nachfolgend wird dargestellt, inwiefern der in dieser Arbeit vorgeschlagene Ansatz über bereits existierende Ansätze handelsbasierter Anreizsysteme hinausgeht.

Buttyán und Hubaux [47] präsentieren ein Anreizsystem, das kooperatives Verhalten in MANETs stimulieren soll, indem ein sogenannter Nuglet-Zähler eingeführt wird. Der Stand dieses Zählers wird immer dann erhöht, wenn Daten anderer Teilnehmer weitergeleitet werden und verringert, wenn eigene Daten versendet werden. Da nur bei einem Zählerstand größer Null eigene Daten versendet werden können, gibt es einen starken Anreiz, sich durch die Weiterleitung der Daten Dritter kooperativ zu zeigen. Um zu vermeiden, dass die Teilnehmer den Zählerstand des eigenen Gerätes manipulieren, wird dieser Zähler durch einen sicheren Co-Prozessor geschützt, der gegen Manipulationen gesichert ist. Zwar kann dieser Ansatz grundsätzlich auch für andere Ressourcen als für die Weiterleitungskapazität genutzt werden, die Notwendigkeit eines speziellen, vertrauenswürdigen Hardwaremoduls auf jedem Gerät widerspricht jedoch der erstgenannten Bedingung in Abschnitt 6.1.1.

Liebau et al. [114] schlagen ein Wertmarken-basiertes Abrechnungssystem für P2P-Systeme vor. Dieser Ansatz basiert auf einem Konzept, das eine Abrechnung ohne zentrale Infrastruktur ermöglicht. Das Einsatzszenario unterscheidet sich aber in einem wichtigen Punkt von dem im Rahmen dieser Arbeit betrachteten: Für den Einsatz auf *mobilen* Geräten ist es höchst relevant, den eigenen Energieverbrauch des Anreizsystems gering zu halten. Ansonsten würde das Anreiz- und Abrechnungssystem nicht zur Teilnahme am System ermutigen, sondern im Gegenteil, davor abschrecken. Um also ein Anreizsystem zu gestalten, das speziell auf den Einsatz auf mobilen und batteriebetriebenen Geräten zugeschnitten ist, verwendet der vorgestellte Ansatz keine rechen- und energieintensive Public Key Cryptography. Ein weiterer wichtiger Unterschied ist der Wert der Wertmarken. Die von Liebau et al. vorgeschlagenen Wertmarken haben keinen fest definierten Wert pro Wertmarke. Dagegen hat jede virtuelle Münze des in dieser Arbeit vorgestellten Systems einen festen Wert.

Laut Rivest et al. [137] ist die Nutzung von Public Key Cryptography zur Absicherung einer elektronischen Währung verhältnismäßig teuer hinsichtlich der dadurch generierten CPU-Last und somit auch hinsichtlich des resultierenden Energieverbrauchs. Anreiz- und Bezahlsysteme, die Gebrauch von Public Key Cryptography machen, sind zum Beispiel Bitcoin [124], P-Pay [164], Sprite [167], und die Arbeiten von Blaze [38] und Abdelkader [17].

Zwar existieren auch Anreizsysteme, die auf den umfangreichen Einsatz von Public Key Cryptography verzichten, diese bieten aber oftmals keine Zahlungsmittel, die für mehrere aufeinanderfolgende Bezahlvorgänge verwendet werden können. Millicent [118], NetPay [62], und Micromint [137] zum Beispiel gehen davon aus, dass die Zahlungsmittel nach einer einzigen Transaktion wieder bei einem Broker zurück getauscht werden. Für das vorgestellte Anwendungsszenario ginge dies entweder mit einem größeren Vorrat an virtuellen Münzen einher, die jeder Teilnehmer vorrätig halten muss, um seine Liquidität zu erhalten, oder jeder Teilnehmer müsste häufiger kleine Mengen des elektronischen Zahlungsmittels eintauschen.

Bocek et al. [40] schlagen ein Anreizsystem vor, das auf privaten und gemeinsamen Aufzeichnungen basiert (private and shared history, PSH) . Dieser Ansatz ist aber auf einer Annahme aufgebaut, die sich grundsätzlich von den hier getroffenen Annahmen unterscheidet: Bocek et al. gehen davon aus, dass das Interesse an Ressourcen asymmetrisch verteilt ist, also dass ein Teilnehmer, der eine Ressource anbietet, nicht an den von anderen Teilnehmern angebotenen Ressourcen interessiert ist. Im Gegensatz dazu wird im Rahmen dieser Arbeit davon ausgegangen, dass die Teilnehmer, die Ressourcen anderer Teilnehmer nutzen, selbst auch attraktive Ressourcen einbringen. Darüber hinaus nutzt auch PSH Public Key Cryptography, was aus den oben angeführten Gründen zu vermeiden versucht wird.

In PeerMint [88] wird ein dezentrales Abrechnungssystem für P2P-Anwendungen vorgestellt. Im Gegensatz zu unserem Ansatz wird ein System gebaut, das ebenso wie Bitcoin [124] komplett ohne eine zentrale Komponente auskommt. Der in dieser Arbeit gewählte Ansatz dagegen nutzt eine zentrale Komponente, die jedoch nur sporadisch erreichbar sein muss. Um eine hohe Skalierbarkeit und Robustheit zu garantieren, ist PeerMint auf einem strukturierten P2P Overlaynetz aufgebaut. Für die betrachteten Nutzungsszenarien mit einer deutlich kleineren Nutzerzahl kann auf ein solches Overlaynetzwerk und den damit einhergehenden Mehraufwand verzichtet werden. Diese kleinere veranschlagte Nutzerzahl ist auch der maßgebliche Grund dafür, von einer Einbeziehung sehr großer und aufwendiger Lösungen (wie zum Beispiel von Kotrotsos [104] und Bocek [40] vorgeschlagen) abzusehen.

6.2 Ein Anreizsystem für die gemeinsame Ressourcennutzung in MANETs

Das robuste und energiesparende Anreizsystem für gemeinsame Ressourcennutzung in MANETs, das nachfolgend beschrieben wird, nutzt ein elektronisches Zahlungsmittel, um Anbieter von Ressourcen für ihren Aufwand zu entschädigen. Zum Einsatz kommt hierbei das MicroMint System [137] zur Erzeugung digitaler Münzen. Nachfolgend werden solche digitalen Münzen auch Hashmünzen genannt. Eine solche Münze besteht aus einer bestimmten Anzahl an Zahlenwerten, die eine Hashkollision erzeugen, wenn sie als Eingabewert für eine bestimmte Hashfunktion verwendet werden. Es ist eine nur mit erheblichem Rechenaufwand und damit beträchtlichem Energieverbrauch zu lösende Aufgabe, solche Münzen zu erzeugen. Dagegen ist es sehr einfach, zu überprüfen, ob eine Menge von Werten in einer solchen Hashkollision resultieren. Dies bedeutet, dass es schwer ist, Münzen zu erzeugen (selbst mit sehr leistungsstarken Rechnern) aber sehr einfach, eine Münze auf ihre Gültigkeit zu überprüfen (selbst auf Hardware mit eingeschränkter Leistung, wie sie auf mobilen Geräten verbaut wird). Durch die Angabe eines bestimmten Präfixes, das in der Bitstring-Repräsentation des Hashwertes einer Münze enthalten sein muss, ist es möglich, Münzen mit einem beschränkten Gültigkeitszeitraum auszugeben. Durch die Bekanntgabe eines neuen Präfixes kann der Gültigkeitszeitraum einer Menge von Münzen beendet werden, da bei Zahlungen das Gültigkeitsmerkmal des Präfixes nicht mehr erfüllt wird.

Rivest et al. beschreiben diverse Möglichkeiten, den Aufwand für die Erzeugung von Münzen zu variieren [137]. Dabei kann eine Abwägung zwischen benötigtem Speicherplatz und benötigter Rechenzeit getroffen werden. Somit können die Aussichten für einen Angreifer, durch die Fälschung von Münzen Gewinne zu erzielen, stark gesenkt werden beziehungsweise es kann für einen Angreifer mit gegebener Hardwareausstattung unmöglich gemacht werden, eine substantielle Menge an Münzen innerhalb deren Gültigkeitszeitraums in Umlauf zu bringen. Die Münzen werden auf einem zentralen System erzeugt, das im Vergleich zu den mobilen Geräten, die die Münzen als Zahlungsmittel nutzen, über sehr viel Rechenkapazität verfügt.

MicroMint sieht eigentlich nicht die mehrfache Verwendung einer Münze in aufeinanderfolgenden Bezahlvorgängen vor. Münzen sind nur für einen bestimmten Gültigkeitszeitraum als Zahlungsmittel tauglich und werden nur einmal von einem Käufer an einen Verkäufer übergeben. Diese Einschränkung vermindert jedoch den durch das Zahlungsmittel dargestellten Anreiz, da die Möglichkeit, verdiente Münzen selbst wieder gegen Ressourcen anderer Anbieter tauschen zu können, zur Bereitstellung eigener Ressourcen motiviert. Aus diesem Grund wurde ein Anreizsystem entwickelt, das es erlaubt, die aus MicroMint bekannten Münzen in mehreren aufeinanderfolgenden Transaktionen zu nutzen. Die aus dieser erweiterten Nutzungsmöglichkeit resultierenden Betrugsmöglichkeiten müssen jedoch in einem Lösungsansatz mit bedacht werden. Darum wurde das Konzept um eine Methode zur nachträglichen Betrugserkennung erweitert. Somit ist es möglich, den Energieverbrauch des Anreizsystems gegen die Robustheit mutmaßlichen Angreifern gegenüber abzuwägen.

Mögliche Vorgehensweisen von Angreifern, um sich einen unrechtmäßigen Vorteil zu Lasten anderer Nutzer zu verschaffen, werden im Abschnitt 6.3.1 erläutert.

Nachfolgend werden die Annahmen, auf denen der dargelegte Ansatz beruht, explizit genannt und ein Überblick über das Gesamtsystem wird gegeben.

6.2.1 Annahmen

Das Anreizsystem und die verwendete Methodik zur Erkennung von Betrugsversuchen beruhen auf einer Reihe von Annahmen, die im Bezug auf das Anwendungsszenario eines Systems zur gemeinsamen Ressourcennutzung mit mobilen Geräten sinnvoll sind.

- **Vertrauenswürdiger Broker:** Es wird davon ausgegangen, dass es eine zentrale, vertrauenswürdige Komponente gibt. Diese Komponente, die nachfolgend Broker genannt wird, muss keine permanente Verbindung zu den teilnehmenden Geräten aufrecht erhalten. Vielmehr muss lediglich einmal während der Gültigkeitsperiode einer Münzmenge eine Verbindung zwischen den Teilnehmern und dem Broker zustande kommen. Bei Zahlungstransaktionen zwischen Anbietern und Konsumenten von Ressourcen selbst ist der Broker nicht involviert. Der Broker stellt den Teilnehmern lediglich zu Beginn eines Gültigkeitszeitraums neue Münzen zur Verfügung und löst diese am Ende einer Gültigkeitsperiode wieder ein.

- **Identifizierbarkeit:** Es wird davon ausgegangen, dass Teilnehmer am Anreizsystem identifiziert werden können. Um betrügerische Nutzer verfolgen und ihr Verhalten sanktionieren zu können, ist es notwendig, jeden Benutzer eindeutig identifizieren zu können. In zahlreichen Anreizsystemen wird dies durch digitale Signaturen gewährleistet, die Public Key Cryptography verwenden. Wie bereits zuvor erläutert wurde, ist es eines der ausdrücklichen Ziele des vorgestellten Ansatzes, auf den Einsatz solcher Technologien zu verzichten um den damit einhergehenden hohen Energieverbrauch für das Anreizsystem selbst zu vermeiden. Dennoch wird davon ausgegangen, dass eine Identifikation der Teilnehmer möglich ist. Eine Möglichkeit, wie dies ohne den Einsatz von Public Key Cryptography bewerkstelligt werden kann, ist sogenanntes im Vorab zufällig verteiltes Schlüsselmaterial, wie dies zum Beispiel von Ramkumar et al. [134] beschrieben wird. Das Schlüsselmaterial kann den Teilnehmern vom Broker zugeteilt werden. Auch eine regelmäßige Erneuerung des Schlüsselmaterials ist möglich, da alle Teilnehmer in regelmäßigen Abständen Kontakt mit dem Broker aufnehmen müssen.

- **Gemeinsamer Zeitplan:** Alle Teilnehmer des Anreizsystems, die durch den Mechanismus der nachträglichen Betrugserkennung geschützt werden möchten, kontaktieren den Broker innerhalb eines bestimmten Zeitfensters. Dies könnte zum Beispiel der erste Tag eines jeden Monats sein. Teilnehmer, die diese Frist nicht einhalten, können immer noch ihre Münzen einlösen, jedoch nur, falls die Münzen nicht zuvor von einem betrügerischen Nutzer eingelöst wurden.

- **Abwicklung von Zahlungen:** Falls die virtuelle Währung an real existierende Zahlungsmittel gebunden werden soll (was nicht notwendigerweise der Fall ist), wird davon ausgegangen, dass der Broker über die notwendigen Mittel verfügt, ausstehende Zahlungen von Teilnehmern einzuziehen, wie dies zum Beispiel bei Mobilfunkanbietern der Fall ist. Die tatsächliche Ausgestaltung dieses Geschäftsprozesses ist nicht Gegenstand dieser Arbeit.

- **Angreifermodell:** Es wird angenommen, dass betrügerische Nutzer nicht in der Lage sind, eigene Münzen mit validen Gültigkeitsmerkmale herzustellen. Diese Annahme ist sinnvoll, da Rivest et al. [137] technische Verfahren vorstellen, um den hierfür notwendigen Speicher- und Rechenzeitbedarf so sehr zu steigern, dass es für Angreifer nicht profitabel ist. Dagegen werden Angreifer betrachtet, die versuchen, echte, ursprünglich vom Broker in Umlauf gebrachte Münzen mehrfach auszugeben. Es werden sowohl betrügerische Nutzer in Betracht gezogen, die alleine agieren, als auch betrügerische Nutzer, die miteinander kooperieren und versuchen, durch gezielte Manipulationen den Betrug zu verschleiern und den Verdacht auf andere Teilnehmer zu lenken. Eine ausführliche Darstellung des im Rahmen dieser Arbeit betrachteten Angreifermodells findet sich im Abschnitt 6.3.1.

6.2.2 Übersicht

Die Architektur des vorgestellten Systems besteht im Wesentlichen aus drei Hauptkomponenten: Broker, Dienstanbieter und Dienstnutzer. Mobile Geräte können entweder sowohl als Anbieter als auch Konsumenten von Diensten in Erscheinung treten oder aber nur als eines der beiden. Mindestens einmal während der Gültigkeitsperiode der verwendeten Münzen (das kann zum Beispiel ein Monat sein) benötigen Konsumenten und Anbieter von Diensten eine Verbindung zum Broker. Dies kann entweder durch die drahtlose WAN-Schnittstelle der mobilen Geräte geschehen oder wenn das mobile Gerät über eine Internetverbindung mittels eines WLAN verfügt. Wenn eine Verbindung zum Broker besteht, können neue Münzen bezogen und Münzen des vergangenen Gültigkeitszeitraums eingelöst werden. Jede Münze repräsentiert dabei einen kleinen, festen monetären Gegenwert, zum Beispiel 0,1 Cent.

Immer, wenn ein mobiles Gerät einen Dienst anbieten möchte, wird ein für diesen Dienst angemessener Preis für die Nutzung des Dienstes zusammen mit der Beschreibung des Dienstes veröffentlicht. Da es Ziel des Anreizsystems ist, die Anbieter von Diensten für ihren Energieaufwand zu entschädigen, ist es sinnvoll, den Preis eines Dienstes an die entstehenden Energiekosten anzulehnen. Der Wert des Energiebudgets eines mobilen Gerätes für den Nutzer hängt von diversen veränderlichen Einflussfaktoren ab, zum Beispiel Art und Intensität der Nutzung, verbleibende Ladung der Batterie, Gelegenheiten zum Aufladen der Batterie. Um diesem Sachverhalt Rechnung zu tragen gibt es verschiedene Ansätze, einen Dienst entsprechend dieser Größen zu bepreisen, so wird zum Beispiel in Combine [25] die verbleibende Ladung als relevante Größe für den Preis eines Dienstes miteinbezogen.

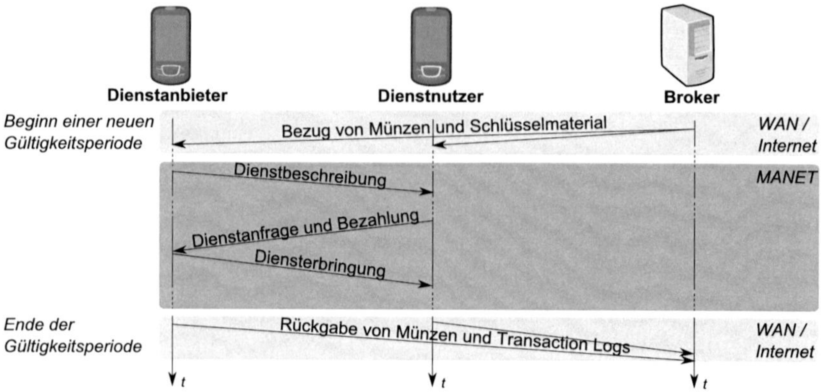

Abbildung 6.1 Ablauf der Interaktionen von Dienstanbieter, Dienstnutzer und Broker

Da der Preis eines Dienstes gemeinsam mit der Dienstbeschreibung in Form von *Service Announcements* veröffentlicht wird, kann ein Interessent die Wahl des Dienstanbieters anhand des Preises treffen. Beim Abruf des Dienstes überträgt der Dienstnehmer die als Preis spezifizierte Anzahl an Münzen an den Dienstgeber. Wenn der Dienstgeber seine Verpflichtung erfüllt, markiert der Dienstnehmer diese Münzen in einer entsprechenden Datenstruktur als ausgegeben, was diese Münzen von einer abermaligen Verwendung ausschließt. Wenn der Dienstgeber trotz der erfolgten Bezahlung den versprochenen Dienst nicht erbringt, wird er vom geprellten Dienstnehmer einer lokal geführten schwarzen Liste hinzugefügt. Diese schwarze Liste ermöglicht es, betrügerische Nutzer in Zukunft von Transaktionen auszuschließen. Ein Benutzer kann seine lokal geführte schwarze Liste dem Broker übermitteln, wenn er am Ende einer Gültigkeitsperiode seine Münzen umtauscht. Wird ein Benutzer von vielen anderen Benutzern als Preller gemeldet und überschreitet die Zahl dieser Meldungen einen bestimmten Schwellenwert, so kann der Broker diesen Benutzer von der weiteren Nutzung des Anreizsystems ausschließen, in dem er ihm keine gültigen Münzen mehr aushändigt und ihn in eine globale schwarze Liste einträgt, die an alle Teilnehmer verbreitet wird.

In Abbildung 6.1 sind die zeitlichen Abläufe dieser Interaktionen zwischen Broker, Dienstgeber und Dienstnehmer dargestellt. Nach der Münzzuteilung zu Beginn einer Gültigkeitsperiode ist keine permanente Erreichbarkeit des Brokers notwendig. Alle Transaktionen können unter ausschließlicher Beteiligung des Zahlenden und des Zahlungsempfängers abgewickelt werden. Erst zum Ende der Gültigkeitsperiode wird abermals der Broker kontaktiert, um Münzen umzutauschen. Dabei werden alle Münzen zurückgegeben, sowohl die, die zum Beginn der Gültigkeitsperiode vom Broker bezogen aber nicht verwendet wurden, als auch Münzen, die als Entgelt für erbrachte Dienste eingenommen wurden. Im Gegenzug erhält der Benutzer vom

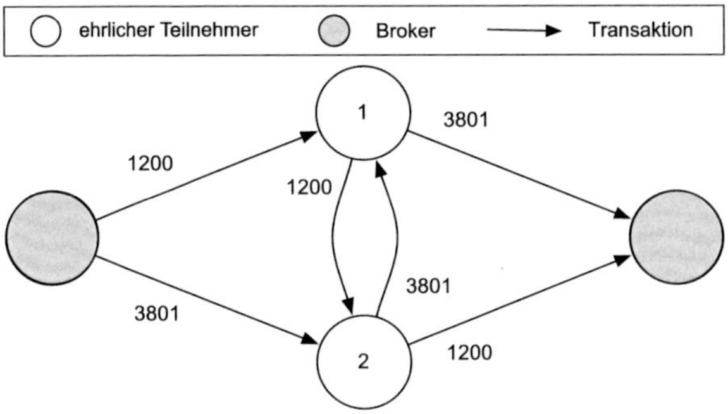

Abbildung 6.2 Transaktionsgraph für zwei Münzen, der aus den Transaction Logs aufgebaut wird

Broker entweder neue Münzen, die in der kommenden Gültigkeitsperiode verwendet werden können, oder eine Gutschrift auf einem Konto.

6.2.3 Transaction Logs

Falls sowohl die Diensterbringung als auch die Bezahlung erfolgreich verlaufen sind, legen beide beteiligten Parteien Aufzeichnungen in sogenannten *Transaction Logs* über die erfolgte Münztransaktion an. Ein Transaction Log beinhaltet die eindeutige ID aller im Verlauf dieses Bezahlvorgangs verwendeten Münzen und die ID von Dienstgeber und -konsument. Diese Transaction Logs finden später für die nachträgliche Betrugserkennung, die im Abschnitt 6.3 näher erläutert wird, Verwendung. Anhand dieser Transaction Logs kann der Broker einen Transaktionsgraphen aufbauen. Dieser Graph wird verwendet, um betrügerische Nutzer ausfindig zu machen. Ein solcher Graph G für eine Menge an Münzen M besteht aus einer Menge Knoten $V = \{V_1, ..., V_n\}$ und einer Menge Kanten $E = \{E_1, ..., E_m\}$. Die Knoten des Graphen stellen dabei die Nutzer dar, die Kanten repräsentieren die Übergabe einer Münze (die durch eine eindeutige ID identifiziert werden kann). Ein Beispiel für einen solchen Transaktionsgraph ist in Abbildung 6.2 dargestellt.

Die Nutzer 1 und 2 haben jeweils ein Münze vom Broker erhalten. Mit der Münze 1200 bezahlt Nutzer 1 einen bei Nutzer 2 in Anspruch genommenen Dienst. Dieser wiederum übergibt die Münze 3801 an Nutzer 1. Am Ende der Gültigkeitsperiode übergeben beide die verdienten Münzen an den Broker.

6.3 Nachträgliche Betrugserkennung

Bei dem Verfahren zur nachträglichen Betrugserkennung geht es darum, Benutzer aufzuspüren, die Münzen unrechtmäßig mehrfach ausgegeben haben. Die mehrfache unrechtmäßige Verwendung einer Münze kann gezielt vertuscht werden, um die nachträgliche Betrugserkennung zu unterlaufen. Da die Erfolgsaussichten einer solchen betrügerischen Handlung abhängig von dem Aufwand und den Möglichkeiten

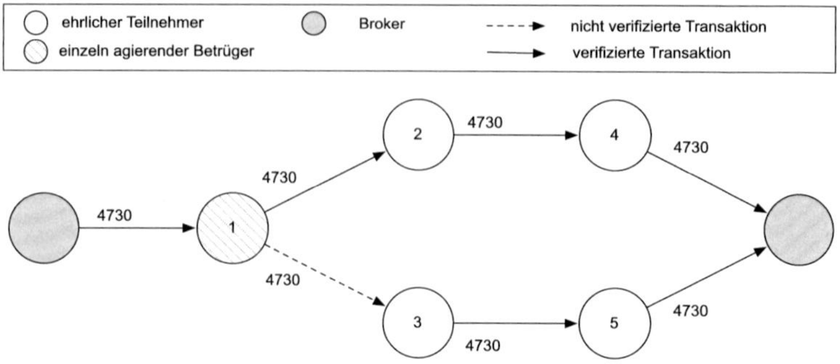

Abbildung 6.3 Der einzeln agierende Betrüger (Nutzer 1) gibt die Münze 4730 zweimal aus und vernichtet das Transaction Log für die Übergabe an Nutzer 3

der Betrüger sind, wird nachfolgend ein Angreifermodell dargelegt, das verschiedene Betrugsmodi beschreibt. Anhand dieses Modells wird in Kapitel 6.4.3 das Verfahren zur nachträglichen Betrugserkennung systematisch untersucht und bewertet.

6.3.1 Angreifermodell

Das im Rahmen dieser Arbeit verwendete Angreifermodell sieht drei Betrugsmodi vor, die sich zum einen in der Zahl der an einem Betrugsvorgang beteiligten Geräte, zum anderen im Ablauf des Betrugsvorgangs unterscheiden. Diesen drei Betrugsmodi entsprechend werden Betrüger entweder als *einzeln agierende Betrüger*, *konspirierend agierende Betrüger* oder *konspirierend agierende Betrüger mit Strohmännern* bezeichnet. Wie schon in den Annahmen (Abschnitt 6.2.1) angemerkt, wird die unerlaubte Produktion von Münzen mit gültigen Echtheitsmerkmalen nicht betrachtet, da hierfür in der Arbeit von Rivest et al. [137] wirksame Gegenmaßnahmen existieren. Eine ausführliche Beschreibung der Betrugsmodi folgt.

6.3.1.1 Einzeln agierender Betrüger

Der schwächste vom Angreifermodell vorgesehene Betrüger ist in der Lage, die Software, mit der Zahlungen abgewickelt und die Hashmünzen eines Gerätes verwaltet werden, ausschließlich auf dem eigenen Gerät zu manipulieren, so dass einzelne Münzen mehrfach ausgegeben werden können. Dazu ist notwendig, dass nach einer Transaktion die darin verwendeten Münzen nicht als ausgegeben markiert werden. Ferner ist dieser Betrüger dazu in der Lage, die von ihm angelegten Transaction Logs zu manipulieren. Dies ist notwendig, da sich ein Betrüger, der durch Transaction Logs nachweist, dass er eine bestimmte Münze öfter ausgegeben hat als er sie empfangen hat, selbst als Betrüger überführt. Demzufolge muss für einen Teil der mehrfachen Ausgaben die Erstellung eines Transaction Logs unterdrückt werden. Ein einzeln agierender Betrüger hat jedoch keinen Einfluss auf die Transaction Logs anderer Nutzer. Somit existiert für eine solche betrügerische Transaktion ein Transaction Log

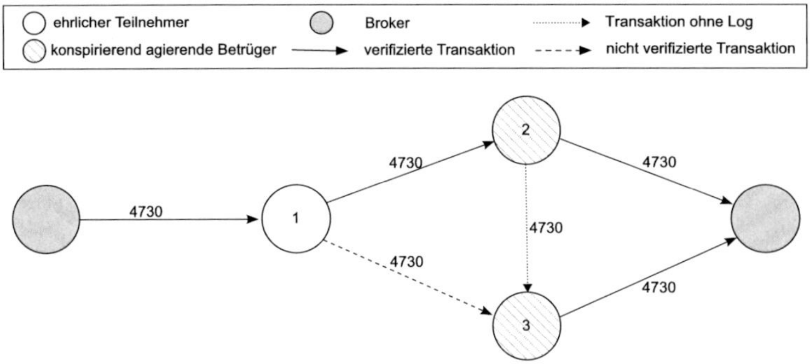

Abbildung 6.4 Die Gruppe konspirierend agierender Betrüger (Nutzer 2 und 3) gibt die Münze 4730 zweimal aus und vernichtet die Transaction Logs für die Übergabe an Nutzer 3

des Empfängers, für das kein übereinstimmendes Transaction Log in den Aufzeichnungen des Betrügers vorhanden ist. Solche Transaktionen werden nachfolgend als *nicht verifizierte Transaktionen* bezeichnet.

Abbildung 6.3 zeigt den Transaktionsgraphen für eine Münze (4730), die durch einen einzeln agierenden Betrüger (Nutzer 1) dupliziert wurde. Da der betrügerische Nutzer kein Transaction Log für die zweite Übergabe der Münze an Nutzer 3 anlegt, entsteht hier eine unverifizierte Kante im Transaktionsgraphen.

6.3.1.2 Konspirierend agierende Betrüger

Im Gegensatz dazu kann eine Gruppe konspirierend agierender Betrüger die Manipulation der Transaction Logs abstimmen, um so den Betrugsverdacht gezielt auf einen anderen, eigentlich nicht am Betrug beteiligten Teilnehmer zu lenken. Dazu ist ebenfalls notwendig, dass die konspirierend agierenden Betrüger dazu in der Lage sind, die Software zur Münzverwaltung zu manipulieren, so dass ausgegebene Münzen als nicht ausgegeben markiert werden und ein weiteres Mal verwendet werden können. Konspirierend agierende Betrüger können immer dann eine Münze unrechtmäßig ein zweites Mal benutzen, wenn einer der Betrüger eine Münze von einem unbeteiligten Nutzer erhält. Dann kann diese Münze zum einen für eine eigene Zahlung verwendet werden, zum anderen den weiteren Mitgliedern der betrügerischen Gruppe übergeben werden. Die Übergabe der Münze an weitere Mitglieder der konspirierenden Gruppe wird nicht von Transaction Logs dokumentiert. Stattdessen legen alle Mitglieder der konspirierenden Gruppe Transaction Logs an, mit denen behauptet wird, dass die Münze von dem Nutzer erhalten wurde, der sie für eine Zahlung an eines der Mitglieder der konspirierenden Betrügergruppe verwendet hatte.

Abbildung 6.4 zeigt den Transaktionsgraphen für eine Münze (4730), die durch eine konspirierend agierenden Betrügergruppe (Nutzer 2 und 3) dupliziert wurde. Nutzer 2 dupliziert die Münze nachdem er sie von Nutzer 1 erhalten hat und gibt sie an Nutzer 3 weiter. Die Weitergabe dieser Münze an Nutzer 3 wird nicht mittels eines Transaction Logs dokumentiert. Um den Betrug zu vertuschen geben sowohl Nutzer 2 als auch Nutzer 3 an, die Münze von Nutzer 1 erhalten zu haben. Da Nutzer 1 aber kein Transaction Log für die Übergabe der Münze an Nutzer 3 angelegt hat, bleibt diese Kante des Transaktionsgraphen unverifiziert. Problematisch für die nachträgliche Betrugserkennung ist vor allem, dass der aus diesem Betrugsfall resultierende Transaktionsgraph für den Broker nicht von einem Transaktionsgraph zu unterscheiden ist, der durch den Betrug eines einzeln agierenden Betrügers entsteht.

6.3.1.3 Konspirierend agierende Betrüger mit Strohmännern

Bei diesem Angriffsmodus agieren die betrügerischen Nutzer, die Transaction Logs manipulieren und die Duplikation von Münzen vornehmen, lediglich als Strohmänner. Das heißt, dass eine verdoppelte Münze jeweils an eine Gruppe betrügerischer Nutzer verteilt wird, die durch manipulierte Transaction Logs einen eigentlich unschuldigen Nutzer der Manipulation bezichtigt. Darüber hinaus wird die Münze jedoch auch in einer durch reguläre Transaction Logs dokumentierten Transaktion an den Hintermann des Betrugs weitergeleitet. Verfügt dieser Hintermann über eine große Anzahl von Strohmännern, so kann er durch eine Vielzahl solcher betrügerischer Operationen einen großen Gewinn erzielen, während die Betrügergruppen dadurch, dass sie nur vereinzelt Münzen duplizieren unter den Erkennungsschwellenwerten des Schwellenwert-basierten Erkennungsalgorithmus bleiben, der im nachfolgenden Abschnitt erläutert wird. Für diesen Betrugsmodus ist anzunehmen, dass der Hintermann dazu in der Lage ist, entweder selbst eine große Anzahl an Geräten im System zu platzieren und zu betreiben, oder manipulierte Software auf einer Vielzahl von Geräten anderer Nutzer zu platzieren und auszuführen. Dies könnte beispielsweise in Form einer App für Mobiltelefone geschehen, die dem Betreiber des Gerätes einen beliebigen Anreiz für die Installation und die Ausführung der Software bietet.

Abbildung 6.5 zeigt den Transaktionsgraphen für zwei Münzen, die von konspirierend agierenden Betrügern (Nutzer 3, 4, 5, 6, 7) mit Strohmännern (Nutzer 3, 4, 5, 6) mißbräuchlich mehrfach verwendet wurden. Die Gruppen der Strohmänner {3,4} und {5,6} gehen jeweils vor wie eine im vorhergehenden Abschnitt 6.3.1.2 beschriebenen Betrügergruppe: Nach dem Erhalt einer Münze (hier 4730 bzw. 2941) wird diese verdoppelt, an den zweiten Betrüger in der Gruppe weitergereicht und der Betrugsverdacht durch die Manipulation der Transaction Logs gezielt auf den ursprünglichen Besitzer der Münze (hier die Nutzer 1 und 2) gelenkt. Dazu wird jeweils das Transaction Log der Münzübergabe von Nutzer 4 an Nutzer 3 und von Nutzer 5 an Nutzer 6 gelöscht und jeweils ein zusätzliches Transaction Log für die angeblich stattgefundene Übergabe von Nutzer 1 an Nutzer 3 und von Nutzer 2 an Nutzer 6 angelegt. Darüber hinaus wird die duplizierte Münze an den Hintermann der Gruppe (Nutzer 7) weitergegeben. Diese Übergabe wird durch ordentliche Transaction Logs dokumentiert. So ist es für Nutzer 7 möglich, zahlreiche duplizierten Münzen zu sammeln und diese entweder selbst auszugeben oder beim Broker einzutauschen.

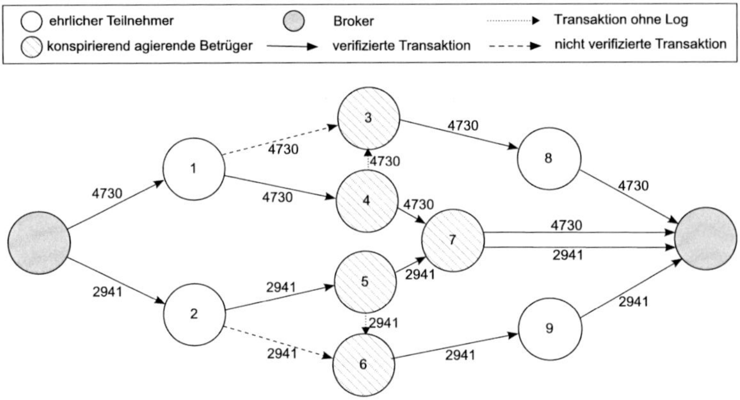

Abbildung 6.5 Die konspirierend agierenden Strohmänner (Nutzer 3, 4, 5 und 6) geben die Münzen 4730 und 2941 je zweimal aus und reichen die Münze an den Hintermann (Nutzer 7) weiter

6.3.2 Erkennungsalgorithmus

Für den einzelnen Benutzer ist es nur feststellbar, dass ein Handelspartner eine Münze unrechtmäßig wiederverwendet, wenn die Münze bereits im Münzset des empfangenden Benutzers enthalten ist und nicht als ausgegeben markiert ist. In allen anderen Fällen kann ein Betrugsversuch nur vom Broker aufgedeckt und geahndet werden, nachdem alle Teilnehmer ihre Münzen zum Ende des Gültigkeitszeitraums eingelöst haben. Für diese nachträgliche Betrugserkennung durch den Broker legen alle Teilnehmer die Transaction Logs für die im Laufe einer Gültigkeitsperiode empfangenen und ausgegebenen Münzen an, und übermitteln diese zu gegebener Zeit an den Broker. Wenn der Broker erkennt, dass eine oder mehrere Münzen von mehr als einem Benutzer eingelöst werden, baut er aus den abgelieferten Transaction Logs einen Transaktionsgraphen auf. Münzen, die beim Broker mehrfach abgegeben werden und für die somit feststeht, dass sie mißbräuchlich dupliziert wurden, werden nachfolgend auch als *schmutzige Münzen* bezeichnet.

Ausschließlich Nutzer, die in einen Bezahlvorgang involviert waren, an dem auch ein betrügerischer Nutzer beteiligt war, haben ein nicht ausgeglichenes Verhältnis von eingehenden zu ausgehenden Kanten. Es ist anzunehmen, dass ein betrügerischer Nutzer in der Absicht, seinen Betrug zu verschleiern, die von ihm geführten Transaction Logs manipuliert, indem entweder nur für einen der mehreren vorhandenen Bezahlvorgänge ein Transaction Log angelegt wird, oder indem frei erfundene Transaction Logs angelegt werden, die vortäuschen, dass er die Münze mehrfach als Bezahlung erhalten hat. Solches Verhalten führt zwangsläufig zu inkonsistenten Transaction Logs wie sie in den Abbildungen 6.4 und 6.5 dargestellt sind. Dann enthält der Transaktionsgraph eine oder mehrere nicht verifizierte Kanten.

Der Broker überprüft die ihm vorliegenden Transaction Logs auf solche unverifizierten Transaktionen und markiert die in solche Transaktionen involvierten Benutzer. Ein naiver Ansatz ist, einfach und ausschließlich die Teilnehmer, von denen unverifizierte Kanten ausgehen, als Betrüger zu markieren. Dann ist es jedoch möglich, dass zwei oder mehr betrügerische Teilnehmer konspirativ zusammenarbeiten, um den Verdacht des Brokers auf einen anderen Nutzer zu lenken, wie dies zum Beispiel in Abbildung 6.4 dargestellt ist. Es gäbe also keine Handhabe gegen konspirierend agierende Betrügergruppen.

Algorithmus 6.1 erklärt, wie vorgegangen wird, um einen solchen Betrug konspirierender betrügerischer Nutzer aufzudecken. Wenn eine unverifizierte Kante entdeckt wird, wird sowohl der Nutzer von dem aus die unverifizierte Kante ausgeht, als auch alle Nutzer, die die betreffende Münze erhalten haben, als potentielle Betrüger markiert. Eine Markierung besteht dabei in einem Punktwert, der in einer Tabelle für die Knoten geführt wird. Der Nutzer, von dem die unverifizierte Kante ausgeht, bekommt zwei Punkte, die anderen Nutzer, die die Münze angeblich erhalten haben, bekommen je einen Punkt (Zeile 5 und 10 in Algorithmus 6.1).

Bezogen auf das Beispiel in Abbildung 6.4 bekommt Nutzer 1 zwei Punkte, während die Nutzer 2 und 3 jeweils einen Punkt erhalten. Anschließend wird die Menge der Nutzer, die die Münze vermeintlich erhalten haben (im diesem Beispiel ist dies {2,3}) in eine Liste möglicher konspirativer Gruppen eingefügt. Falls die Gruppe bereits zuvor in der Liste vorhanden war, wird auch ein für die Gruppe geführter Punktestand um eines erhöht (Zeilen 14 - 19 in der Algorithmenbeschreibung).

Anhand der Punktestände der einzelnen Nutzer und der Gruppenpunkte wird, basierend auf Schwellenwerten, die Entscheidung getroffen, ob ein Teilnehmer, der in Kontakt mit einer Münze stand, mit der ein Betrug verübt wurde, als Opfer oder als Täter der betrügerischen Handlung behandelt werden soll. Wie diese Entscheidung basierend auf den Punktewerten getroffen wird ist in der Beschreibung von Algorithmus 6.2 erklärend dargestellt. Ein Teilnehmer, der eine Münze mehrfach ausgibt, ohne dabei Transaction Logs zu manipulieren wird ohnehin gefunden, da er mehr ausgehende als eingehende Kanten hat (dies ist in den Zeilen 29 - 34 der Algorithmenbeschreibung 6.1 zu sehen).

Soweit bietet dieses Vorgehen alleine keine Handhabe gegen konspirierend agierende Betrügergruppen, die Strohmänner einsetzen. In diesem Betrugsmodus ist es möglich, dass jeweils die Gruppenmitglieder, die einen unschuldigen Nutzer des Betrugs bezichtigen, nur ein einziges Mal einen Betrug verüben und somit unter jedem Schwellenwert bleiben. Da der Hintermann nicht direkt in eine unverifizierte Transaktion involviert ist, bekommt er durch dieses Vorgehen keine Punkte. Aus diesem Grund wird in einem weiteren, heuristischen Schritt versucht, mutmaßliche Betrüger zu markieren.

Hierfür wird für alle Nutzer gezählt, wie oft sie an einer Bezahlung mit einer Münze beteiligt waren, die unrechtmäßig vervielfältigt wurde. Dieser Wert wird nachfolgend als *dirtcount* eines Nutzers bezeichnet. Aus dieser Größe lässt sich auch der *relative dirtcount* eines Nutzers berechnen, der angibt, wie groß der dirtcount in Relation

```
for all coins in multipleRedeemedCoins as coin do
  for all unverified transactions of coin as ut do
    source = ut.source
    if source has more than 1 outgoing transactions then
      setScore(source, coin.id, 2)
      possibleConspirators = new List
      for all outgoing transactions of source as ot do
        receiver = ot.receiver
        if receiver has at least one outgoing transaction && getScore(receiver) == 0 then
          setScore(receiver, coin.id, 1)
          possibleConspirators.add(receiver)
        end if
      end for
      if suspectedGroups.contains(possibleConspirators)) then
        incrementGroupscore(possibleConspirators)
      else
        suspectedGroups.add(possibleConspirators)
        setGroupscore(possibleConspirators, 1)
      end if
    end if
  end for
  if GUK > GUK-THRESHOLD then
    for all users involved with coin do
      if user.hasHighDirtcount() then
        setScore(user, coin.id, 1)
      end if
    end for
  end if
  for all verified transactions of coin as vt do
    source = vt.source
    if source has more outgoing than incoming transactions for coin then
      setScore(source, coin.id, 3)
    end if
  end for
end for
```

Algorithmus 6.1 Algorithmus zur nachträglichen Betrugserkennung

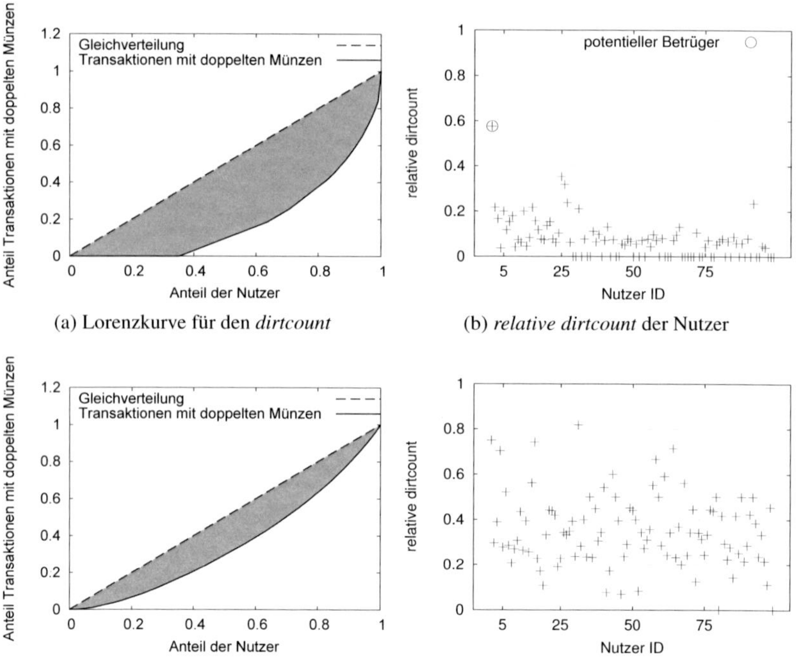

(a) Lorenzkurve für den *dirtcount*

(b) *relative dirtcount* der Nutzer

(c) Lorenzkurve für den *dirtcount*

(d) *relative dirtcount* der Nutzer

Abbildung 6.6 Lorenzkurven des *dirtcounts* und *relative dircount* der Nutzer **Oben:** Simulationslauf, in dem ein einzelner Nutzer auffallend oft mit schmutzigen Münzen zu tun hat **Unten:** Simulationslauf in dem viele Nutzer oft Kontakt mit schmutzigen Münzen haben

zur Gesamtzahl aller Transaktionen ist, in die ein Nutzer involviert war. Anhand der dirtcounts aller Nutzer wird ein GINI-Ungleichverteilungskoeffizient (GUK) für die Verteilung der dirtcounts aller Nutzer errechnet. Ein großer GUK bedeutet, dass wenige Knoten sehr häufig in Kontakt mit duplizierten Münzen stand, während die meisten Knoten nur selten Kontakt mit solchen Münzen hatten.

Übersteigt der GUK einen bestimmten Schwellenwert, so bekommen die Nutzer, die einen besonders hohen relative dirtcount aufweisen und mit der im Augenblick betrachteten Münze in Kontakt standen, ebenfalls einen Punkt. Die Auswahl der Nutzer, die hierfür in Frage kommen, geschieht mittels eines einfachen Klassifikationsverfahrens. Dabei wird eine Liste aller Nutzer entsprechend ihres relative dirtcounts aufsteigend sortiert. Die ersten i Nutzer auf der Liste werden dann für die Vergabe dieser Punkte in Betracht gezogen, mit dem kleinsten i für das gilt:

$$dirtcount(i) - dirtcount(i+1) \geq dirtcount(j) - dirtcount(j+1) \forall j \neq i \quad (6.1)$$

Die Abbildungen 6.6a - 6.6d veranschaulichen den Zusammenhang der Größen *dirtcount*, *relative dirtcount* und *GUK*. Basierend auf zwei verschiedenen exemplarischen Simulationen, in denen Betrüger mit verschiedenen Vorgehensweisen aktiv waren, sind jeweils die aus den *dirtcounts* errechneten Lorenzkurven (Abbildungen 6.6a und 6.6c) sowie die *relative dirtcounts* aller Nutzer (Abbildungen 6.6b und 6.6d) zu sehen.

Die im Vergleich mit Abbildung 6.6c deutlich bauchigere Lorenzkurve in Abbildung 6.6a macht deutlich, dass hier die Nutzung mißbräuchlich duplizierter Münzen nicht gleichmäßig über alle Nutzer hinweg verteilt ist. Der zugehörige GUK liegt bei 0,63 und damit deutlich höher als bei den Simulationen, die den unteren beiden Abbildungen zu Grunde liegen. Dort beträgt der GUK 0,30. Je gleichmäßiger die Nutzung von schmutzigen Münzen über alle Nutzer verteilt ist, desto schwieriger ist es, mit der in Gleichung 6.1 beschriebenen Klassifikationsheuristik mutmaßliche Betrüger anhand ihres *relative dirtcounts* zu erkennen. Gleichzeitig wächst die Gefahr, unbescholtene Nutzer in diese Gruppe potentieller Betrüger einzuteilen. Aus diesem Grund werden Nutzer mit einem auffallend hohen *relative dirtcount* nur dann gesondert betrachtet, wenn der GUK über einem Schwellenwert (GUK-THRESHOLD) liegt. Die Festsetzung dieses Schwellenwertes wird in 6.3.4 erläutert. Im ersten der beiden dargestellten Fälle liegt der GUK über dem Schwellenwert, im zweiten Fall darunter. Demzufolge wird lediglich im ersten Fall (siehe Abbildung 6.6b) ein Nutzer (Nutzer 1) anhand des hohen *relative dirtcounts* als potentieller Betrüger markiert. Im zweiten Fall (siehe Abbildung 6.6d) unterbleibt dies, da hier aufgrund der gleichmäßigen Verwendung schmutziger Münzen durch viele Nutzer das Risiko groß ist, unschuldige Nutzer falsch einzuordnen.

Der Prozess, in dem der erkannte Betrug dann tatsächlich aufgelöst wird, ist in Algorithmus 6.2 näher beschrieben: Da mehrere Teilnehmer für den Betrug mit einer Münze als betrügerisch markiert werden können, werden Schwellenwerte verwendet, um zu vermeiden, dass eigentlich ehrliche Teilnehmer als mutmaßliche Betrüger bezichtigt werden. Der erste dieser Schwellenwerte ist der Schwellenwert für Vorkommnisse mit einer bestimmten Münze. Dieser Schwellenwert heißt COIN-FRAUD-THRESHOLD. Nur Nutzer, deren Punktestand über diesem Schwellenwert liegt, werden für die Erstattung des Fehlbetrags, der durch mehrmalige Einlösungen einer Münze beim Broker entsteht, herangezogen (Zeile 8 der Algorithmenbeschreibung). Teilnehmer mit einem niedrigeren Punktestand sind vermutlich Teilnehmer ohne betrügerische Absichten, wohingegen die Wahrscheinlichkeit, dass es sich um einen betrügerischen Nutzer handelt, zunimmt mit der Anzahl verdächtiger Transaktionen, in die ein Nutzer mit der fraglichen Münze involviert war.

```
//remove possibleConspirators from suspectedGroups
//if groupscore is below threshold
cleanSuspectedGroups();
for all coins in multipleRedeemedCoins as coin do
  conspiracyDetected = false
  totalScore = 0
  fraudulentUsers = list of users with score > 0 for this coin
  for all users in fraudulentUsers as user do
    if getScore(user, coin.id) > COIN-FRAUD-THRESHOLD || getScoreForAll-
    Coins(user) > TOTAL-FRAUD-THRESHOLD then
      score = getScore(user, coin.id)
      if user is in suspectedGroups then
        score = (number of possibleConspirators groups the user appears in for
        coin) * 3
        conspiracyDetected = true
      else
        if conspiracyDetected && score < COIN-FRAUD-THRESHOLD then
          fraudulentUsers.remove(user) //Delete innocent user when conspiracy is
          detected
          score = 0
        end if
      end if
      totalScore += score;
      //User is below thresholds
    else
      fraudulentUsers.remove(user) //Delete fraudulent users below threshold
    end if
  end for
  doubleRedeems = number how often this coin has been redeemed
  ratio = doubleRedeems / totalScore
  for all fraudulent users of coin as user do
    valueToPay = round((getScore(user, coin.id) * ratio) + accRoundingError);
    accRoundingError = ((getScore(user, coin.id) * ratio) + accRoundingError) -
    valueToPay;
  end for
end for
```

Algorithmus 6.2 Algorithmus zur Auflösung von Betrugsfällen

Es gilt jedoch zu beachten, dass auch Teilnehmer, deren Punktzahl für alle Münzen jeweils unter dem COIN-FRAUD-THRESHOLD liegen, als Betrüger in Frage kommen. Es ist denkbar, dass betrügerische Teilnehmer jede Münze genau zweimal ausgeben. Somit kann ein Punktewert für jede einzelne Münze erreicht werden, der unter dem Schwellenwert liegt, obwohl insgesamt doppelt soviel Münzen ausgegeben werden als vom Broker erworben wurden. Um dies zu verhindern muss auch die Summe der Punkte für alle Münzen unter einem Schwellenwert TOTAL-FRAUD-THRESHOLD liegen, bevor ein verdächtiger Benutzer aufgrund geringer Punktezahl als unschuldig klassifiziert wird (Zeile 8).

Wenn der Broker mehrere Teilnehmer als Betrüger erkannt hat werden die Punkte dieser Nutzer als Maßstab herangezogen, um zu ermitteln, welchen Anteil des entstandenen Schadens die mutmaßlichen Betrüger kompensieren müssen. Dieser Anteil wird dann von den Konten der entsprechenden Nutzer eingezogen. So wird sichergestellt, dass Teilnehmer, die mit größerer Wahrscheinlichkeit betrügerische Teilnehmer sind, einen größeren Anteil des Schadens begleichen müssen.

Der Broker führt eine Liste, in der alle entdeckten und sanktionierten Betrugsfälle dokumentiert sind. Wenn ein Nutzer zu oft auffällig wird, kann er aus dem Anreizsystem ausgeschlossen werden, indem der Broker ihm die Aushändigung von Münzen zu Beginn eines neuen Gültigkeitszeitraum verweigert. Ferner kann zu Beginn eines Gültigkeitszeitraums eine Liste der gesperrten Nutzer an alle Teilnehmer verteilt werden, so dass auch kein Nutzer ihm durch Inanspruchnahme von bezahlten Diensten zu Liquidität verhilft.

6.3.3 Aufwand für die Betrugserkennung

Der Aufwand des Brokers für die Betrugserkennung hängt maßgeblich von der Komplexität der Algorithmen 6.1 und 6.2 ab. Im Folgenden werden die wichtigsten Einflussfaktoren auf die Laufzeit dieser Algorithmen erklärt und dargestellt, welche Möglichkeiten der Broker hat, diesen Aufwand zu beeinflussen.

Sowohl der Algorithmus zur Betrugserkennung (6.1) als auch der Algorithmus zur Auflösung erkannter Betrugsfälle (6.2) iterieren über alle mehrfach beim Broker zurückgegebenen Münzen. Die Erkennung, ob eine Münze bereits zurückgegeben wurde, kann mit einer effizienten Datenstruktur (zum Beispiel einer Hashtabelle) in konstanter Zeit, also $\mathcal{O}(1)$, durchgeführt werden. Die Anzahl mehrfach zurückgegebener Münzen hängt von der Anzahl betrügerischer Teilnehmer und der Häufigkeit, mit der ein solcher Teilnehmer einen Betrug verübt, ab.

In den inneren Schleifen in Algorithmus 6.1 wird über die verifizierten und die unverifizierten Transaktionen mit einer mehrfach eingelösten Münze und alle involvierten Benutzer iteriert. Hierfür müssen alle Transaktionen einer Münze überprüft werden. Damit steigt der Aufwand für den Broker mit der maximalen Pfadlänge in den Transaktionsgraphen für mehrfach zurückgegebene Münzen. Diese hängt davon ab, wie oft eine bestimmte Münze für Zahlungen verwendet wird. Auf diese Größe kann der Broker durch die Wahl einer kürzeren oder längeren Gültigkeitsperiode Einfluss

Schwellenwert	Wertebereich	gewählter Wert
COIN-FRAUD-THRESHOLD	$t \in \mathbb{N}$	2
TOTAL-FRAUD-THRESHOLD	$t \in \mathbb{N}$	4
GUK-THRESHOLD	$t \in \mathbb{Q}$ und $t \in [0,1]$	0,4

Tabelle 6.1 Schwellenwerte des Erkennungsalgorithmus

ausüben. Es gilt allerdings zu beachten, dass kürzere Gültigkeitsperioden zwar die Laufzeit des Algorithmus verkürzen (weil der Erwartungswert für die Anzahl an Transaktionen mit schmutzigen Münzen geringer ist) zugleich aber bedeuten, dass der Algorithmus häufiger ausgeführt wird. Wird die Anzahl schmutziger Münzen mit c und die Anzahl zugehöriger Transaction Logs einer schmutzigen Münze mit t bezeichnet, so kann der Aufwand für Algorithmus 6.1 mit der Komplexitätsklasse $\mathcal{O}(c \cdot t)$ abgeschätzt werden.

Auch Algorithmus 6.2 liegt in dieser Komplexitätsklasse, da in der inneren Schleife über alle als Betrüger erkannten Benutzer iteriert wird. Obere Schranke für die Zahl als Betrüger erkannten Nutzer ist die Anzahl der Teilnehmer, die mit einer schmutzigen Münze in Kontakt gekommen sind. Für diese wiederum kann ebenfalls durch die Anzahl zu einer schmutzigen Münze gehörenden Transaction Logs t eine obere Schranke gegeben werden. Somit liegt auch dieser Algorithmus in $\mathcal{O}(c \cdot t)$.

Algorithmus 6.1 kann parallelisiert werden, so dass dieser Schritt der Betrugserkennung auch bei hohen Teilnehmerzahlen nicht zu einem Flaschenhals bezüglich der zur Verfügung stehenden Kapazitäten des Brokers wird.

6.3.4 Wahl der Schwellenwerte

In den beiden vorgestellten Algorithmen gibt es insgesamt drei relevante Schwellenwerte: COIN-FRAUD-THRESHOLD, TOTAL-FRAUD-THRESHOLD und GUK-THRESHOLD. Für alle drei Schwellenwerte gilt, dass niedrige Werte tendenziell zu mehr unschuldigen Nutzern führen, die irrtümlich zu Strafzahlungen herangezogen werden (false positives), während hohe Werte das Risiko erhöhen, dass Betrüger ungestraft bleiben (false negatives). Für die Auswertungen des Erkennungsalgorithmus wurden die in Tabelle 6.1 angegebenen Schwellenwerte gewählt.

Die Werte für COIN-FRAUD-THRESHOLD und TOTAL-FRAUD-THRESHOLD wurden so gewählt, dass unschuldige Nutzer mindestens einmal in eine Transaktion mit einer schmutzigen Münze verwickelt werden können, ohne unmittelbar als betrügerischer Nutzer klassifiziert zu werden. In den Simulationen, die zur Auswertung des Erkennungsalgorithmus durchgeführt wurden, betrug das maximale Transaktionsvolumen 2 Münzen. Lenken konspirierend agierende Betrüger gezielt den Verdacht auf einen unschuldigen Nutzer, bei einer Transaktion mit 2 Münzen betrogen zu haben, so wird der unschuldige Benutzer mit einem Punktwert von 2 je Münze markiert. Da diese Markierung noch unter beiden Schwellwerten liegt, bleibt dieser Nutzer unbehelligt, sofern nichts anderes gegen ihn vorliegt. Der Wert für

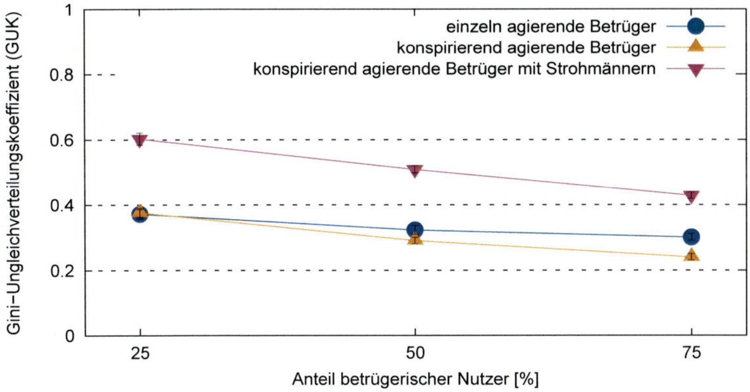

Abbildung 6.7 Gini-Ungleichverteilungskoeffizient der Transaktionen mit duplizierten Münzen

TOTAL-FRAUD-THRESHOLD kann und soll daran angepasst werden, wieviele Münzen in einer durchschnittlichen Transaktion verwendet werden.

Für den GUK-THRESHOLD wurde mittels einer empirischen Untersuchung eine geeigneter Schwellwert gewählt. So wurde mit jedem der drei Betrugsmodi mit unterschiedlichem Anteil an Betrügern (25 %, 50 %, 75 %) der GUK der *dirtcounts* ermittelt. Diese sind in Abbildung 6.7 dargestellt. Abgebildet sind die gemittelten GUK-Werte aus insgesamt 30 Läufen mit 99 %-Konfidenzintervallen. Insbesondere der Betrugsmodus der konspirierend agierenden Betrügern mit Strohmännern fällt durch eine starke Ungleichverteilung der *dirtcounts* und somit hohe GUK auf. Dies ist darauf zurückzuführen, dass die Strohmänner nur in geringem Umfang duplizierte Münzen in Umlauf bringen, um einen Punktwert unterhalb der Schwellenwerte COIN-FRAUD-THRESHOLD und TOTAL-FRAUD-THRESHOLD zu halten, während der Hintermann zahlreiche duplizierte Münzen sammelt, um hohen Gewinn zu schöpfen. Um gezielt die Sensibilität des Erkenners solchen Szenarien gegenüber zu erhöhen wurde ein GUK-THRESHOLD von 0,4 gewählt. Liegt der vom Broker ermittelte GUK der *dirtcounts* darüber, so werden Nutzer mit einem besonders hohen *relative dirtcount* ermittelt und entsprechend markiert.

6.4 Auswertung

Der vorgestellte Ansatz wurde in zweierlei Hinsicht untersucht: Zum einen war es Gegenstand der Betrachtung, wie viel Energie für den eigentlichen Bezahlvorgang aufzuwenden ist. Andere Arbeiten gehen davon aus, dass die Ausführung von Hashfunktionen signifikant billiger bezüglich des Rechenaufwands ist als zum Beispiel die Verwendung von RSA-Signaturen. Rivest et al. stellen dar, dass Hashfunktionen etwa 100 mal schneller ausgeführt werden können als RSA-Signaturen auf Gültigkeit überprüft werden können und etwa 10000 mal schneller, als die Erzeugung einer

RSA-Signatur [137]. Dennoch ist es notwendig, nachzuweisen, dass die Energiekosten des Anreizsystems verglichen mit den Kosten des Systems zur gemeinsamen Ressourcennutzung klein sind und die Verwendung von Hashmünzen deutlich weniger Energie verbraucht als der Einsatz digitaler Signaturen, die auf asymmetrischer Kryptographie beruhen. Darum wurde zunächst in umfangreichen Messreihen der Mehraufwand an Energie bestimmt, der durch das vorgestellte Anreizsystem ursächlich bedingt ist. Darüber hinaus wurde untersucht wie groß der Energieaufwand eines Systems, das auf Hashmünzen basiert, im Vergleich zur Verwendung von Verfahren ist, die auf digitalen Signaturen unter Einsatz von Public Key Cryptography beruhen.

Außerdem wurde untersucht, wie wirkungsvoll der vorgestellte Ansatz zur nachträglichen Betrugserkennung basierend auf Transaction Logs ist. Beides sind kritische Gesichtspunkte für die Akzeptanz durch Nutzer mobiler Kommunikationsgeräte und damit essentiell für die Umsetzbarkeit des vorgestellten Konzepts. Die Energiemessungen wurden an einer prototypischen Implementierung durchgeführt, während die Wirksamkeit der Betrugserkennung anhand von Simulationen untersucht wurde.

6.4.1 Energieaufwand

Um den durch das Anreizsystem verursachten Mehraufwand an Energie zu ermitteln, wurde ein Teil (zwei Nokia N810 Internet Tablets) des in Kapitel 4 vorgestellten Prototypen eingesetzt. Eines der beiden Geräte bietet den in Abschnitt 4.3.4.1 beschriebenen Dienst an, der die Buchstaben einer übermittelten Zeichenkette von Groß- in Kleinbuchstaben und umgekehrt umwandelt. Der Dienst wird in einem drahtlosen Ad-Hoc-Netz angeboten. Das zweite N810-Gerät agiert als Konsument des beschriebenen Dienstes. Er fordert die Erbringung des Dienstes an und übermittelt die notwendige Anzahl virtueller Münzen zum Dienstgeber. Der Dienstgeber überprüft die Gültigkeit der Münzen und wenn es keinen Anlass zu Beanstandung gibt, erbringt er die geforderte Dienstleistung. Dabei finden die in Abschnitt 4.3.3.2 vorgestellten OSGi-Bundles `de.uka.tm.comogrip.incentivescheme.client` und `de.uka.tm.comogrip.incentivescheme.coinmanagement` Verwendung. Zur Bestimmung des Energieverbrauchs wurde ein SNMD Gerät [92] verwendet, mit dem der Stromfluss während der Ausführung des Dienstes und Bezahlvorgangs aufgezeichnet werden konnte. In jeder Durchführung des Experiments wurde der Dienst 100 mal angefordert, ausgeführt und bezahlt. Die Feststellung und Überprüfung der Identität des Handelspartners ist nicht Teil dieses Ablaufs. Somit gibt der ermittelte Energieaufwand nur den Aufwand für den Bezahlvorgang an. Zwischen zwei Dienstaufrufen wurde jeweils eine Sekunde gewartet. 10 Durchläufe fanden insgesamt statt, so dass insgesamt 1000 Bezahlvorgänge Grundlage für die nachfolgenden Betrachtungen sind. Die einzelnen Messpunkte stellen allerdings die Summe der geflossenen Ladung, beziehungsweise der Zeit, die für 100 Transaktionen benötigt wird, dar. Da hier keine Mittelwertbildung erfolgte, sind auch keine Konfidenzintervalle angegeben.

Als Vergleichsmaßstab wurde das gesamte Experiment wiederholt, ohne dass Zahlungsvorgänge stattfanden. Die Dienste wurden also angefragt und erbracht wie

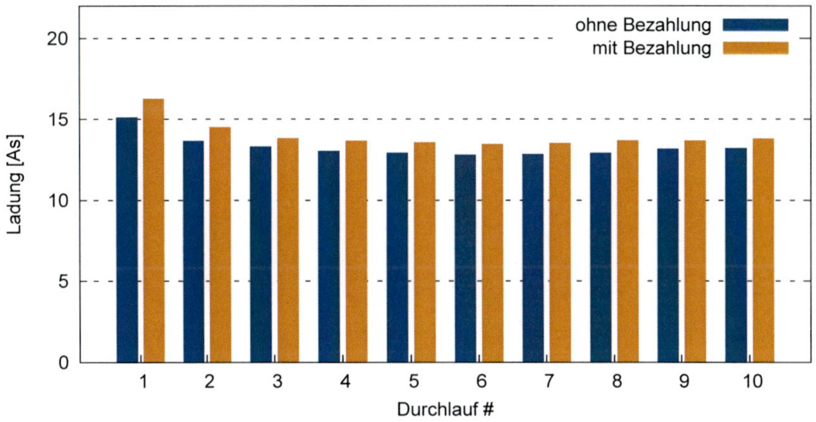

Abbildung 6.8 Vergleich des Energieverbrauchs mit und ohne Einsatz des Anreizsystems

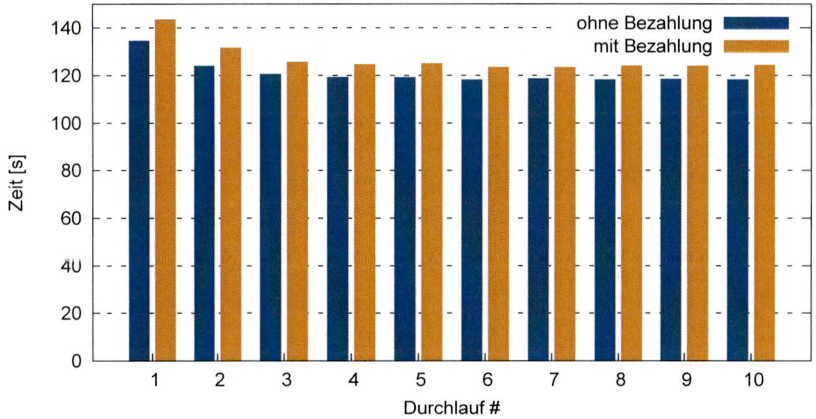

Abbildung 6.9 Benötigte Zeit zur Abwicklung einer Transaktion mit und ohne Einsatz des Anreizsystems

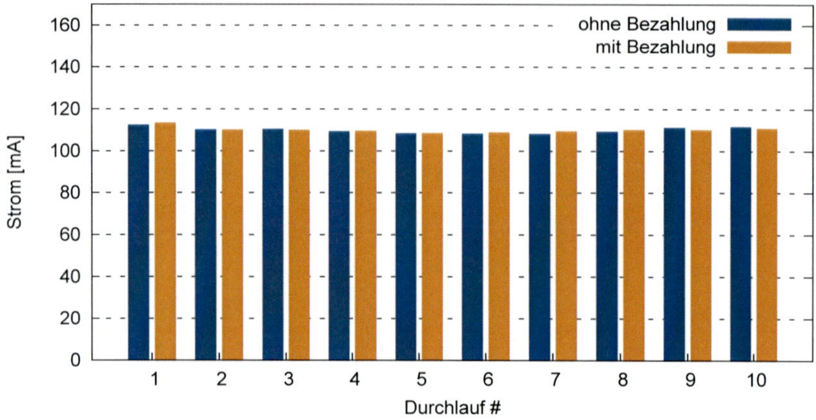

Abbildung 6.10 Stromfluss mit und ohne Einsatz des Anreizsystems

zuvor, lediglich die Übermittlung von Münzen sowie deren Überprüfung wurden unterlassen. Abbildung 6.8 zeigt die elektrische Ladung die während dieser Experimente floss. Im Durchschnitt nimmt der Energieverbrauch durch die notwendige Überprüfung der Münzen um etwa 5 % zu. Dies ist ursächlich in der Hauptsache darin begründet, dass der gesamte Vorgang eine längere Zeit zur Ausführung benötigt (durchschnittlich 5 %, vgl. Abbildung 6.9) - die gemessene Stromstärke ist bei Nutzung der Münzen allenfalls unwesentlich höher, wie Abbildung 6.10 zeigt. Es fällt auf, dass beim ersten der zehn Durchgänge, sowohl unter Verwendung der Münzen als auch ohne diese, die 100 Dienstaufrufe deutlich mehr Zeit beanspruchen als bei den nachfolgenden Durchläufen. Der Grund dafür ist, dass zu Beginn des Experimentes beim ersten Dienstaufruf das OSGi-Framework initialisiert wird. Dieser Aufwand fällt bei späteren Durchläufen nicht mehr an. Da dieser Mehraufwand sowohl bei der Nutzung der Münzen als auch wenn diese nicht genutzt werden anfällt, ist er für die vorliegende Aufwandsbetrachtung unerheblich.

Es gilt zu beachten, dass der relative Mehraufwand im Bezug zu den Kosten der Diensterbringung ohne Bezahlung deutlich kleiner ausfallen wird, wenn der fragliche Dienst anspruchsvoller hinsichtlich der verwendeten Ressourcen und damit dem resultierenden Energieverbrauch ist als der hier verwendete einfache Dummy-Dienst. Man kann bei dem festgestellten Mehraufwand von 5 % also von einer oberen Schranke des Mehraufwandes durch das vorgestellte Anreizsystem sprechen.

6.4.2 Vergleich von Hashmünzen und digitalen Signaturen

Neben einer Bewertung des Mehraufwandes verglichen mit der Dienstnutzung ohne Anreizsystem ist auch ein Vergleich mit dem Energieverbrauch alternativer Bezahlsysteme von Interesse. Diverse Anreiz- und Bezahlsysteme greifen auf Mechanismen der Public Key Cryptography zurück: Dabei erstellt der Zahlende mit seinem privaten Schlüssel eine digitale Signatur für eine Datei, die eine Zahlung dokumentiert. Diese Signatur kann mit Hilfe des öffentlichen Schlüssels überprüft werden. Bei einem Vergleich der Energiekosten von digitalen Signaturen und Hashmünzen gibt es drei Aspekte, die berücksichtigt werden müssen:

1. In einem PKC basierten System ist ein Bezahlvorgang für beide involvierten Parteien mit Energieaufwand verbunden. Sowohl der Bezahlende als auch der Bezahlte muss Energie für die Transaktion aufbringen. Der Bezahlende muss eine Signatur erstellen, der Bezahlte muss diese unter Verwendung des öffentlichen Schlüssels überprüfen. Bei einem Verfahren, das auf Hashmünzen beruht, muss der Bezahlende das Zahlungsmittel nicht erst erstellen. Nur der Bezahlte muss für die Verifikation des Zahlungsmittels Aufwand betreiben.
2. In einem PKC basierten System hängen die Energiekosten der Bezahlung nicht direkt von der Höhe der Zahlung ab. Ein Dokument zu signieren und die Überprüfung dieser Signatur ist nicht energieaufwendiger, wenn das Dokument die Zahlung eines höheren Betrages dokumentiert. Im Gegensatz hierzu steigt der Energieverbrauch für die Überprüfung einer Zahlung mit Hashmünzen mit der Anzahl der in der Transaktion enthaltenen Hashmünzen. Somit existiert für Hashmünzen ein Break-Even-Punkt, der angibt, bis zu welcher Anzahl an Münzen pro Transaktion die Verwendung von Hashmünzen weniger Energie in Anspruch nimmt als die Verwendung digitaler Signaturen.
3. Ein weiterer Kostenfaktor in einem auf Hashmünzen basierenden Anreizsystem ist die Anzahl an Hashmünzen, die in einer gültigen Münze enthalten sein müssen. Für die Überprüfung einer Hashmünze mit zehn Hashkollisionen ist ein doppelt so großer Rechenaufwand zu tragen wie für die Überprüfung einer Hashmünze mit fünf Hashkollisionen.

Um die Energiekosten dieses PKC-basierten Verfahrens mit dem im Rahmen dieser Arbeit verwendeten Verfahren, das sich Hashkollisionen bedient, vergleichen zu können, wurde der Energieverbrauch sowohl für die Überprüfung der Echtheitsmerkmale von Hashmünzen als auch für die Überprüfung einer digitalen Signatur bestimmt. Für die Energiemessungen wurde sowohl für die Überprüfung der Hashmünzen als auch für die Erzeugung und Überprüfung der digitalen Signatur ein Programm unter Verwendung der Java SE Plattform entwickelt. Die Verarbeitung der digitalen Signatur geschieht mit Hilfe des *java.security* Pakets.

Der Energieverbrauch für die Überprüfung der Echtheitsmerkmale einer Münze hängt direkt von der Anzahl der zu prüfenden Kollisionen ab. Dies wurde durch eine Experimentreihe untersucht und nachgewiesen. Abbildung 6.11 zeigt diesen Zusammenhang. Auf der x-Achse ist die Anzahl an Hashkollisionen, die eine gültige Hashmünze enthält, dargestellt. Auf der y-Achse ist die Ladung in der Einheit As abgetragen, die dafür notwendig ist, um 1000 Hashmünzen auf ihre Gültigkeit hin zu überprüfen. Wie die Abbildung 6.11 zeigt, wächst der Energieverbrauch mit

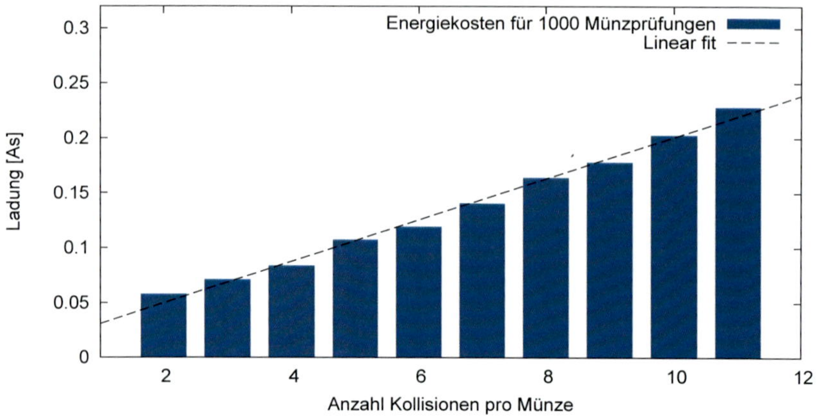

Abbildung 6.11 Aufzuwendende Ladung für die Überprüfung von Hashmünzen, abhängig von der Anzahl der zu prüfenden Kollisionen je Münze

einer zunehmenden Anzahl an Kollisionen pro Hashmünze linear. Die beste lineare Approximation der linearen Funktion, die die Anzahl an Hashkollisionen n auf den Energieverbrauch abbildet ist

$$18{,}89\mu As \cdot n + 12{,}03\mu As. \tag{6.2}$$

Dies ist gewissermaßen die Kostenfunktion für stärkeren Schutz vor Münzfälschungen, da eine zunehmende Anzahl an Kollisionen pro Hashmünze den Aufwand für die Fälschung von Münzen erheblich steigert. Somit ist es möglich, eine Abwägung zwischen reduziertem Energiebedarf für die Überprüfung einer kleineren Anzahl an Hashkollision und einer Konfiguration zu treffen, die bei erhöhtem Energieaufwand auch den Aufwand, den ein potentieller Münzfälscher zu tragen hat, deutlich erhöht.

Für den Vergleich von Hashmünzen und einer digitalen Signatur wurde der Aufwand bestimmt, der anfällt, wenn man eine oder mehrere Hashmünzen auf ihre Gültigkeit überprüft. Dieser Aufwand wurde mit dem Energieaufwand für die Überprüfung einer digitalen Signatur verglichen. Die gewählte Schlüssellänge für die digitale Signatur (RSA, 1024-bit Schlüssel), sowie die Hashfunktion, die für die Hashmünzen verwendet wurde (SHA-256), richtet sich dabei nach einer Empfehlung des National Institute of Standards and Technology (NIST) [32–34].

Die Abbildung 6.12 zeigt deutlich, dass die Prüfung einer Hashmünze deutlich weniger Energie beansprucht, als die Überprüfung einer digitalen Signatur. Wiederum ist auf der y-Achse die Ladung abgetragen, die für die Überprüfung der Hashmünzen beziehungsweise die Bearbeitung einer Signatur fließt. Auf der x-Achse ist die Anzahl der Hashmünzen abzulesen, die in einer Transaktion verwendet werden. Da die Energiekosten für die Erzeugung und Überprüfung einer Signatur nicht vom Betrag der Transaktion abhängen, sind diese konstant und die zugehörigen

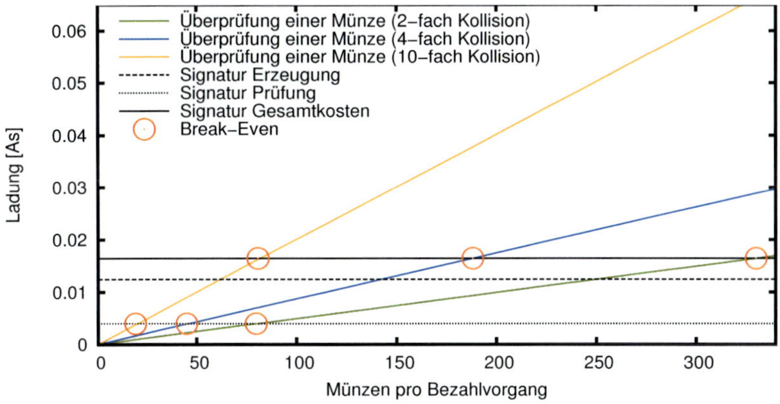

Abbildung 6.12 Vergleich der Energiekosten für die Überprüfung von Hashmünzen und die Erzeugung und Überprüfung einer digitalen Signatur (RSA, 1024-bit Schlüssel)

Graphen verlaufen parallel zur x-Achse. In der Abbildung sind die Energiekosten für die Erzeugung einer Signatur, für die Auswertung einer Signatur sowie der Gesamtaufwand für Erzeugung und Auswertung einer Signatur dargestellt.

Die Energiekosten für die Überprüfung von Hashmünzen in Abhängigkeit der Anzahl an Hashmünzen, die in einer Transaktion verwendet werden, sind ebenfalls lineare Funktionen, das heißt, ihre Steigung ist konstant und hängt von der Anzahl Kollisionen je Hashmünze ab. In der Abbildung 6.12 sind insgesamt drei dieser Funktionen abgebildet. Diese geben den Energiebedarf bei Verwendung von Münzen mit zwei, vier und zehn Hashkollisionen an.

Als Break-Even-Punkt werden die Punkte in der Abbildung bezeichnet, in denen die Funktionsgraphen für die Auswertung von Hashmünzen eine der konstanten Funktionen schneiden, die den Energieverbrauch für die Nutzung von Signaturen angeben. Wird nur der Energieverbrauch des Zahlungsempfängers berücksichtigt, so existiert ein Break-Even-Punkt bei Zahlungen, die 80 Hashmünzen (wenn Hashmünzen mit zwei Kollisionen verwendet werden), 45 Hashmünzen (vier Kollisionen pro Münze) oder 19 Hashmünzen (10 Kollisionen pro Münze) beinhalten. Wenn zusätzlich auch noch die Energiekosten für die Erzeugung der Signatur berücksichtigt werden, liegen die Break-Even-Punkte bei deutlich höheren Münzzahlen (330 bei zwei Kollisionen je Hashmünze, 188 bei vier Kollisionen je Hashmünze, 81 bei zehn Kollisionen je Hashmünze). So lange nicht mehr Hashmünzen in einer Transaktion übergeben werden, sind Hashmünzen hinsichtlich der verbrauchten Energie die günstigere Alternative.

Da der Gegenwert einer einzelnen Hashmünze frei gewählt werden kann, wird durch diese Break-Even-Punkte nicht der maximal mögliche Zahlungswert einer Transaktion begrenzt, sondern vielmehr die realisierbare Granularität einer Zahlung.

Repräsentiert eine einzelne Hashmünze einen höheren Wert, so ist es möglich einen größeren Betrag mit weniger Münzen zu entrichten. Die „Auflösung“ der Währung jedoch wird nicht erhöht. Ein höherer Wert pro Hashmünze macht also nur Sinn, wenn keine feingranulare Währung benötigt wird. Für die Festlegung der Kaufkraft einer einzelnen Hashmünze bietet sich darum die Orientierung am Energieverbrauch der im System zur gemeinsamen Ressourcennutzung angebotenen Dienste an: entspricht der Wert einer Münze dem größten gemeinsamen Teiler der Energieverbrauchswerte der im System angebotenen Dienste, dann ist gewährleistet, dass mit möglichst wenig Münzen jeder anzufallende Betrag zu bezahlen ist. Werden beispielsweise in einem System zur gemeinsamen Ressourcennutzung Dienste angeboten, deren Erbringung (sinnvoll gerundet) 30 mJ, 120 mJ und 130 mJ verbraucht, so kann bei einer Kaufkraft von 10 mJ pro Hashmünze jeder zu bezahlende Betrag mit höchstens 13 Münzen beglichen werden.

Allerdings ist bei einem System, das die Zahlung von Klein- und Kleinstbeträgen unterstützen soll, nicht davon auszugehen, das bei einzelnen Zahlungen mehrere hundert oder gar tausend Hashmünzen Verwendung finden. In der Regel kann also durch die Verwendung des vorgestellten Systems im Vergleich zur Verwendung digitaler Signaturen bei jedem Bezahlvorgang Energie gespart werden.

6.4.3 Betrugserkennung

Während es ohne Weiteres möglich ist, die Verwendung von Hashmünzen und die Verwendung digitaler Signaturen hinsichtlich ihres Energieverbrauchs miteinander zu vergleichen, ist dies im Hinblick auf die Sicherheitsmerkmale der Verfahren nicht sinnvoll. Das vorgestellte Anreizsystem mit nachträglicher Betrugserkennung bietet ja gezielt keine absolute Sicherheit, um die damit einhergehenden hinsichtlich der kleinen Zahlungsbeträge unverhältnismäßigen Energiekosten gravierend zu senken. Sowohl auf digitalen Signaturen basierende Verfahren, als auch Micromint [137], das auf Hashmünzen basiert, schließen jedoch die Betrugsmöglichkeiten, denen in dem hier vorgestellten Verfahren durch eine nachträgliche Betrugserkennung begegnet wird, durch entsprechende Annahmen komplett aus. So wird bei der Verwendung digitaler Signaturen davon ausgegangen, dass die Authentizität und Integrität einer Zahlung gewährleistet ist, da es einem Betrüger aufgrund der kryptographischen Komplexität nicht möglich ist, eine gültige Signatur zu fälschen. Micromint dagegen schließt aus, dass ein Verkäufer eingenommene Hashmünzen für eigene Einkäufe verwendet. Damit sind ebenfalls die im Rahmen dieser Arbeit betrachteten Betrugsmöglichkeiten ausgeschlossen beziehungsweise für den Broker trivial zu erkennen. Die Verfahren, mit denen das vorgestellte Anreizsystem hinsichtlich des Energieverbrauchs konkurriert, benötigen also überhaupt keine nachträgliche Betrugserkennung. Somit ist auch ein Vergleich der Erkennungsleistung nicht sinnvoll. Aus diesem Grund wird nachfolgend die Betrugserkennung des vorgestellten Anreizsystems untersucht, ohne die Ergebnisse mit alternativen Anreizsystemen zu vergleichen.

Die Wirksamkeit des Ansatzes zur nachträglichen Betrugserkennung wurde durch eine simulative Untersuchung nachgewiesen. Die Simulationen wurden mittels eines

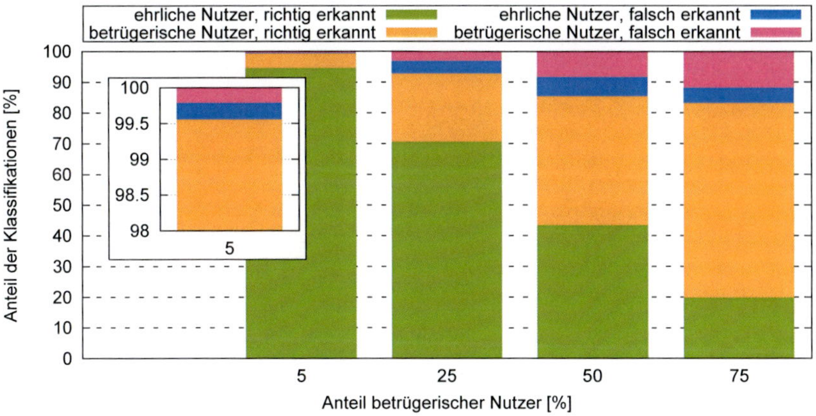

Abbildung 6.13 Erkennungsrate bei einzelnen betrügerischen Nutzern

Ereignis-basierten Simulators durchgeführt, der in Java implementiert wurde. In jedem Durchlauf wurden 100 Teilnehmer simuliert, die insgesamt 1000 Zahlungsvorgänge mit einem zufällig gewählten Transaktionspartner durchführten. Der Anteil an betrügerischen Teilnehmern betrug 5, 25, 50 und 75 Prozent. In jeder Konfiguration wurden 30 Durchläufe mit unterschiedlicher Initialisierung des Zufallszahlengenerators durchgeführt. Jeder der vorgestellten Betrugsmodi wurde so untersucht.

Nach jedem Durchlauf wurde vom Broker basierend auf den Transaktionsgraphen eine Betrugserkennung durchgeführt, wie sie in Abschnitt 6.3 dargestellt wurde. Die Resultate dieser Betrugserkennung wurden mit dem tatsächlichen Verhalten der Teilnehmer verglichen und jede Entscheidung des Brokers wurde in einer der vier folgenden Klassen eingeteilt:

- **Ehrlicher Benutzer, richtig erkannt:** Ein ehrlicher Benutzer wurde richtigerweise als ehrlich klassifiziert.
- **Betrügerischer Benutzer, richtig erkannt:** Ein betrügerischer Benutzer wurde richtigerweise als betrügerisch klassifiziert.
- **Ehrlicher Benutzer, falsch erkannt:** Ein ehrlicher Benutzer wurde fälschlicherweise als betrügerisch klassifiziert.
- **Betrügerischer Benutzer, falsch erkannt:** Ein betrügerischer Benutzer wurde fälschlicherweise als ehrlich klassifiziert.

6.4.3.1 Einzeln agierende Betrüger

Abbildung 6.13 zeigt die Ergebnisse für den Fall, dass betrügerische Teilnehmer einzeln agieren und nicht in Gruppen zusammenarbeiten. In dem Säulendiagramm ist auf der y-Achse der Anteil der vier oben dargestellten Klassen dargestellt. Auf

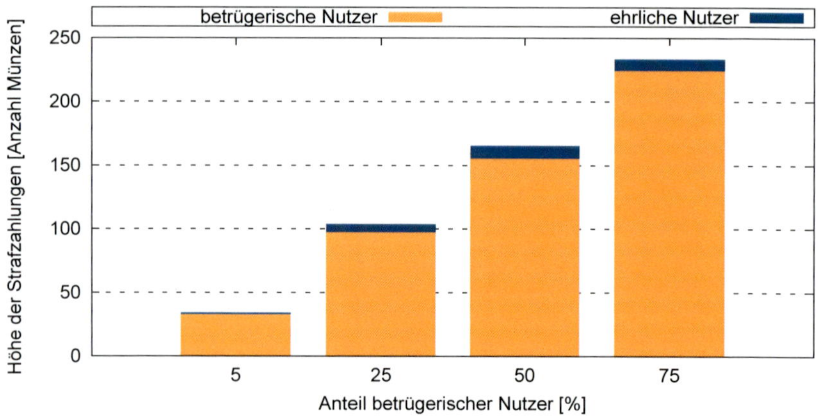

Abbildung 6.14 Strafzahlungen bei einzelnen betrügerischen Nutzern

der x-Achse finden sich verschiedene Szenarien mit aufsteigender Anzahl an betrügerischen Nutzern[1]. Die wichtigste Beobachtung bei der Analyse dieser Ergebnisse ist, dass bei einem moderaten Anteil betrügerischer Nutzer durch die zahlreichen Transaction Logs die Klassifikation nahezu fehlerfrei gelingt. Weniger als ein Prozent der Teilnehmer werden falsch eingeordnet (0,2 % der ehrlichen Benutzer werden fälschlicherweise als Betrüger erkannt und 4 % der Betrüger, die 5 % aller Nutzer ausmachen, werden fälschlicherweise nicht als solche erkannt). Nimmt der Anteil betrügerischer Teilnehmer stark zu, steigt auch der Anteil manipulierter Transaction Logs. Das wirkt sich auch auf die Qualität der Betrugserkennung aus. Bei 25-75 % betrügerischer Teilnehmer liegt der Anteil der *false positives*, also der ehrlichen Teilnehmer, die als Betrüger klassifiziert werden, zwischen 4,1 und 6,2 % (bezogen auf die Gesamtzahl der Teilnehmer). Relativ zur Menge der ehrlichen Teilnehmer bedeutet dies, dass bei 75 % betrügerischen Nutzern bis zu 20 % der ehrlichen Teilnehmer unrechtmäßigerweise für duplizierte Münzen zu Rechenschaft gezogen werden. Die Gruppe der unerkannten Betrüger wächst mit steigender Anzahl auf bis zu 11 % der gesamten Teilnehmer. Bezogen auf die Zahl der betrügerischen Nutzer ist der Anteil nicht erkannter Betrüger mit 16 % am höchsten, wenn 50 % der Nutzer Betrüger sind. Dies und die Beobachtung, dass auch die Anzahl der *false positives* am größten ist, wenn 50 % der Nutzer Betrüger sind, kann wie folgt erklärt werden: Sind mehr als die Hälfte aller Nutzer Betrüger, so sind auch die Opfer eines Betrugs, denen die Münzvervielfältigung fälschlicherweise angelastet wird, mit hoher Wahrscheinlichkeit selbst Betrüger in anderen Betrugsfällen. Damit nimmt für einen sehr hohen Anteil betrügerischer Nutzer (75 %) der Anteil der korrekt erkannter Betrüger wieder zu und der Anteil falsch erkannter ehrlicher Nutzer wieder ab. Vorteilhaft daran ist,

[1]Um die Lesbarkeit der Diagramme mit gestapelten Balken (Abbildungen 6.13-6.18) nicht zu beeinträchtigen, wurde auf die graphische Darstellung der Konfidenzintervalle verzichtet. Der Vollständigkeit halber sind diese im Anhang B in tabellarischer Form dokumentiert.

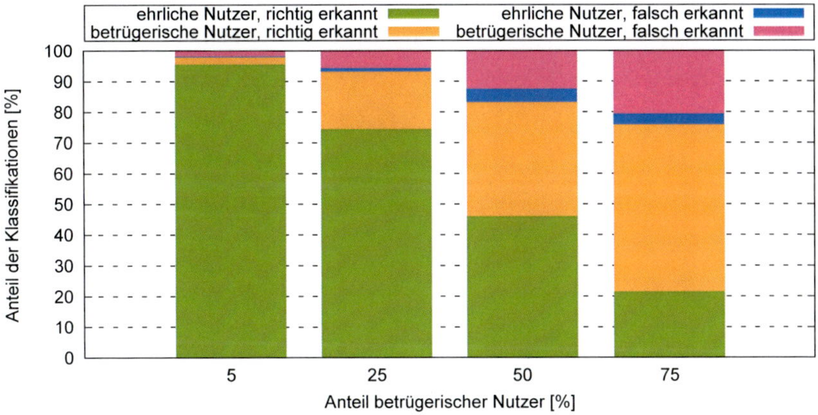

Abbildung 6.15 Erkennungsrate bei konspirierenden betrügerischen Nutzern

dass die stark zunehmende Anzahl nicht erkannter Betrüger nicht zu einem ebenso starken Anstieg der falsch klassifizierten ehrlichen Benutzer führt.

Eine weitere wichtige Größe zur Beurteilung der Erkennungsleistung ist der Anteil der Strafzahlungen, die von Betrügern beziehungsweise von ehrlichen Nutzern entrichtet werden muss. Abbildung 6.14 teilt die Gesamtmenge der fälligen Strafzahlungen auf in Zahlungen, die von tatsächlich betrügerischen Nutzern entrichtet werden müssen, und solche, die für ehrliche Nutzer, die als *false positives* falsch klassifiziert wurden, anfallen. Auf der y-Achse des Säulendiagramms ist die Anzahl der Münzen aufgetragen, auf der x-Achse finden sich wiederum die Szenarien mit unterschiedlicher Anzahl betrügerischer Nutzer. Der von tatsächlich betrügerischen Nutzern zu zahlende Anteil an der Gesamtsumme aller Strafzahlungen liegt bei allen Szenarien deutlich über 90 %. Solange nur 5 % der Teilnehmer Münzen duplizieren und Transaction Logs manipulieren, entfallen sogar über 98 % der Strafzahlungen auf betrügerische Nutzer. Wächst der Anteil betrügerischer Nutzer, so müssen bis zu 5,7 % der Strafzahlungen von ehrlichen Nutzern bezahlt werden. Die Hauptlast der Kompensationszahlungen wird also von den erkannten Betrügern getragen. So haben betrügerische Nutzer also nur dann eine Aussicht darauf, ungeahndet Münzen mehrfach verwenden zu können, wenn sie einen großen Anteil der Geräte im System (und damit mögliche Betrugsopfer) stellen. Selbst dann gehen sie jedoch die Gefahr ein, für nicht selbst begangene Betrugsfälle anderer Betrüger zusätzlich haftbar gemacht zu werden.

6.4.3.2 Konspirierend agierende Betrüger

In den Abbildungen 6.15 und 6.16 sind die Ergebnisse der Simulationen dargestellt, in denen betrügerische Nutzer in Gruppen agieren und durch die gezielte Manipulation von Transaction Logs versuchen, den Betrug zu verschleiern beziehungsweise

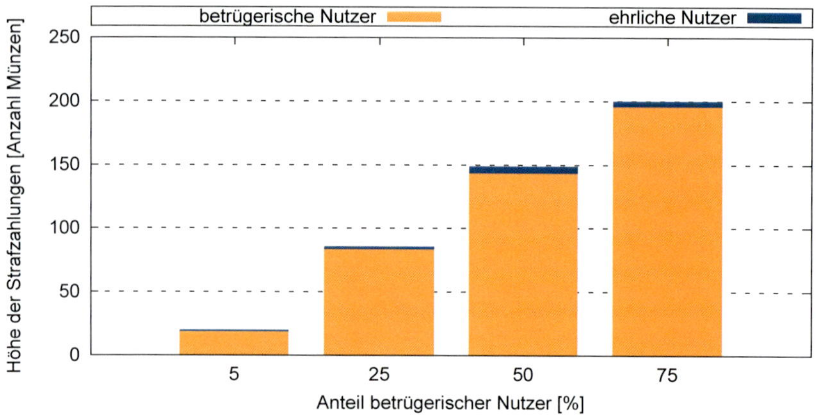

Abbildung 6.16 Strafzahlungen bei konspirierenden betrügerischen Nutzern

den Verdacht auf andere Nutzer zu lenken. Die Ergebnisse zeigen, dass der Erkennungsmechanismus seine Aufgabe auch bei diesem stärkeren Angreifermodell im Großteil der Fälle erfüllt. Im schlimmsten Fall (bei 75 % betrügerischer Nutzer) werden 14 % der ehrlichen Nutzer falsch als Betrüger klassifiziert. Im Vergleich zu den Untersuchungen mit einzeln agierenden Betrügern (Abbildung 6.13) fällt auf, dass der Anteil korrekt klassifizierter ehrlicher Benutzer höher ist, wenn sich die Betrüger konspirativ verhalten. Der Anteil korrekt erkannter betrügerischer Teilnehmer dagegen ist geringer als im Vergleichsfall der nicht konspirativ handelnden Betrüger.

Der hohe Anteil nicht erkannter Betrüger (bis zu 20 % der Teilnehmer) ist auch darauf zurückzuführen, dass Betrugsfälle zwar oftmals der richtigen Gruppe von Betrügern zugeordnet werden, jedoch nicht alle Mitglieder dieser konspirativen Gruppe gleichermaßen für den Fehlbetrag aufkommen müssen. Das heißt, dass nur ein Teil der konspirierenden Teilnehmer belangt wird, dieser aber dafür eine höhere Strafzahlung zu leisten hat. Würden die dadurch vor einer Strafzahlung verschonten Teilnehmer einer konspirierenden Betrügergruppe nicht als *false negatives* gewertet, so wäre der Anteil der korrekt erkannten Teilnehmer noch höher. Die größere Anzahl nicht richtig zugeordneter Betrugsfälle geht also in erster Linie zu Lasten der erkannten Betrüger. Dies hat den wünschenswerten Effekt, dass das Risiko, für Kompensationen für Betrugsfälle herangezogen zu werden, für Betrüger deutlich höher ist als für ehrliche Benutzer. Diese Analyse stützt sich auch auf die in Abbildung 6.16 dargestellten Ergebnisse. Höchstens 3,2 % der gesamten Strafsumme entfallen auf ehrliche Nutzer. Wenn also ehrliche Benutzer als *false positives* belangt werden, so handelt es sich im überwiegenden Anteil der Fälle um wenige, geringe Beträge.

Das Schwellenwert-basierte Erkennungsverfahren bietet also zwar keine absolute Sicherheit dagegen, dass unbescholtene Benutzer durch manipulierte Transaction Logs diffamiert werden, die tatsächlichen Strafzahlungen werden jedoch fast ausschließlich von tatsächlichen Betrügern eingezogen.

6.4.3.3 Konspirierend agierende Betrüger mit Strohmännern

Die in den Abbildungen 6.17 und 6.18 dargestellten Ergebnisse im Fall konspirierend agierender Betrügergruppen mit Strohmännern unterscheiden sich deutlich von den bislang vorgestellten Ergebnissen. Während der Anteil der *false positives* im Vergleich zu den vorigen Ergebnissen sehr gering ist (im schlechtesten Fall bei 75 % betrügerischer Nutzer beträgt sie 2,8 %) ist der Anteil der *false negatives* sehr hoch. Im schlechtesten Fall, bei 25 % betrügerischer Nutzer bleiben 95 % der betrügerischen Nutzer ungestraft. Dies ist dadurch zu erklären, dass die Strohmänner im Verlauf der gesamten Simulation genau einmal eine Münze duplizieren, um so auf jeden Fall unter dem COIN-FRAUD-THRESHOLD zu bleiben. Dadurch werden diese Nutzer in der Mehrzahl der Fälle nicht erkannt. Wie jedoch deutlich aus Abbildung 6.18 zu ersehen ist, geht dieses Ergebnis mit zwei durchaus positiv zu beurteilenden Aspekten einher: Zum einen ist die Summe der insgesamt duplizierten Münzen deutlich geringer als in den vorangegangenen Szenarien, da sie nach oben durch die Anzahl konspirierender Gruppen beschränkt ist. Zum anderen wird auch hier der überwiegende Anteil der Strafzahlungen einem tatsächlichen Betrüger aufgebürdet. Bei einem Betrügeranteil von 25, 50 und 75 % werden jeweils 95 % oder mehr aller Strafzahlungen von tatsächlichen Betrügern geleistet. Bei einem geringen Betrügeranteil von 5 % (und damit auch geringen Strafzahlungen insgesamt) müssen 35 % der Strafzahlungen von ehrlichen Nutzern geleistet werden. Dies erscheint hoch, ist aber angesichts der geringen Betrugszahlen im Mittel gerade einmal eine einzige Münze.

6.5 Zusammenfassung

In diesem Kapitel wurde dargestellt, warum Systeme für gemeinsame Ressourcennutzung auf mobilen Geräten von einem Anreizsystem für die Bereitstellung von Ressourcen profitieren können. Es wurde die Notwendigkeit für ein System erläutert, das den besonderen Gegebenheiten beim Einsatz auf mobilen Geräten Rechnung trägt. Der vorgestellte Ansatz entschädigt die Anbieter von Diensten und Ressourcen für die Energie, die sie zu Gunsten der Dienstnehmer aufwenden. Da weder Public Key Cryptography noch die Kommunikation zu einer dritten Partei bei jedem Zahlungsvorgang benötigt wird, konnten zwei wesentliche Kostenfaktoren hinsichtlich des Energieverbrauch des Anreizsystems eliminiert werden. Dies schlägt sich in einem geringen Energiemehraufwand für das Anreizsystem nieder (5 %). Trotz des Verzichts auf leistungsfähige kryptographische Werkzeuge und der möglichen mehrfachen Verwendung des Zahlungsmittels, die auch neue Betrugsmöglichkeiten schafft, kann ein Großteil der Betrugsversuche erkannt und geahndet werden, wie umfangreiche Simulationen zeigen. Dies zeigt, dass es möglich ist, ein Anreizsystem zu schaffen, das den besonderen Einsatzbedingungen in einem MANET gerecht wird: bei einem geringen Energieverbrauch ist es dennoch effektiv darin, Missbrauch zu vermeiden beziehungsweise zu ahnden.

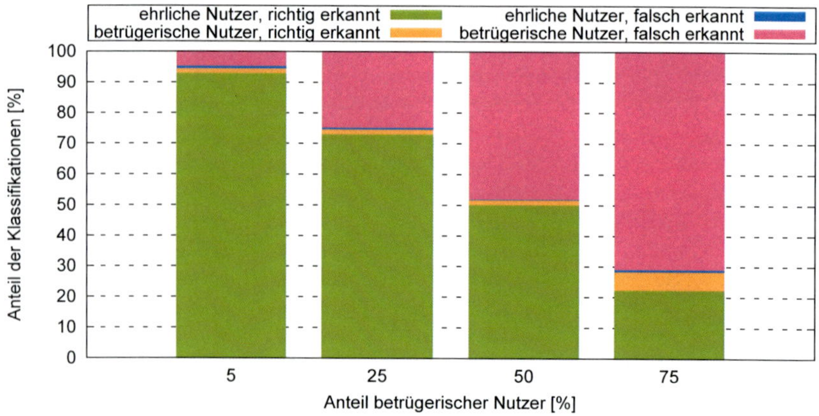

Abbildung 6.17 Erkennungsrate bei betrügerischen Nutzern, die Strohmänner einsetzen

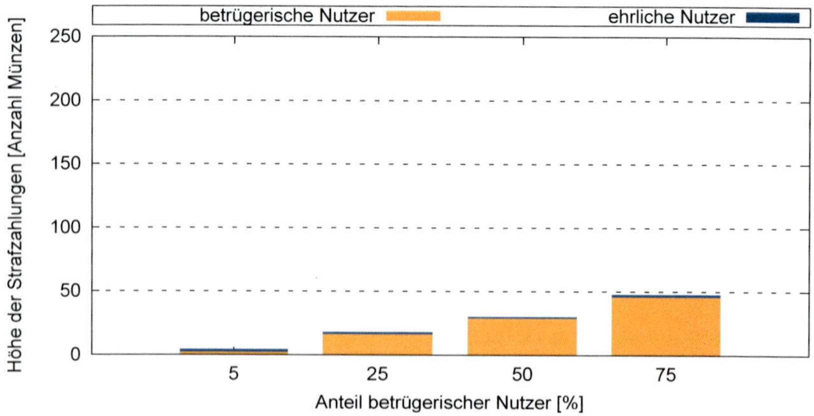

Abbildung 6.18 Strafzahlungen bei betrügerischen Nutzern, die Strohmänner einsetzen

Es zeichnet einen gebildeten Geist aus, sich mit jenem Grad an Genauigkeit zufrieden zu geben, den die Natur der Dinge zulässt, und nicht dort Exaktheit zu suchen, wo nur Annäherung möglich ist.

(Aristoteles: Nikomachische Ethik)

7. Energiebedarfsschätzung für Dienste

Wie in den vorangegangenen Kapiteln erläutert, stellt der Energieverbrauch eines Dienstes ein Schlüsselmerkmal für die Auswahl eines Anbieters und die Entschädigung des gewählten Dienstgebers dar. Die in Kapitel 5 vorgestellten Dienstauswahlstrategien sind auf Informationen bezüglich des Energieverbrauchs einzelner Dienste angewiesen. Und auch ein Anreizsystem, wie es in Kapitel 6 vorgestellt wird, kann mit Hilfe solcher Informationen einen angemessenen Ausgleich für den Energieaufwand einzelner Dienstanbieter schaffen. Darum wurde eine Methodik entwickelt mit der es möglich ist, den Energieverbrauch eines Dienstes zur Laufzeit zu schätzen.

Der Energieverbrauch eines Dienstaufrufs hängt sowohl von dem ausführenden Gerät als auch von den Eigenschaften des jeweiligen Dienstes ab. Darum verfolgt der vorgestellte Ansatz das Ziel, dass der Energieschätzer einfach für verschiedene Dienste und Geräte eingesetzt werden kann.

Hierfür wurde ein aus zwei Schritten bestehender Ansatz gewählt: In einem ersten Schritt wird ein Benchmark-Programm auf dem Gerät ausgeführt, dessen Energiebedarf bei der Erbringung von Diensten geschätzt werden soll. Das Benchmark-Programm ermöglicht es, einzelne Ressourcen des Gerätes gezielt zu beanspruchen. Während der Beanspruchung dieser Ressourcen wird der Stromfluss und damit der resultierende Energieverbrauch ermittelt. In Form des gemessenen Energieverbrauchs und dem Umfang der Ressourcenbeanspruchung stellt das Benchmark-Programm somit Eingabewerte zur Verfügung, aus denen durch Lösung eines linearen Gleichungssystems ein gerätespezifisches *Energiemodell* gewonnen wird. Dieses Vorgehen erlaubt die Bestimmung von Verbrauchswerten einzelner Ressourcen, deren

Verbrauch nur gemeinsam mit dem Verbrauch anderer Ressourcen gemessen werden kann. Das resultierende Energiemodell beschreibt den Energieverbrauch bestimmter Schlüsselressourcen wie CPU, WLAN-Schnittstelle, GPS und Bildschirm. In einem zweiten Schritt kann mit Hilfe eines *Ressourcenbedarfsvektors*, der beschreibt, in welchem Umfang ein Dienst diese Schlüsselressourcen beansprucht, mit diesem Modell der Energieverbrauch des Dienstes geschätzt werden.

Der Ressourcenbedarfsvektor kann bei fortlaufender Benutzung des Systems allmählich verfeinert werden. Dazu wird von bisherigen Dienstaufrufen in einem Verlauf gespeichert, wie lange auf einzelne Ressourcen zugegriffen wurde. Ein gewichtiger Vorteil des Ansatzes, zur Entwicklungszeit ein Energiemodell für ein Gerät und erst zur Laufzeit eine Schätzung für den Dienst zu bestimmen, ist, dass das Energiemodell *nur einmal pro Gerät* bestimmt werden muss, und die Erstellung einer Schätzung nur geringen Aufwand erfordert. Somit fällt der Aufwand tatsächlicher Energieverbrauchsmessungen nur einmal pro Gerät an und nicht einmal pro Dienst.

Exemplarisch werden die Energiemodelle für drei unterschiedliche Geräte bestimmt - Nokia N810 (Betriebssystem: Maemo Linux), HTC Touch Cruise (Betriebssystem: Windows Mobile) und Samsung Galaxy S (Betriebssystem: Android). Ausführliche Untersuchungen, in denen der geschätzte Energieverbrauch mit tatsächlich gemessenem Verbrauch verglichen wird, zeigen, dass diese Herangehensweise sehr gute Ergebnisse liefert. Für alle drei erwähnten Geräte liefert das Verfahren Schätzungen mit einem Root Mean Square Error of Approximation (RMSEA) von etwa 5 %.

In diesem Kapitel werden zunächst Begrifflichkeiten erklärt und dann das zweistufige Verfahren zur Gewinnung von Schätzwerten vorgestellt. Des weiteren werden die umfangreichen Messreihen beschrieben, mit denen die Genauigkeit dieser Methode untersucht wurde.

7.1 Terminologie

Entsprechend der in Kapitel 2 gegebenen Begriffserklärung stellt ein *Dienst* einen Mechanismus dar, der es erlaubt über eine gegebene Schnittstelle auf eine oder mehrere Ressourcen eines Gerätes zuzugreifen. Auf welche der Ressourcen in welchem Umfang zugegriffen wird, kann mittels eines *Ressourcenbedarfsvektors*

$$r = \begin{bmatrix} r_1 \\ r_2 \\ \vdots \\ r_n \end{bmatrix}$$

beschrieben werden. Dabei gibt n die Anzahl der auf diesem Gerät verfügbaren Ressourcen an, und r_i die Zeit in Sekunden, für die die Ressource i verwendet wird.

Die Menge der in diesem Kapitel betrachteten *Ressourcen* umfasst die CPU der Geräte, die WLAN-Schnittstelle, das GPS-Modul und den Bildschirm. Diese Teilmenge aller vorhandenen Ressourcen wurde ausgewählt, da sie zum einen in diversen Arbeiten, die Beispielanwendungen für Systeme zur gemeinsamen Ressourcennutzung mit

	Nokia N810 Internettablet	**HTC Touch Cruise**	**Samsung Galaxy S**
WLAN	✓	✓	✓
Bildschirm	✓	✓	✓
GPS	✓	✓	✓
CPU	✓	✓	✓
WAN-Schnittstelle (UMTS)	×	✓	✓

Tabelle 7.1 Ressourcenverfügbarkeit auf den verwendeten Geräten

mobilen Geräten vorstellen, Verwendung finden (u.a. [25, 157]), und zum anderen auf allen der betrachteten Geräte verfügbar sind (siehe auch Tabelle 7.1). Da das Nokia N810 Internettablet nicht über eine WAN-Schnittstelle (GSM/UMTS) verfügt, und die in Kapitel 4 vorgestellten Anwendungen diese Ressource nicht benötigen, wird sie in diesem Kapitel nicht weiter betrachtet. Grundsätzlich kann das vorgestellte Verfahren für die Bestimmung des Energiebedarfs der WLAN-Schnittstelle analog auch für die WAN-Schnittstelle herangezogen werden.

Manche Ressourcen können in verschiedenen Betriebszuständen verwendet werden, in denen sich der Energiebedarf stark unterscheidet. So kann zum Beispiel die CPU des Nokia N810 Internettablet in verschiedenen Taktungen betrieben werden um eine höhere Rechenleistung beziehungsweise einen reduzierten Energieverbrauch zu ermöglichen. In einem solchen Fall kann eine Ressource in mehrere *logische Ressourcen* unterteilt werden, denen jeweils ein bestimmter Energieverbrauch zugeordnet werden kann.

Als *Energiemodell* für ein bestimmtes Gerät wird in dieser Arbeit ein Vektor $m = (m_1, m_2, ..., m_n)$ bezeichnet. n ist dabei die Anzahl der betrachteten Ressourcen und das Vektorelement m_i gibt den Strom in Milliampere an, der fließt, wenn die Ressource i in Anspruch genommen wird.

7.2 Schätzung des Energieaufwands

Die Anforderungen an den im Rahmen dieser Arbeit entwickelten Energieschätzer sind die folgenden:

- *Plattformunabhängigkeit:* Das Spektrum mobiler Kommunikationsgeräte ist hinsichtlich der verbauten Hardware und der eingesetzten Betriebssysteme breit gefächert und durchaus als heterogen zu bezeichnen. Darum sollte ein Energieschätzer für den geschilderten Einsatzzweck so beschaffen sein, dass er mit möglichst geringem Aufwand auf verschiedenen Plattformen eingesetzt werden kann. Deshalb wird bei der vorgestellten Herangehensweise die Energieschätzung auf der Anwendungsschicht geleistet und nicht ausschließlich auf Energieverwaltungsmechanismen eines bestimmten Betriebssystems zurückgegriffen. Eventuell vorhandene Mechanismen eines Betriebssystems können durch geeignete Wrapper in den vorgestellten Schätzer einbezogen werden.

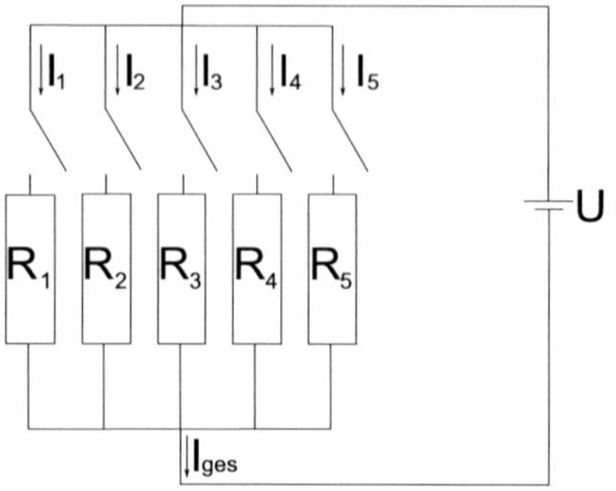

Abbildung 7.1 Modellierung des Verbrauchers als Parallelschaltung von ohmschen Widerständen

- *Dienstunabhängigkeit:* Der Energieschätzer muss in der Lage sein, den Energieverbrauch unterschiedlicher Dienste abzuschätzen. Die Entwickler etwaiger Anwendungen sollen nicht zu umfangreichen Vorarbeiten gezwungen werden, um den Energieschätzer zu verwenden.

- *Genauigkeit:* Da der geschätzte Energieverbrauch Grundlage für die Auswahl eines geeigneten Dienstgebers ist, ist eine hohe Genauigkeit des Schätzers von großer Wichtigkeit. Vergleichbare Arbeiten zur Schätzung des Energiebedarfs mobiler Geräte erreichen einen Root Mean Square Error of Approximation (RMSEA) von unter 10% [64].

7.2.1 Modellierung mobiler Kommunikationsgeräte als Energieverbraucher

Die im Rahmen dieser Arbeit betrachteten mobilen Kommunikationsgeräte beinhalten eine Vielzahl elektronischer Bauteile und integrierter Schaltkreise. Ein Modell für die Schätzung des Energieverbrauchs eines solchen Systems kann schwerlich die Komplexität der verwendeten Hardware vollständig abbilden. Darum werden für die nachfolgenden Betrachtungen Annahmen für das Modell getroffen, die die Komplexität des Systems reduzieren und dennoch eine genaue Schätzung des Energiebedarfs ermöglichen. Im Folgenden wird das Verbrauchermodell, das in dieser Arbeit Verwendung findet, vorgestellt und die Annahmen, die diesem Modell zugrunde liegen, werden explizit benannt.

7.2.1.1 Ein ohm'sches Verbrauchermodell

Im weiteren Verlauf dieser Arbeit werden die betrachteten mobilen Kommunikationsgeräte als Parallelschaltung Ohm'scher Widerstände aufgefasst, an denen die von einer Spannungsquelle gelieferte Spannung U abfällt. Ein solches System parallelgeschalteter Einzelverbraucher ist in Abbildung 7.1 exemplarisch mit den Widerständen $R_1 ... R_5$ dargestellt. Die einzelnen Ohm'schen Widerstände sind dabei jeweils einer

Ressource zugeordnet, die durch einen Dienst genutzt werden kann. Dabei wird davon ausgegangen, dass die Nutzung einer Ressource einen bestimmten mittleren Stromfluss bewirkt. Gemäß der Kirchhoffschen Knotenregel [151] gilt dabei, dass sich der Gesamtstrom I_{ges} auf die einzelnen Zweige der Schaltung aufteilt und damit der Gesamtstrom gleich der Summe der Teilströme ist (Gleichung 7.1).

$$I_{ges} = \sum_{1}^{n} I_n \qquad mit\ I_i = \frac{U}{R_i} \tag{7.1}$$

Die Verwendung einer Ressource entspricht in dieser Darstellung dem Schließen des entsprechenden Schalters was gemäß Gleichung 7.2 zu einer Verringerung des Gesamtwiderstandes R_{ges}, damit zu einem größeren Gesamtstrom $I_{ges} = \frac{U}{R_{ges}}$ und somit zu einer höheren Leistungsaufnahme $P = U \cdot I_{ges}$ führt.

$$R_{ges} = \frac{1}{\sum_{1}^{n} R_i} = \frac{1}{R_1 + \cdots + R_n} \tag{7.2}$$

Dieser Beschreibung der mobilen Kommunikationsgeräte als Parallelschaltung von Ohm'schen Widerständen liegen mehrere Annahmen zugrunde. Zum einen wird vereinfachend davon ausgegangen, dass sich die parallelgeschalteten Verbraucher wie reine Ohm'schen Widerstände verhalten beziehungsweise der kapazitive und induktive Anteil ihres Widerstandes im Vergleich zum Ohm'schen Anteil vernachlässigbar klein ist. Eine weitere vereinfachende Annahme ist, dass die anliegende Versorgungsspannung über die Zeit hinweg konstant ist. Dies ist im Allgemeinen für batteriebetriebene Geräte nicht der Fall, da die Spannung einer Batterie mit zunehmender Betriebszeit und abnehmender Ladung geringer wird. Im weiteren Verlauf dieser Arbeit findet dies jedoch keine Berücksichtigung.

Grundsätzlich sind die dargestellten Methoden und Ergebnisse auch anwendbar, wenn sich die Versorgungsspannung im Lauf der Zeit ändert. Falls Wissen über diese Änderung durch das Betriebssystem auf der Anwendungsschicht verfügbar gemacht wird, kann die geänderte Spannung U_{Mod} Eingang in den Prozess der Energieschätzung finden. Sind die Referenzspannung U_{Ref} und die geänderte Spannung $U_{Mod} - U_{Ref} = \Delta U$ bekannt, so berechnet sich der Energiebedarf W_{Mod} einer durch den ohm'schen Widerstand R modellierten Ressource mittels der Beziehung $I_{Mod} = U_{Mod}/R$ wie folgt:

$$W_{Mod} = U_{Mod} \cdot I_{Mod} \cdot t = \frac{U_{Mod}^2}{R} \cdot t = \frac{(U_{Ref} - \Delta U)^2}{R} \cdot t \tag{7.3}$$

Die vereinfachende Annahme einer konstanten Spannungsversorgung im Rahmen dieser Arbeit ist gerechtfertigt, da mobile Geräte in der Regel über einen Spannungsregler verfügen, der auch bei veränderter Batteriespannung für eine konstante Stromversorgung der Schaltkreise sorgt. Abbildung 7.2 zeigt die bei einem Nokia

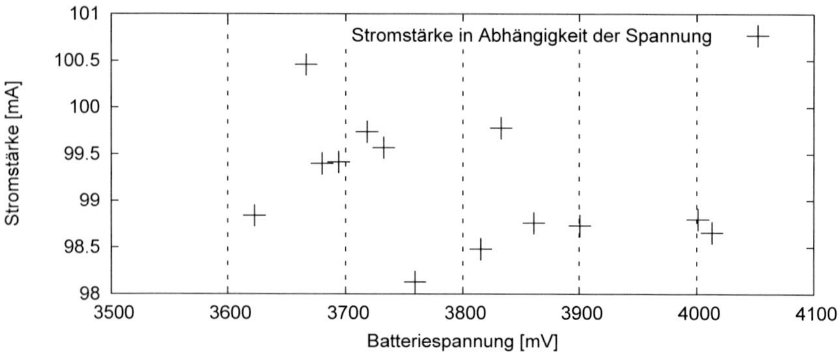

Abbildung 7.2 Stromverbrauch des N810 bei verschiedenen Batteriespannungen

N810 bei unterschiedlicher Batteriespannung gemessene durchschnittliche Stromstärke bei gleichbleibender Beanspruchung des Gerätes. In Folge der fortschreitenden Entladung der Batterie während des Betriebs und sich anschließender Ladezyklen schwankt die am Gerät anliegende Spannung in einem Bereich von etwa 3,62 bis 4,02 Volt (also um rund 10 %). Der bei gleichbleibender Beanspruchung des Gerätes gemessene Stromfluss schwankt dagegen weitaus weniger. Der höchste gemessene Stromfluss beträgt 100,5 mA, der niedrigste 98,1 mA. Die Schwankungen liegen also unter 2,5 %. Bemerkenswert ist, dass der stärkste Stromfluss nicht etwa bei der höchsten anliegenden Spannung sondern vielmehr bei einer vergleichsweise niedrigen Spannung (3,6 V) gemessen wurde. Die nachlassende Batteriespannung wirkt sich also offensichtlich nicht in Form einer abnehmenden Stromstärke aus (wenn, dann allenfalls in einer durch die Messungenauigkeit überlagerten Größenordnung).

Außerdem wird davon ausgegangen, dass der Zugriff auf eine Ressource eine über die Dauer des Zugriffs hinweg konstante Leistungsaufnahme und damit einen konstanten Stromfluss mit sich bringt. Ressourcen, die in unterschiedlichen Betriebsmodi eine unterschiedliche Leistungsaufnahme haben (zum Beispiel ein Bildschirm, der mit aktiver beziehungsweise inaktiver Hintergrundbeleuchtung betrieben wird), werden um dieser Annahme zu genügen durch mehrere logische Ressourcen dargestellt (hier: $Bildschirm_{hell}$, $Bildschirm_{dunkel}$).

Die Hypothese, dass der Verbrauch der einzelnen Ressourcen weitgehend unabhängig ist, und der Gesamtverbrauch somit in Form einer linearen Gleichung beschrieben werden kann (vgl. Gleichung 7.1), wurde mittels Messexperimenten überprüft. Auf einem Nokia N810 wurde der Verbrauch von vier Ressourcen, nämlich beleuchteter Bildschirm, gedimmter Bildschirm, GPS und WLAN-Schnittstelle ermittelt. Anschließend wurde der Verbrauch bei gleichzeitigem Betrieb des Displays und der WLAN-Schnittstelle beziehungsweise des Displays und des GPS mit der Summe der Verbrauchswerte bei Einzelbetrieb der beiden Ressourcen verglichen. Die Abbildungen 7.3-7.5 zeigen exemplarisch die Ergebnisse von drei dieser Messungen. Auf der y-Achse ist die Stromstärke abgetragen, auf der x-Achse die Zeit. Neben der gemessenen Stromstärke ist auch die durchschnittliche Stromstärke während der Messung dargestellt.

Es ist zu erkennen, dass der Betrieb des Bildschirms (Abbildung 7.3) einen gleichmäßigeren Stromfluss verursacht als der Betrieb der WLAN-Schnittstelle (Abbildung 7.4). In Abbildung 7.3 ist nach etwa 9 Sekunden eine Stromspitze zu beobachten. Solche Unregelmäßigkeiten im Energieverbrauch entstehen zum Beispiel durch die Ausführung eines Betriebssystemdienstes. Der durchschnittliche Stromfluss dieser Messung wird durch eine solch kurze Stromspitze aber nur geringfügig beeinflusst. Die Ergebnisse weiterer Messungen sind im Anhang C zu finden.

In Abbildung 7.6 sind die gemittelten Verbrauchswerte aus jeweils 15 Messungen dargestellt, bei denen darauf geachtet wurde, dass der Energieverbrauch nicht durch andere Anwendungen oder beim Systemstart angestoßene Prozesse verfälscht wurde. Zu allen Ergebnissen sind auch die 95%-Konfidenzintervalle dargestellt. Auf der y-Achse ist wiederum die Stromstärke in Milliampere gegeben. Jeder Balken gibt die gemittelte Stromstärke über 15 Messungen wieder. Zum Vergleich sind jeweils die Balken nebeneinander aufgetragen, die den aufsummierten Verbrauch zweier einzelner Ressourcen (zum Beispiel dem beleuchteten Bildschirm und der WLAN-Schnittstelle) beziehungsweise den Verbrauch beim gleichzeitigen Betrieb beider Ressourcen darstellen. Das Ergebnis zeigt zum einen, dass der Energieverbrauch bestimmter Ressourcen (WLAN, GPS) stark schwankt, während der Verbrauch des Displays über mehrere Messvorgänge hinweg sehr gleichförmig ist. Zum anderen wird deutlich, dass die Summe der einzelnen Verbrauchswerte eine gute Schätzung für den Verbrauch bei gleichzeitiger Nutzung ist, und somit der Verbrauch durch eine lineare Gleichung beschrieben werden kann.

7.2.2 Methodik

Eine Übersicht des gesamten Prozesses zur Energieverbrauchsschätzung für einen bestimmten Dienst wird in Abbildung 7.7 dargestellt:

Ein gerätespezifisches Energiemodell $m = (m_1, ..., m_n)$ wird einmalig erstellt. Dies kann zum Beispiel von einem Gerätehersteller getan werden. Wie Abbildung 7.7 veranschaulicht, wird das Energiemodell aus Testmessungen entwickelt, indem ein lineares Gleichungssystem näherungsweise gelöst wird. Eine ausführlichere Beschreibung dieses Ablaufes ist im Abschnitt 7.2.2.1 zu finden.

Wenn ein Dienst angeboten wird, muss sein Energieverbrauch geschätzt werden. Dies geschieht, indem zunächst der *Ressourcenbedarfsvektor* $r = (r_1, ..., r_n)$ des Dienstes geschätzt wird. Abschnitt 7.2.2.2 behandelt die Abschätzung des Ressourcenbedarfsvektors zur Laufzeit. Unter der Annahme, dass die Spannung während der Bereitstellung des Dienstes konstant ist, kann somit der Energiebedarf eines Dienstes berechnet werden als

$$W = U \cdot \sum_i (r_i \cdot m_i) \tag{7.4}$$

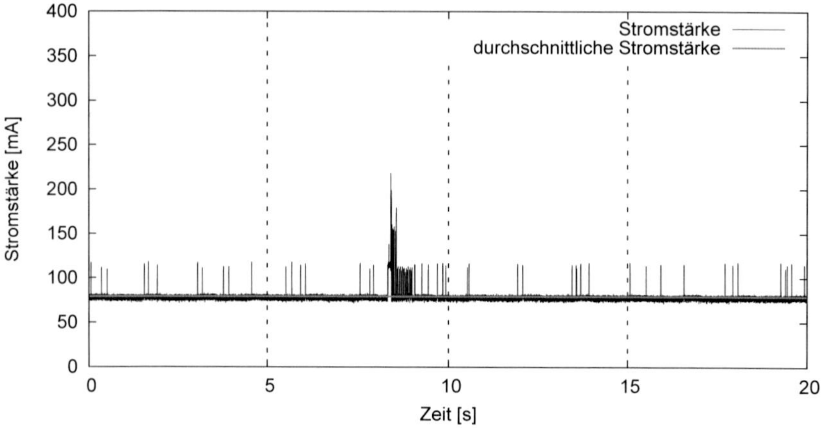

Abbildung 7.3 Stromverbrauch des N810 bei ausgeschalteten WLAN und angeschalteter Bildschirmbeleuchtung

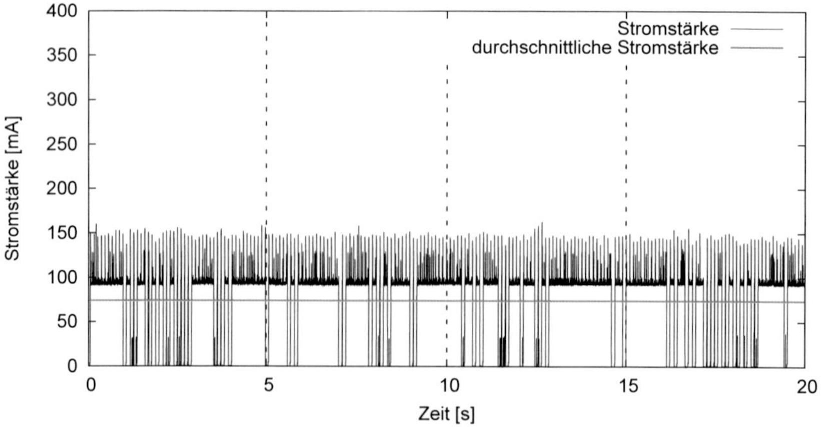

Abbildung 7.4 Stromverbrauch des N810 bei eingeschaltetem WLAN und ausgeschalteter Bildschirmbeleuchtung

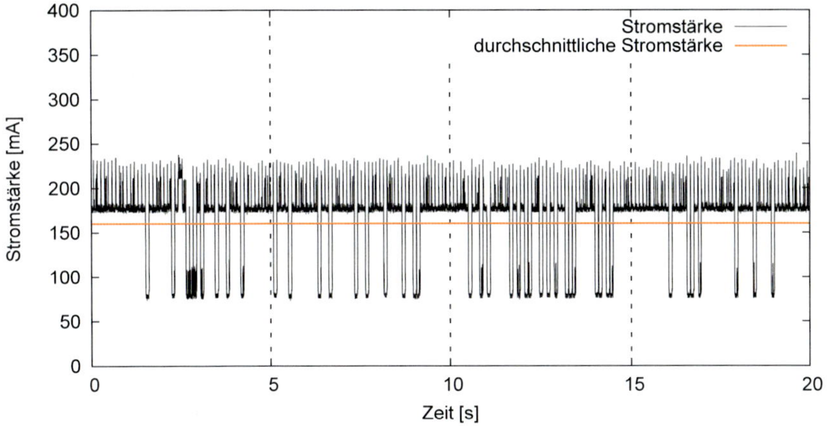

Abbildung 7.5 Stromverbrauch des N810 bei eingeschaltetem WLAN und angeschalteter Bildschirmbeleuchtung

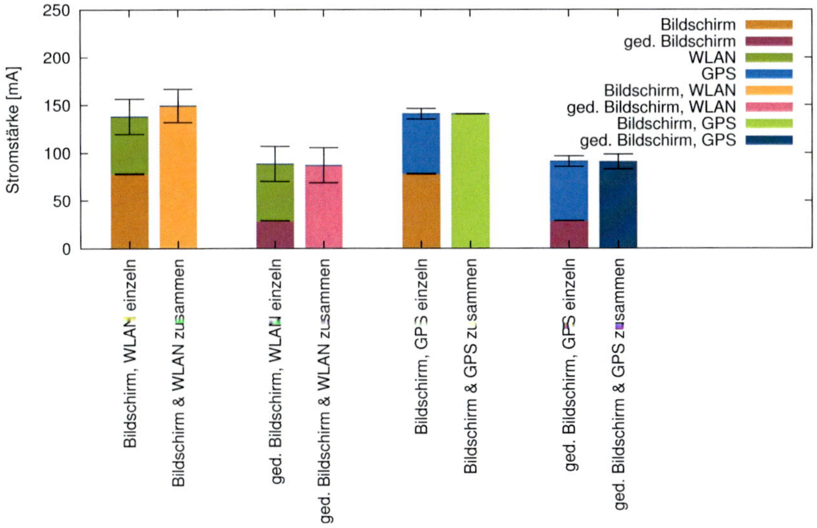

Abbildung 7.6 Validierung der Annahme parallelgeschalteter Verbraucher

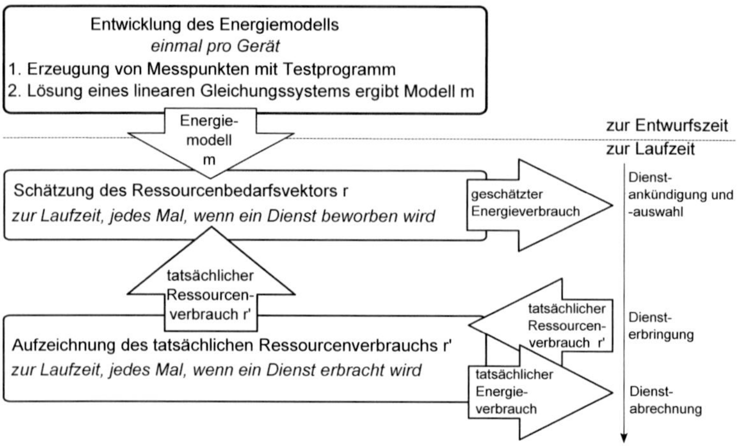

Abbildung 7.7 Ablauf für die Erzeugung, Nutzung und Verfeinerung der Energieschätzung

Während der Nutzung eines Dienstes, wird dessen Ressourcenbedarf als Vektor $r' = (r'_1, ..., r'_n)$ aufgezeichnet. r'_i gibt an, wie lange auf die Ressource i tatsächlich zugegriffen wurde. Wie aus Abbildung 7.7 ersichtlich ist, wird der tatsächliche Ressourcenbedarf zweimal verwendet: Zum einen wird er zurückgemeldet um zukünftige Schätzungen des Ressourcenbedarfsvektors zu verbessern. Außerdem dient er als Grundlage für die Berechnung des tatsächlichen Energieverbrauchs, der für Zwecke der Buchhaltung und Abrechnung interessant ist. Der tatsächliche Energieverbrauch eines Dienstes beträgt

$$W' = U \cdot \sum_i (r'_i \cdot m_i) \tag{7.5}$$

Nachfolgend wird beschrieben, wie die benötigten Vektoren r und m gewonnen werden können.

7.2.2.1 Bestimmung des Energiemodells

Ein naiver Ansatz für die Gewinnung eines Energiemodells wäre es, nacheinander den Verbrauch der einzelnen Ressourcen zu messen. Dies ist aber in der Realität so nicht uneingeschränkt umsetzbar, da es für bestimmte Ressourcen kaum möglich ist, diese zu nutzen ohne auch gleichzeitig auf andere Ressourcen zuzugreifen. Die Werte eines GPS-Empfängers mittels eines Dienstprogrammes auszulesen beansprucht zwangsläufig auch die CPU. Das gleiche gilt für das Senden und Empfangen von Daten über eine Funkschnittstelle. Da der Energiebedarf der CPU für mobile Kommunikationsgeräte durchaus relevant ist, darf die beim Zugriff auf andere Ressourcen entstehende Belastung der CPU nicht vernachlässigt werden. Darum ist es notwendig, den Energieverbrauch einzelner Ressourcen durch das näherungsweise Lösen eines Gleichungssystems zu ermitteln.

Das Vorgehen zur Erstellung eines Energiemodells für ein mobiles Gerät besteht also aus drei grundlegenden Schritten:

1. Identifikation verfügbarer Ressourcen, die einzeln oder miteinander kombiniert bereitgestellt werden sollen. Für die im Rahmen dieser Arbeit betrachteten Anwendungen sind diese Ressourcen die CPU, der Bildschirm, der GPS-Empfänger und die WLAN-Schnittstelle. Diese Ressourcen sind auf einer Vielzahl von mobilen Geräten für den größten Teil des Energieverbrauchs verantwortlich. Da die Geräte, die im Prototyp eingesetzt werden, nicht alle über eine Mobilfunkschnittstelle verfügen und die betrachteten Anwendungen (siehe Kapitel 4) eine solche nicht verwenden, wird die Mobilfunkschnittstelle im Rahmen dieses Kapitels nicht weiter betrachtet.

2. Erzeugen von Messpunkten, die aus einem Ressourcenbedarfsvektor und dem gemessenen Verbrauch während der Ausführung des Benchmark-Programms bestehen (das Benchmark-Programm selbst wird in Abschnitt 7.2.3.1 näher beschrieben). Hierzu wird der Stromfluss durch einen Messwiderstand, der in Serie mit dem Verbraucher geschaltet ist, bestimmt, während eine oder mehrere Ressourcen beansprucht werden. Der Aufwand, diese Messungen durchzuführen, fällt nur einmal pro Gerät an. Sei k die Anzahl an Messpunkten, c_j der gemessene Verbrauch während des Experimentes j mit $j \in [1, 2, ..., k]$, r_j der Ressourcenbedarfsvektor und m das bislang noch unbekannte und gesuchte Energiemodell. Dann kann durch jeden Durchlauf des Messexperimentes j eine Gleichung der folgenden Form aufgestellt werden:

$$\sum_i (r_{j,i} \cdot m_i) = c_j \tag{7.6}$$

   Dabei stellt $r_{j,i}$ die i-te Kompontente im Ressourcenbedarfsvektor r_j dar, der den zum gemessenen Verbrauch c_j gehörigen Ressourcenbedarf beschreibt.

3. Lösen des überbestimmten Gleichungssystems mit k Gleichungen aus den Ressourcenbedarfsvektoren und den zugehörigen Energieverbrauchswerten:

$$\begin{pmatrix} r_{1,1} & r_{1,2} & \dots & r_{1,n} \\ r_{2,1} & r_{2,2} & \dots & r_{2,n} \\ \dots & & & \\ r_{k,1} & r_{k,2} & \dots & r_{k,n} \end{pmatrix} \cdot \begin{pmatrix} m_1 \\ m_2 \\ \dots \\ m_n \end{pmatrix} = \begin{pmatrix} c_1 \\ c_2 \\ \dots \\ c_k \end{pmatrix} \tag{7.7}$$

   Eine Näherungslösung des Systems stellt ein Modell für den Verbrauch aller Ressourcen dar. Zur Lösung des überbestimmten linearen Gleichungssystems kann die Methode der minimalen Fehlerquadrate verwendet werden [138].

Eine Darstellung des Prozesses zur Entwicklung eines Models für konkrete Geräte ist im Abschnitt 7.2.3 gegeben.

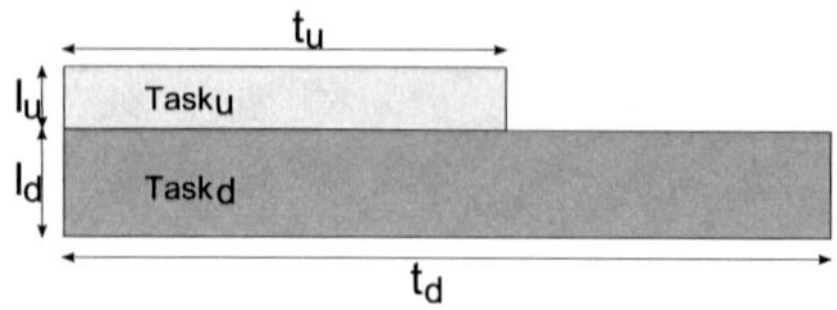

Abbildung 7.8 Fehlerhafte Energieschätzung bei scheinbar gleichzeitigem Zugriff mehrerer Tasks auf eine Ressource

7.2.2.2 Schätzung des Ressourcenbedarfsvektors zur Laufzeit

Nach der Erstellung eines Energiemodells für ein Gerät verbleibt die Aufgabe, den Ressourcenbedarfsvektor für einen Dienst zu ermitteln. Die Zeitspanne, für die eine bestimmte Ressource durch einen Dienst in Anspruch genommen wird, ist zur Entwicklungszeit des Dienstes nicht unbedingt vorhersehbar. Eine ganze Reihe externer Faktoren können diese Zeitspanne beeinflussen. So kann beispielsweise die Verbindungsqualität ein Einflussfaktor für die Zeit sein, die für die Übertragung einer gewissen Datenmenge über die Funkschnittstelle benötigt wird, oder eine Benutzereingabe maßgeblich für die Dauer eines Ressourcenzugriffs sein.

Daher zeichnet der Energieschätzer bei jeder Ausführung eines Dienstes auf, wie lange auf die einzelnen Ressourcen zugegriffen wird und speichert diese Daten. Das Messen der Zugriffsdauer auf eine Ressource ist auf jeder Java-Plattform zumindest in der Granularität von einer Millisekunde möglich. Aus den vorhergehenden Einträgen im Ressourcenbedarfsverlauf kann ein Ressourcenbedarfsvektor prognostiziert werden. Für die unterschiedlichen Ressourcen gibt es diverse Verfahren, die sich hinsichtlich Qualität der Prognose und des benötigten Aufwandes unterscheiden. Ein sehr einfach zu implementierender Ansatz bildet zum Beispiel das arithmetische Mittel aus den n letzten Einträgen (Moving Average). Speziell für die Ressource WLAN gibt es diverse anspruchsvollere Ansätze, die mit Methoden der *Linear Time Series Analysis* oder *Support Vector Machines (SVM)* Prognosen für den Durchsatz einer WLAN-Verbindung bieten [52, 70, 84, 123]. Da der Durchsatz bei einer gegebenen Datenmenge direkt in die Übertragungsdauer und damit den Ressourcenbedarfsvektor eingeht, können solche Methoden dazu beitragen, die Schätzung des Ressourcenbedarfsvektors zu verbessern.

So kann selbst in dem Fall, wenn ein Dienst bei der ersten Ausführung einen ungenauen Ressourcenbedarfsvektor r anbietet, der sein tatsächliches Verhalten nur unzulänglich abbildet, im Laufe der Zeit eine genauere Angabe gewonnen werden. Auch wenn beispielsweise durch eine schlechte Verbindungsqualität die Übertragungsdauer für eine bestimmte Datenmenge zunimmt, findet dieser Sachverhalt auf diesem Weg Eingang in zukünftige Energiebedarfsschätzungen.

7.2.2.3 Parallele Nutzung einer Ressource

Die Energieschätzung auf Applikationsebene ist empfindlich gegenüber Störeinflüssen, die vom Multitasking moderner Betriebssysteme für mobile Kommunikationsgeräte herrühren. Aus diesem Grund wird auf dem System, das zur Erstellung eines

Energiemodells untersucht wird, auf die Ausführung von Anwendungen verzichtet, die konkurrierend auf die Ressourcen des Gerätes zugreifen, soweit dies möglich ist. Jedoch kann auch die Ermittlung des Ressourcenbedarfsvektors durch parallel ausgeführte Anwendungen negativ beeinflusst werden:

Greifen mehrere Ausführungseinheiten, nachfolgend als Tasks bezeichnet, während einander überlappender Zeitintervalle auf eine Ressource zu, so kann hierdurch für diese Ressource ein fehlerhafter Eintrag im Ressourcenbedarfsvektor entstehen. Nachfolgend wird dies am Beispiel der WLAN-Schnittstelle diskutiert; sowohl das dargestellte Problem als auch der vorgestellte Lösungsansatz sind aber auch für die anderen betrachteten Ressourcen (Bildschirm, CPU, GPS) relevant. Die WLAN-Schnittstelle wurde explizit als Beispiel betrachtet, da an diesem Beispiel der allgemeinere Fall behandelt werden kann, dass eine Ressource von zwei Tasks in *unterschiedlichen Betriebsmodi* (Upload und Download) verwendet wird, die jeweils einen unterschiedlichen Energieverbrauch der Ressource mit sich bringen.

In diesem Beispiel wird ohne Beschränkung der Allgemeinheit angenommen, dass es sich um zwei Tasks handelt, die beide zeitgleich gestartet werden und die WLAN-Schnittstelle verwenden, der eine zum Up-, der andere zum Download von Daten. Ob diese Tasks zu einem Dienst oder zu verschiedenen Diensten gehören, spielt bei der folgenden Betrachtung keine Rolle. Dieser scheinbar zeitgleiche Zugriff auf eine Ressource ist in Abbildung 7.8 exemplarisch dargestellt.

Zwei Tasks, T_u und T_d werden ausgeführt. T_u nutzt die WLAN-Schnittstelle zum Upload von Daten, T_d zum Download von Daten. Der im Energiemodell hierfür hinterlegte Stromfluss ist I_u beziehungsweise I_d, die Zeit zwischen Beginn und Ende der Ressourcennutzung ist t_u beziehungsweise t_d. Der geschätzte Energieverbrauch verhält sich proportional zu der Fläche der beiden Rechtecke, die dem Produkt aus dem Stromfluss und der Zeit zwischen Beginn und Ende der Ressourcennutzung entspricht, wie aus Gleichung 7.8 ersichtlich ist.

$$W = U \cdot (t_1 \cdot I_1 + t_2 \cdot I_2) \tag{7.8}$$

Wenn der Ressourcenbedarf dieser Tasks lediglich aus den Start- und Endzeitpunkten ihrer Ausführung ermittelt wird, so beinhaltet der Ressourcenbedarfsvektor beider Tasks die vollständige Zeitspanne des Zugriffs auf die Ressource durch beide Dienste. Eine unter Umständen bestehende Überlappung der Intervalle t_u und t_d findet keine Berücksichtigung. Hierdurch entsteht eine Überschätzung des Energieverbrauchs, da der tatsächliche Stromfluss, und damit auch der tatsächliche Energiebedarf, bei der Ressourcenverwendung durch nebenläufig ausgeführte Programme vielmehr die Gestalt hat, wie es in Abbildung 7.9 idealisiert dargestellt ist: Koordiniert durch einen Scheduler des Betriebssystems, die Laufzeitumgebung oder eine gemeinsame Warteliste für Pakete werden die Tasks abwechselnd zur Ausführung gebracht. Die WLAN-Schnittstelle wird für die Dauer einer solchen Ausführungseinheit jeweils nur von einem Task verwendet.

Um diese Überschätzung zu korrigieren, kann bei einem überlappenden Zugriff auf eine Ressource durch nebenläufige Tasks der tatsächliche Ressourcenbedarf

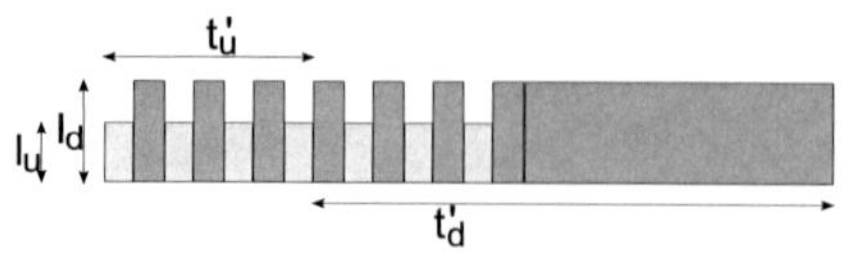

Abbildung 7.9 Tatsächlicher Zugriff auf mehrfach genutzte Ressource

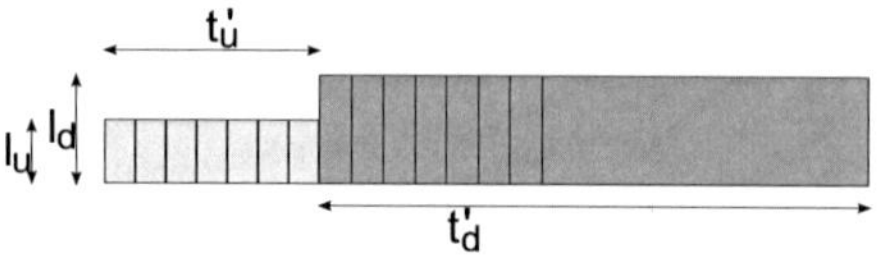

Abbildung 7.10 Verbesserte Energieschätzung bei parallelem Zugriff mehrerer Tasks auf eine Ressource durch Anpassung des Ressourcenbedarfsvektors

präziser bestimmt werden. Dazu wird die Zeit, in der mehrere Tasks abwechselnd auf eine Ressource zugreifen, gleichmäßig auf deren Ressourcenbedarfsvektoren verteilt. Dies ist sinnvoll, da ohne detaillierteres Wissen über den Scheduler des Betriebssystems und die auf die Ressource zugreifenden Tasks keine Grundlage für weitergehende Annahmen bezüglich der Verteilung der Nutzungszeit besteht. Für das gegebene Beispiel können der tatsächliche Ressourcenbedarf für den Upload t'_u und der tatsächliche Ressourcenbedarf für den Download t'_d wie folgt ermittelt werden.

$$t'_u = t_u - \frac{min(t_u, t_d)}{2} \tag{7.9}$$

und

$$t'_d = t_d - \frac{min(t_u, t_d)}{2} \tag{7.10}$$

Dies entspricht in einer bildlichen Darstellung der gleichmäßigen Aufteilung der Intervallüberlappung auf die beiden betroffenen Tasks wie dies in Abbildung 7.10 veranschaulicht ist. Eine Übertragung dieses Ansatzes für mehr als zwei Tasks ist analog möglich.

Wenn ein faires Scheduling-Verfahren zum Einsatz kommt, das für eine gleichmäßige Aufteilung der Überlappung auf alle beteiligten Tasks sorgt, kann somit der nebenläufige Ressourcenzugriff durch verschiedene Tasks gut behandelt werden. Dazu ist es notwendig, dass die Zeit, für die eine Ressource in Anspruch genommen wird, nicht nur mit einem skalaren Wert erfasst wird, sondern mit einem Intervall, das den Beginn und das Ende der Nutzung spezifiziert. Nur so kann eine nebenläufige Nutzung einer Ressource entdeckt und entsprechend behandelt werden.

Die Aufgabe, für eine gegebenes Intervall herauszufinden, ob mit einem Element einer Menge von Intervallen eine Überlappung besteht, ist unter Einsatz geeigneter Datenstrukturen in $\mathcal{O}(\log n)$ - also effizient - lösbar [57] (n ist hier die Anzahl der zu überprüfenden Intervalle). Aus einem solchen Vektor, der für jede Ressource

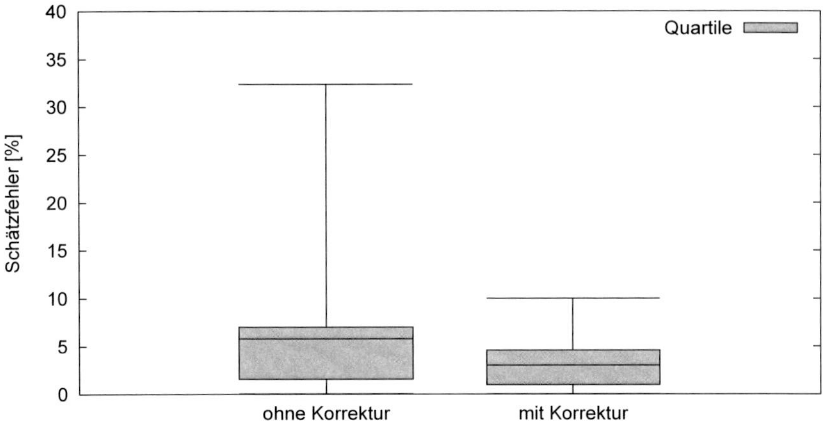

Abbildung 7.11 Schätzfehler bei gleichzeitigem Ressourcenzugriff mit und ohne Korrekturmaßnahmen

ein Intervall spezifiziert, in dem die Ressource benutzt wurde, kann durch das oben beschriebene Verfahren ein Ressourcenbedarfsvektor gebildet werden, der der Form in den Gleichungen 7.6 und 7.7 entspricht und für die Energieschätzung verwendet werden kann.

Abbildung 7.11 zeigt eindrücklich, wie diese Herangehensweise den entstehenden Schätzfehler für verschiedene Dienste, die auf dem Samsung Galaxy S Gerät ausgeführt werden, verkleinert. Es wurde jeweils durch zwei Tasks auf die WLAN-Schnittstelle zugegriffen und der Ressourcenbedarfsvektor einmal mit dem beschriebenen Vorgehen zur Korrektur und einmal ohne erzeugt. Mit Hilfe dieses Ressourcenbedarfsvektors wurde jeweils der Energiebedarf für die Diensterbringung geschätzt und dieser Schätzwert mit dem tatsächlichen, gemessenen Energiebedarf verglichen. Auf der y-Achse der Abbildung ist der relative Fehler einer Energiebedarfsschätzung in % abgetragen. In der Abbildung sind Mittelwert, unteres und oberes Quartil sowie Minimum und Maximum einer 230 Messungen umfassenden Messreihe abgebildet. Hierfür wurden aus 30 zufällig bestimmten Ressourcenbedarfsvektoren diejenigen ausgewählt, bei denen nebenläufig auf eine Ressource zugegriffen wurde (23 Stück). Jeder dieser Vektoren wurde zehn Mal als Eingabevektor für das Benchmark-Programm verwendet. Aus der Abbildung ist ersichtlich, dass bei Anwendung des beschriebenen Verfahrens zur Berücksichtigung paralleler Ressourcennutzung durch mehrere Tasks nicht nur der durchschnittliche Fehler kleiner ist, sondern auch besonders die extremen Ausreißer wirkungsvoll verhindert werden können.

7.2.3 Bestimmung des Energiemodells für konkrete Geräte

Für insgesamt drei mobile Kommunikationsgeräte, das Nokia N810, das HTC Touch Cruise und das Samsung Galaxy S wurde der beschriebene Ansatz zur Gewinnung

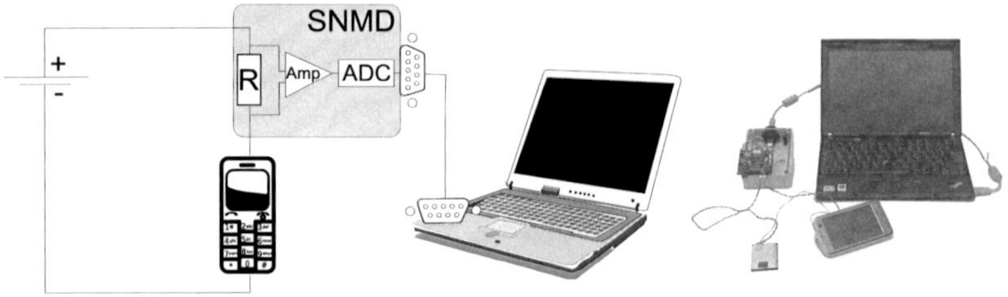

Abbildung 7.12 Schaltplan und tatsächlicher Aufbau der Messung zur Bestimmung des Energieverbrauchs

von Energieverbrauchsschätzungen exemplarisch durchgeführt. Diese Geräteauswahl wurde so getroffen, da es sich bei den Geräten um weitverbreitete Modelle handelt, die mit etablierten Betriebssystemen betrieben werden (Windows Mobile, Maemo Linux und Android). Beim Nokia N810 handelt es sich um ein Internet Tablet, beim HTC Touch Cruise um ein frühes Smartphone und beim Samsung Galaxy um eines der neueren Geräte dieser Kategorie. Der Versuchsaufbau, der verwendet wurde, um die Messpunkte zu gewinnen ist grundsätzlich vergleichbar mit ähnlichen Experimenten aus anderen wissenschaftlichen Arbeiten (zum Beispiel [72] und [66]).

Die Stromstärke wurde mittels eines Messwiderstandes gemessen, wie dies in Kapitel 2 erläutert wurde. Wie in Abbildung 7.12 gezeigt, ist der Messwiderstand, der Operationsverstärker (Amp) und der Analog-Digitalwandler (ADC) in ein Messgerät (Sensor Node Management Device, SNMD [100]) integriert. Die am Messwiderstand abfallende Spannung $U_R(t)$ wird von dem SNMD mit einer Frequenz von $f = 5\ kHz$ abgetastet und an einen PC übertragen, der über eine serielle Schnittstelle mit dem Messgerät verbunden ist. Unter Kenntnis des Messwiderstandes R und des gemessenen Spannungsabfalls $U_R(t)$ kann die Stromstärke $I(t)$ berechnet werden aus

$$I(t) = U_R(t)/R. \tag{7.11}$$

Mit einer bekannten Spannungsversorgung U_S kann der gesamte Energieaufwand während eines Intervalls $[t_1, t_2]$ dann mit folgendem Ansatz bestimmt werden:

$$W = \sum_{t=t_1}^{t_2} (U_S \cdot \frac{I(t)}{f}) \tag{7.12}$$

Da Beginn und Ende der Ressourcennutzung bekannt sein müssen, werden die Uhren des mobilen Kommunikationsgerätes und des für die Messaufzeichnung verwendeten PC synchronisiert. Hierfür wird das Network Time Protocol (NTP) verwendet. Der Zeitpunkt zu dem die Diensterbringung auf dem mobilen Gerät beginnt und endet wird mittels Zeitstempeln protokolliert. Somit ist es möglich, aus den aufgezeichneten Messwerten den Energieverbrauch für die Dienstbereitstellung zu ermitteln.

Gesamt	CPU1	CPU2	CPU3	CPU4	GPS	WLAN_UP	WLAN_DOWN	DISP_BR	DISP_DMD
16,906	0,0	14,84	0,93	1,41	0,0	0,0	0,0	0,0	0,0

Abbildung 7.13 Ergebnisvektor in der results.csv Datei, die vom Benchmark-Programm angelegt wird

7.2.3.1 Benchmark-Programm zur Ermittlung von Messpunkten

Um die für das Aufstellen der linearen Gleichungen benötigten Messpunkte zu erhalten, wurde ein Benchmark-Programm entwickelt. Mit Hilfe dieses Benchmark-Programms ist es möglich, einzelne Ressourcen (Bildschirm, WLAN, CPU, GPS) gezielt zu verwenden. Der Umfang der gewünschten Ressourcennutzung kann über Eingabeparameter des Benchmark-Programms spezifiziert werden. Dazu wird für jede Ressource angegeben, wie intensiv diese Ressource genutzt werden soll. Je nach Ressource kann dies eine Zeitangabe in Millisekunden sein, die angibt, wie lange mindestens auf die entsprechende Ressource zugegriffen werden soll, oder eine Dateigröße in Kilobyte, die spezifiziert, wieviel Daten über die Funkschnittstelle gesendet oder empfangen werden sollen. Die Dauer der tatsächlichen Ressourcennutzung wird in einem Ausgabevektor protokolliert. Um den notwendigen Implementierungsaufwand für die Portierung auf diverse Plattformen gering zu halten, wurde Java als Programmiersprache gewählt. Die Unterstützung des Zugriffs auf Hardware wie Display und GPS durch eine Java-API unterscheidet sich von Gerät zu Gerät. Darum muss der Code, der den Zugriff auf eine Ressource realisiert bei der Verwendung des Benchmark-Programms unter Umständen modifiziert werden. Die Ermittlung der Zugriffszeiten und das Erstellen einer entsprechenden Aufzeichnung kann jedoch übernommen werden.

Die Verwendung der einzelnen Ressourcen wurde in Threads gekapselt, die je nach der Leistungsfähigkeit der ausführenden Plattform sequentiell oder nebenläufig ausgeführt werden können. Eine Sonderrolle in der Menge der nutzbaren Ressourcen spielt die CPU. Diese Ressource wird zwangsläufig nicht nur durch den Thread verwendet, der die CPU-Auslastung steuert, sondern auch durch die Ausführung aller anderen Threads. Dadurch kam es für die CPU zum Teil zu relevanten Abweichungen zwischen dem Eingabevektor, der sozusagen eine untere Schranke der Belastung darstellt, und dem Ausgabevektor. Für die Bildung der linearen Gleichungen wurde der Ausgabevektor auf dem mobilen Gerät abgespeichert.

In Abbildung 7.13 ist ein Ergebnisvektor dargestellt, wie er auf dem Gerät abgespeichert wurde. Die Werte in den einzelnen Spalten geben an, wie lange (in Sekunden) die einzelnen Ressourcen genutzt wurden. Hier gibt die erste Spalte die Laufzeit der gesamten Anwendung wieder, die folgenden vier Spalten geben an, wie lange der Prozessor in den vier Taktungen betrieben wurde, die folgenden Spalten geben die Nutzungszeit für das Display, das GPS und für den Down- beziehungsweise Upload mittels WLAN wieder. Ein solcher Ergebnisvektor des Benchmark-Programms entspricht einer Zeile in der Matrix des zu lösenden linearen Gleichungssystems in wie es in Gleichung 7.7 dargestellt ist.

```
165000  1108
266000  0
330000  551
400000  11347
```

Abbildung 7.14 Statistik über Rechenzeit in verschiedenen Taktzuständen: Die erste Spalte gibt die Taktfrequenz in Hertz an, die zweite Spalte die Zeit, die mit dieser Frequenz gerechnet wurde in $\frac{1}{100}$Sekunden

Die notwendigen Anpassungen und Weiterentwicklungen, die für dieses Benchmark-Programm notwendig waren, um sie für die Geräte HTC Touch Cruise mit Windows Mobile und Samsung Galaxy S mit Android zu verwenden, wurden ausführlich von Sahin [140] und Pfrang [131] dokumentiert, und werden hier nicht weiter ausgeführt.

7.2.3.2 Energiemodell für das Nokia N810 Gerät

Die CPU des Nokia N810 kann in vier unterschiedlichen Taktfrequenzen arbeiten. Das Betriebssystem des Gerätes (Maemo Linux) unterstützt sogenanntes Dynamic Frequency Scaling (DFS), das heißt die Frequenz, mit der die CPU getaktet wird, wird dynamisch der Auslastung des Gerätes angepasst. Da die CPU bei einer höheren Taktung signifikant mehr Energie verbraucht, muss dieser Umstand in die Modellierung des Energieverbrauchs einfließen. Auch für die Funkschnittstelle (WLAN) kann grundsätzlich unterschieden werden, ob Daten versendet oder empfangen werden und den werksseitigen Voreinstellungen des Betriebssystems gemäß kann der Bildschirm entweder mit heller Hintergrundbeleuchtung oder mit abgeschwächter Hintergrundbeleuchtung betrieben werden.

Ein Ressourcenbedarfsvektor r für dieses Gerät besteht also aus zehn Komponenten: der Grundlast, CPU1, CPU2, CPU3, CPU4, WLAN_tx, WLAN_rx, GPS, Bildschirm_hell und Bildschirm_dunkel. Der Ressourcenbedarf wird ermittelt indem die Zeit bestimmt wird, die jede dieser Ressourcen beansprucht wird. Für alle Ressourcen außer CPU1, ..., CPU4 geschieht dies, indem das Benchmark-Programm die Zeit vom Beginn der Ressourcenverwendung bis zum Ende der Ressourcenverwendung misst und dokumentiert. Für die vier CPU-Zustände wird die dafür angebotene Schnittstelle des Maemo-Linux Betriebssystems verwendet. In der Linux-Systemdatei `/sys/devices/system/cpu/cpu0/cpu-freq/stats/time_in_state` wird aufgezeichnet wieviel Zeit in den einzelnen Taktungszuständen gerechnet wurde. Die Granularität dieser Angabe ist für die beschriebenen Zwecke hinreichend genau. Abbildung 7.14 zeigt beispielhaft den Inhalt dieser Datei zu einem bestimmten Zeitpunkt. Durch eine einfache Subtraktion der Werte vor Beginn und nach Beendigung des Dienstes kann ermittelt werden, wieviel Rechenzeit in den einzelnen Zuständen verbracht wurde und somit, wie groß der tatsächliche Bedarf an der Ressource war.

Das in Abschnitt 7.2.3.1 beschriebene Benchmark-Programm wurde insgesamt mit zehn unterschiedlichen Eingabevektoren parametrisiert. Dadurch konnte jeweils eine der zehn Komponenten des Ressourcenbedarfsvektors r möglichst stark gewichtet werden. Mit jedem dieser zehn Eingabevektoren wurden insgesamt zehn

Ressource	Zustand	Strom [mA]
Grundverbrauch	WLAN im Ad-Hoc-Modus, idle	100
CPU	Frequenzstufe 1	14
CPU	Frequenzstufe 2	38
CPU	Frequenzstufe 3	49
CPU	Frequenzstufe 4	106
WLAN	Senden	6
WLAN	Empfangen	21
GPS	An	25
Bildschirm	Hell	64
Bildschirm	Abgedunkelt	16

Tabelle 7.2 Energiemodell des Nokia N810 Internet Tablet

Messungen durchgeführt. So wurden 100 Gleichungen aufgestellt, die die Form von Gleichung 7.6 haben. Um eine Näherungslösung für dieses überbestimmte Gleichungssystem zu erhalten wurde das Programm SciLab [48] mit einem Löser für das LSQ-Problem (Least Squares) verwendet.

Um zu verhindern, dass der Algorithmus Näherungslösungen ermittelt, die zwar einen kleinen Fehler für die gegebenen Gleichungen liefern, aber dafür negative Koeffizienten als Ergebnis bereitstellen, wurden die resultierenden Gleichungssysteme in mehreren Schritten gelöst. Das heißt, die Lösungen für eine Teilmenge der Gleichungen wurde in die verbleibenden Gleichungen eingesetzt bevor diese in einem nächsten Schritt dem Löser übergeben wurden. Somit wurde gewissermaßen die Reihenfolge, in der die Gleichungen bearbeitet wurden, kontrolliert. Das Energiemodell m das durch diesen Prozess entwickelt wurde ist in Tabelle 7.2 dargestellt.

Wenn das Nokia N810 eingeschaltet ist und die WLAN-Funkschnittstelle im Ad-Hoc-Modus konfiguriert ist, aber die CPU nicht belastet wird, das GPS ausgeschaltet ist und die Hintergrundbeleuchtung des Bildschirms ausgeschaltet ist, beträgt der Grundverbrauch des Gerätes 100 mA. Jeder Zugriff auf eine Ressource während der Ausführung eines Dienstes wird die Stromstärke für die Dauer des Zugriffs um den jeweiligen in der Tabelle aufgeführten Betrag erhöhen. Auffallend ist, dass die hier angegebenen Werte größer sind als die in Abbildung 7.6 dargestellten Verbrauchswerte für die gleichzeitige Nutzung verschiedener Ressourcen. Dies ist darauf zurückzuführen, dass für die Messungen, die der Abbildung 7.6 zu Grunde liegen, das WLAN im Infrastrukturmodus betrieben wurde, während für die Messungen, auf denen das Energiemodell basiert, das WLAN im Ad-Hoc-Modus betrieben wurde, da dies die für den betrachteten Anwendungsfall plausiblere Nutzungsform darstellt. Im Infrastrukturmodus kommt ein Energiesparmodus zum Einsatz, der für den geringeren Energiebedarf verantwortlich ist.

7.2.3.3 Energiemodell für das HTC Touch Cruise Gerät

Ebenso wurde ein Modell für das HTC Touch Cruise Mobiltelefon erstellt, das mit Windows Mobile als Betriebssystem verwendet wird. Da das Betriebssystem keinen

Ressource	Zustand	Strom [mA]
Grundverbrauch	WLAN im Ad-Hoc-Modus, idle	137
CPU	belastet	16
WLAN	Senden	28
WLAN	Empfangen	8
GPS	An	64
Bildschirm	Hell	27

Tabelle 7.3 Energiemodell des HTC Touch Cruise Mobiltelefons

Einblick in die Taktung der CPU gewährt, war die Unterteilung der CPU in mehrere logische Ressourcen nicht möglich. Das resultierende Energiemodell für das HTC Touch Cruise ist in Tabelle 7.3 abgebildet. Auffallend ist der im Vergleich zum Nokia N810 und Samsung Galaxy niedrige Verbrauchswert für die CPU. Dies lässt sich dadurch erklären, dass die beiden anderen Geräte die CPU im Ruhezustand in einem Energiesparmodus mit reduzierter Taktfrequenz betreiben (wodurch sich auch der deutlich geringere Grundverbrauch dieser beiden Geräte erklärt). Wird die CPU belastet, so bewegt sich der Verbrauch (Grundverbrauch zuzüglich Verbrauchswert für die CPU) des HTC Touch Cruise (153 mA) in einem durchaus vergleichbaren Bereich wie der des Nokia N810 (149 mA in Frequenzstufe 3) und der des Samsung Galaxy (181 mA in Frequenzstufe 4).

7.2.3.4 Energiemodell für das Samsung Galaxy S Gerät

Beim dritten Gerät für das ein Energiemodell entwickelt wurde, handelt es sich um ein Samsung Galaxy S Smartphone. Das verwendete Betriebssystem des Smartphones ist Android. Das Energiemodell deckt wiederum die gleichen Ressourcen ab, die auch schon von den beiden vorhergehend beschriebenen Modellen berücksichtigt werden: CPU, WLAN, Bildschirm und GPS. Die CPU kann in fünf verschiedenen Frequenzen getaktet werden. Die Verbrauchswerte für das sich daraus ergebende Modell sind in Tabelle 7.4 dargestellt. Als Besonderheit ist zu beachten, dass das Samsung Galaxy S über einen Bildschirm verfügt, der die Super AMOLED Technologie verwendet. Der Energieverbrauch dieser Art von Bildschirm hängt stark davon ab, welche Farben auf dem Bildschirm dargestellt werden. Für die Gewinnung der Messpunkte wurde darum ein Bildschirmfoto als Bildschirminhalt dargestellt, auf dem der in den Werkseinstellungen vorkonfigurierte Bildschirmhintergrund des Gerätes zu sehen ist (siehe Abbildung 7.15). Dies stellt eine realistischere Voraussetzung für die Messungen als ein monochromatischer Bildschirminhalt dar.

7.3 Bewertung

Im Blickpunkt einer Bewertung des dargestellten Ansatzes zur Energieverbrauchsschätzung von Diensten steht vor allem die Genauigkeit des Schätzers. Um die Qualität des Schätzprozesses nachzuweisen, wurde eine umfangreiche Vergleichsstudie angefertigt, in der die Prognosen des Energieschätzers auf allen drei zur Verfügung stehenden Geräten mit dem tatsächlich gemessenen Energieverbrauch verglichen werden.

Ressource	Zustand	Strom [mA]
Grundlast	WLAN im Ad-Hoc-Modus, idle	47
CPU	Frequenzstufe 1	20
CPU	Frequenzstufe 2	30
CPU	Frequenzstufe 3	46
CPU	Frequenzstufe 4	53
CPU	Frequenzstufe 5	134
WLAN	Senden	68
WLAN	Empfangen	25
GPS	An	24
Bildschirm	Hell, Standard Desktop	57

Tabelle 7.4 Energiemodell des Samsung Galaxy S Mobiltelefon

Abbildung 7.15 Hintergrundbild für Strommessungen beim Samsung Galaxy S Gerät

7.3.1 Genauigkeit des Energieschätzers

Für den Vergleich von Mess- und Schätzwerten fand abermals das in Kapitel 7.2.3.2 erwähnte Benchmark-Programm Verwendung. Es wurde mit 30 zufälligen Eingabevektoren konfiguriert, die 30 zufällige Dienste darstellen und kam pro Eingabevektor zehnmal zur Ausführung, was zehn Dienstausführungen entspricht. In allen 300 Durchläufen wurde sowohl der Schätzwert basierend auf dem Energiemodell und dem aufgezeichneten Ressourcenbedarfsvektor als auch der gemessene Energieverbrauch aufgezeichnet. Für die Messung wurde ein Aufbau wie in Kapitel 7.2 beschrieben verwendet.

Ein in anderen Arbeiten gebräuchlicher Wert zur Beurteilung der Güte eines Schätzers ist die sogenannte Approximationsdiskrepanzwurzel (*engl. Root Mean Square Error of Approximation, RMSEA*), die für einen Vektor von n Schätzwerten

$$\Theta = \begin{bmatrix} x_1 \\ x_2 \\ \vdots \\ x_n \end{bmatrix}$$

und einen Vektor von Messwerten

$$\widehat{\Theta} = \begin{bmatrix} \widehat{x_1} \\ \widehat{x_2} \\ \vdots \\ \widehat{x_n} \end{bmatrix}$$

wie folgt berechnet wird.

$$RMSEA(\Theta) = \sqrt{\sum_{i=1}^{n} \frac{(x_i - \widehat{x_i})^2}{n}} \tag{7.13}$$

7.3.1.1 Nokia N810

Abbildung 7.16 zeigt die kumulative Verteilungsfunktion (CDF) des relativen Schätzfehlers für das Nokia N810. Der relative Schätzfehler bezeichnet dabei die Abweichung von Schätz- zu Messwert relativ zum gemessenen Wert. Auf der y-Achse des Graphen ist abzulesen, welcher Anteil aller Energiebedarfsschätzungen einen relativen Schätzfehler haben, der kleiner als der zugehörige x-Wert ist. Die wichtigste Schlussfolgerung aus diesem Vergleich von tatsächlichem Energieverbrauch und geschätztem Energieverbrauch ist, dass der Energieschätzer in der Lage ist, in mehr als 88 % aller Fälle eine Schätzung mit weniger als 5 % relativem Fehler zu liefern. Der RMSEA beträgt 4,37 %. Dies ist vor allem hinsichtlich der Tatsache, dass diese Schätzung auf Anwendungsebene erfolgt und keine Interna des Betriebssystems verwendet wurden, ein sehr gutes Resultat.

In [72] wird zwar der Energieverbrauch einer Prozedur genauer ermittelt (innerhalb 3 % Abweichung vom tatsächlichen Wert), es sollte aber beachtet werden, dass hierfür ein weitaus größerer Aufwand notwendig ist: Für jede einzelne Anwendung muss man den Energieverbrauch ermitteln und dafür umfangreiche Messungen vornehmen. Dagegen wurde bei dem hier verwendeten Vorgehen ein generisches Modell für das Gerät erstellt, das dann für diverse Dienste Verwendung findet.

Die relative Abweichung zwischen Mess- und Schätzwerten selbst wird in Abbildung 7.17 dargestellt. Auf der y-Achse ist der relative Fehler des Schätzwertes in Bezug zum tatsächlich gemessenen Energieverbrauch in Prozent abgetragen. Die x-Achse gibt die Nummer des Experimentdurchlaufs an, in dem der Schätzfehler

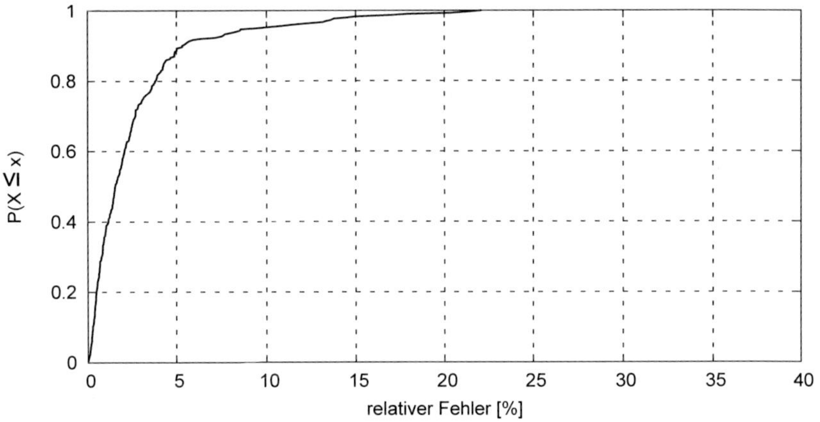

Abbildung 7.16 Kumulative Verteilungsfunktion (CDF) des relativen Schätzfehlers für das Energiemodell des Nokia N810 Internet Tablet

bestimmt wurde. Ein Fehler mit Betrag größer Null weist darauf hin, dass der Energieschätzer den Energieverbrauch überschätzt hat, während ein Betrag kleiner Null zeigt, dass tatsächlich mehr Energie aufgewendet wurde als der Energieschätzer geschätzt hat. Für die gravierende Abweichung zwischen Mess- und Schätzwert, die in einigen Läufen zu konstatieren ist, gibt es mehrere Gründe:

Zum einen ist das auf dem Nokia N810 eingesetzte Betriebssystem Maemo Linux ein Betriebssystem das Multitasking also die gleichzeitige Ausführung mehrerer Programme unterstützt. Somit ist es möglich, dass die Ausführung von Systemdiensten den Energieverbrauch des Gerätes erhöht, ohne dass diese im Ressourcenbedarfsvektor des zugleich ausgeführten Dienstes berücksichtigt sind. Dies ist eine plausible Erklärung für die drei auffallenden Durchläufe in denen der Energiebedarf um etwa 20 % unterschätzt wurde (Durchlauf 11, 109, 187). Des weiteren wird der Ressourcenbedarfsvektor aus den tatsächlich beanspruchten Ressourcen des Dienstes gebildet. Die Zeit, die die CPU in den verschiedenen Taktungszuständen verbringt wird dabei durch Statistiken des Betriebssystems zur Verfügung gestellt. Diese Daten sind zum Teil nicht exakt und verfälschen somit auch den Schätzwert, der ja maßgeblich auf dem Ressourcenbedarfsvektor beruht. Hierauf kann die massive Überschätzung des Energiebedarfs um 22 % im Durchlauf 57 zurückgeführt werden. In diesem Durchlauf gab das Betriebssystem an, dass die CPU in 68 % der Rechenzeit mit der höchsten Taktung betrieben wurde. Bei allen 9 anderen Durchläufen mit der gleichen Parametrisierung des Benchmark-Programms (bei denen ein Schätzfehler von maximal 1,2 % zu konstatieren ist) wurde die CPU lediglich etwa 18 % der Zeit mit der energieintensivsten Taktung betrieben. Dies legt den Schluss nahe, dass im Durchlauf 57 die vom Betriebssystem bereitgestellte Statistik Ursache der Fehlschätzung ist. Somit sind Ansätze zur genaueren Bestimmung des Ressourcenbedarfsvektors auch mögliche Ansatzpunkte für eine zukünftige Verbesserung der Schätzgenauigkeit. So

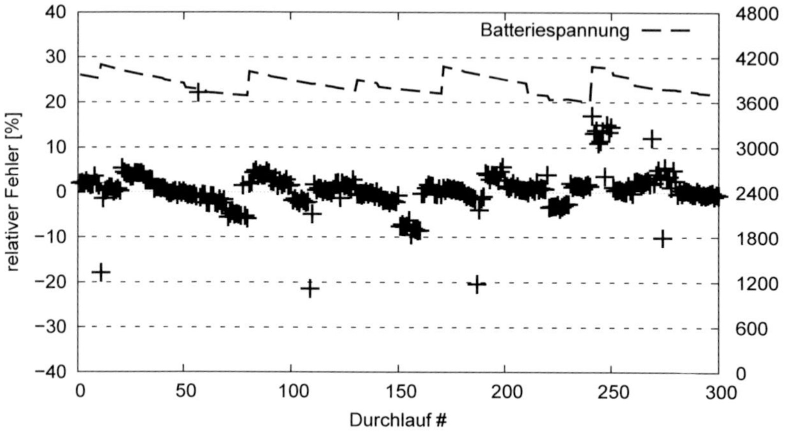

Abbildung 7.17 Relativer Schätzfehler von 300 Testmessungen mit 30 Eingabevektoren für das Energiemodell des Nokia N810 Internet Tablet

können Ressourcenbedarfsvektoren einer Plausibilitätsanalyse unterzogen werden und bei Bedarf mit Hilfe einer Verlaufsaufzeichnung vorhergehender Dienstaufrufe korrigiert werden.

Die Vermutung, dass der abnehmende Schätzfehler in den Durchläufen 20 - 80, 80 - 100 und 120 bis 150 durch eine abnehmende Batteriespannung und damit eine abnehmende Stromstärke verursacht ist, wurde durch einen Vergleich mit der bei den Durchläufen protokollierten Spannungswerten der Batterie untersucht. In Abbildung 7.17 ist auch die jeweils anliegende Spannung in mV (rechte y-Achse) dargestellt. Der Verlauf der Batteriespannung scheint mit dem Messfehler teilweise zu korrelieren. Es gibt allerdings auch mehrere Anhaltspunkte, die gegen eine solche Interpretation der Ergebnisse sprechen. So gibt es einige Durchläufe (zum Beispiel 11-20 und 171-190) in denen die Spannung sehr hoch, der Schätzfehler abgesehen von den bereits diskutierten Ausreißern (Durchläufe 11 und 187) aber sehr gering - im Mittel unter 1 % - ist. Es ist davon auszugehen, dass falls ein Zusammenhang zwischen Versorgungsspannung und Schätzfehler besteht, dieser auch noch von den insgesamt 30 unterschiedlichen Parametrisierungen des Benchmark-Programms überlagert wird. Eine weitergehende Untersuchung, ob hier tatsächlich ein Zusammenhang zwischen der abnehmenden Batteriespannung und der Güte der Energieschätzung besteht, verbleibt für zukünftige Arbeiten.

7.3.1.2 HTC Touch Cruise

Die Abbildungen 7.18 und 7.19 zeigen, dass das Energiemodell für das HTC Touch Cruise Mobiltelefon nicht genauso akkurat ist, wie das Energiemodell für das Nokia N810 Internet Tablet. Die CDF verläuft deutlich flacher als die für das N810. Nur 54.6 % aller Schätzer haben eine Abweichung von 5 % oder weniger bezüglich des gemessenen Energieverbrauchs. Der RMSEA beträgt 5,5 % und liegt damit

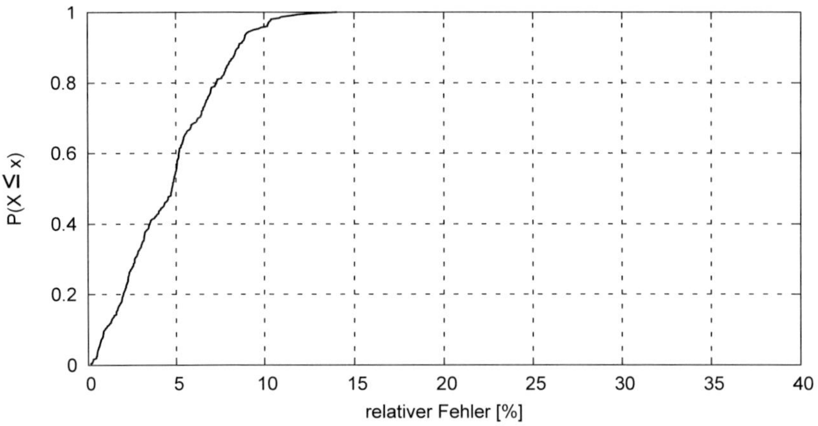

Abbildung 7.18 Kumulative Verteilungsfunktion des relativen Schätzfehlers für das Energiemodell des HTC Touch Cruise Mobiltelefon

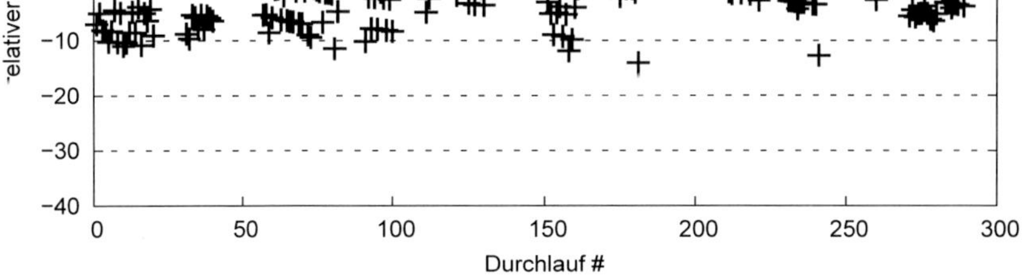

Abbildung 7.19 Relativer Schätzfehler von 300 Testmessungen mit 30 Eingabevektoren für das Energiemodell des HTC Touch Cruise Mobiltelefon

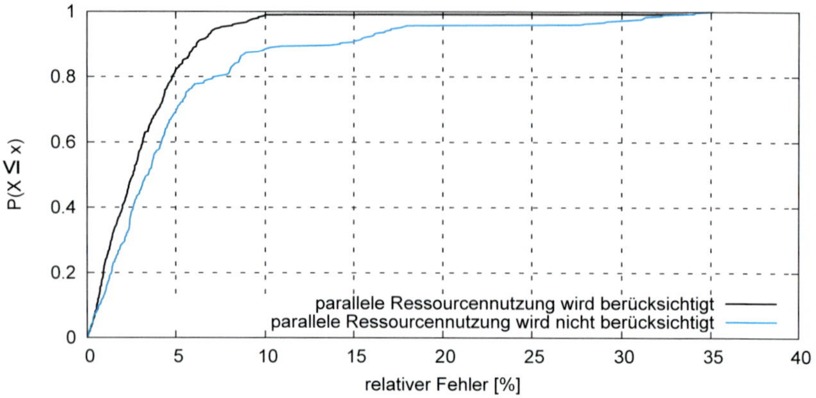

Abbildung 7.20 Kumulative Verteilungsfunktion des relativen Schätzfehlers für das Energiemodell des Samsung Galaxy S Mobiltelefon

ebenfalls über dem Wert des N810. Aber, wie beim Energiemodell für das Nokia N810 wird für etwa 90 % aller Schätzungen ein Fehler von weniger als 10 % erreicht. Abbildung 7.19 zeigt, dass im Vergleich zu den Schätzungen für das Nokia N810 die Abweichung grundsätzlich größer ist. Dafür sind die schlimmsten Ausreißer nicht so gravierend. Dies ist darauf zurückzuführen dass Maemo Linux einen deutlich präziseren Einblick in die Nutzung der CPU von der Anwendungsebene aus gestattet, was sich vorteilhaft für die Qualität des Energieschätzers auswirkt.

7.3.1.3 Samsung Galaxy S

Die Abbildungen 7.20 und 7.21 zeigen die Ergebnisse der Auswertung für das Samsung Galaxy S Smartphone. Die CDF für den Schätzfehler des Energiemodells verläuft deutlich steiler als die zum HTC gehörige. Die somit bessere Schätzleistung ist abermals durch das Vorhandensein von Informationen zur Prozessortaktung zu erklären. Um die Auswirkungen des in Abschnitt 7.2.2.3 dargestellten Verfahrens zur Berücksichtigung paralleler Ressourcennutzung zu verdeutlichen sind in den Abbildungen 7.20 und 7.21 jeweils in blau die CDF und der relative Schätzfehler eingetragen, die entstehen, wenn die parallele Ressourcennutzung nicht berücksichtigt wird. Es ist deutlich zu sehen, das sich der Schätzfehler für fast alle Parametrisierungen des Benchmark-Programmes deutlich verringert, wenn das Verfahren angewendet wird. Nur für die Durchläufe 271-280 ist der Schätzfehler bei Anwendung des Verfahrens größer als ohne.

Unter Berücksichtigung paralleler Ressourcennutzung bei der Energieschätzung ist das Energiemodell für dieses Gerät nicht ganz so genau, wie das für das Nokia N810 aber sichtbar genauer als das Modell für das HTC Touch Cruise. 66.6 % aller Schätzwerte differieren 5 % oder weniger vom tatsächlich gemessenen Verbrauch; der RMSEA beträgt 5,05 %, damit liegt die Güte des Modells zwischen der des Modells für das N810 und der des Modells für das HTC Touch Cruise. Bei der Marke

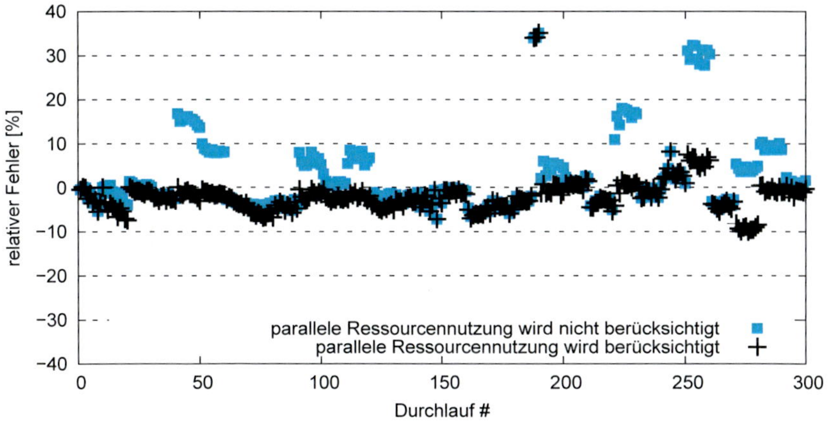

Abbildung 7.21 Relativer Schätzfehler von 300 Testmessungen mit 30 Eingabevektoren für das Energiemodell des Samsung Galaxy S Mobiltelefon

von höchstens 10 % Abweichung vom Messwert bietet das Modell eine mit den beiden zuvor vorgestellten Modellen vergleichbare Qualität: etwa 90 % der Mess- und Schätzwerte erfüllen dieses Kriterium.

Unter den insgesamt 300 Auswertungsläufen finden sich drei Ausreißer die anzeigen, dass der Schätzwert sehr weit vom gemessenen Energieverbrauch abweicht (Durchläufe 188-190). Eine Analyse der Ressourcenbedarfsvektoren in diesen drei Durchläufen ergab keine nennenswerten Anomalien. Ein Versuch, dieses Phänomen zu reproduzieren schlug fehl. Somit muss konstatiert werden, dass der Schätzer in seltenen Fällen schlechte Schätzergebnisse liefert, weil das Gerät unvorhersehbar deutlich weniger Energie verbraucht als als durch das Modell prognostiziert wird. Diese mangelnde Genauigkeit in seltenen Fällen wird aber bei weitem durch die breite Anwendbarkeit des Verfahrens im Vergleich zu anderen Ansätzen und den beschränkten Aufwand der Herangehensweise aufgewogen.

7.4 Verwandte Arbeiten

Ein grundlegender Ansatz für die Konzeption energiebewusster Anwendungen ist es, den Energieverbrauch einer Anwendung unter Laborbedingungen zu ermitteln oder als Teil des Entwicklungsprozesses durch sogenanntes *Profiling* Kenngrößen, die Einfluss auf den Energieverbrauch haben, zu ermitteln. Solche Kenngrößen können zum Beispiel Aufrufe bestimmter Prozeduren, API-Aufrufe des Betriebssystems oder Zählerstände bestimmter Ereigniszähler sein. Beispiele für solche Konzepte sind unter anderen *PowerScope* [72] und sogenanntes *Event Driven Energy Accounting* [37]. PowerScope erzeugt ein Energieprofil für jede Funktion einer Anwendung. Dazu wird mit einem Oszilloskop der Stromfluss während der Ausführung der Funktion aufgezeichnet und zugleich mittels einer als Treiber implementierten Monitorkomponente aufgezeichnet, welcher Prozess ausgeführt wird. Nachträglich wird mittels eines Analyseprogramms der Energieverbrauch den jeweiligen Prozessen zugeordnet. Dies bedeutet, dass jede zu untersuchende Anwendung mit jeder Zielplattform unter Laborbedingungen untersucht werden muss.

Diese Methoden eignen sich gut für die Untersuchung des Energieverbrauchs einer Anwendung zur Entwicklungszeit, jedoch nicht, um zur Laufzeit den Energiebedarf eines beliebigen Dienstes abzuschätzen. PowerScope [72] zielt darauf ab, dem Entwickler einer Applikation ein Werkzeug zur Verfügung zu stellen, mit dem er die Energieverbrauchscharakteristik dieser Anwendung auf einem bestimmten Gerät untersuchen kann. Darüber hinaus besteht der Systemmonitor des PowerScope-Systems aus einem Gerätetreiber, der stark von dem zu untersuchenden Gerät abhängt.

Chameleon [116] widmet sich der Energieverwaltung auf Anwendungsebene um keine Abhängigkeit zu bestimmter Hardware oder Betriebssystemen aufzubauen. Allerdings betrachtet Chameleon ausschließlich den Energieverbrauch einer bestimmten Ressource (CPU).

Die Verwendung von linearer Regression zur Entwicklung eines Energiemodells aus den erfassten Daten ist weit verbreitet. Sie wird unter anderem in PowerTutor [166], Sesame [64] sowie in den Arbeiten von Cignetti et al. [55], Gurun et al. [85], Ellis et al. [66] und Bellosa et al. [37] angewendet. Ein wesentlicher Unterschied besteht jedoch in der Gewinnung der Daten, die in die Gleichungen für die lineare Regression eingehen. Ein Zugriff auf Ereigniszähler des Prozessors beziehungsweise des Betriebssystems, wie in [37] sorgt für eine enge Bindung an eine bestimmte Plattform aus Hardware und Betriebssystem. Das gleiche gilt für die Aufzeichnung von System Calls des Betriebssystems mit Hilfe eines modifizierten Betriebssystem-Images wie von Pathak et al. [130] vorgeschlagen. Im Gegensatz zu solch hardware- und betriebssystemspezifischen Ansätzen sind alle Informationen, die von dem in dieser Arbeit vorgestellten Benchmark-Programm gesammelt werden, frei zugänglich. Weder eine Modifikation des Betriebssystems noch die Gewährung besonderer Ausführungsprivilegien für das Benchmark-Programm sind vonnöten.

Bordeigene Mittel, die manche mobilen Kommunikationsgeräte zum Energiemanagement mitbringen (zum Beispiel ACPI [13] für x86-basierte Laptops) sind zum einen nicht flächendeckend für die verschiedenen Hardwareplattformen verfügbar, zum anderen erfordert der oftmals nur wenige Milliwatt umfassende Leistungsbedarf einzelner Funktionsaufrufe sehr präzise Messtechniken, die die in die mobilen Kommunikationsgeräte integrierten Fähigkeiten übersteigen. Sollte in Einzelfällen das Betriebssystem eine Schnittstelle für präzises Energy-Accounting bieten, so können diese Informationen durch entsprechende Wrapper in das vorgestellte Framework einfließen. Bei den drei vorliegenen Geräten war dies jedoch nicht der Fall.

Die erzielte Genauigkeit für die Energieschätzung ist, wie die Auswertung in Abschnitt 7.3 zeigt, im allgemeinen geringer als die mit PowerScope [72] erreichbare, jedoch für die in Kapitel 5 und 6 dargelegten Zwecke ausreichend.

Bei dem hier vorgestellten Verfahren wird die eigentliche Bestimmung des Energieverbrauches zur Laufzeit, sozusagen *online*, durchgeführt. Nur das hierzu verwendete

Modell wird einmalig pro Gerät im Vorab mit Hilfe eines Messaufbaus bestimmt. Ähnliche Verfahren werden von Kellner [99], Cignetti [55] und Ellis [66] verwendet. Maßgebliche Unterschiede zu diesen Ansätzen bestehen zum einen darin, dass die hier gezeigte Lösung mit Blick auf den gewünschten Einsatz auf verschiedenen Geräten entwickelt wurde und zum anderen, dass die Energieschätzung keine Eingriffe ins Betriebssystem erfordert. Auch der Zugriff auf CPU-Statistiken erfordert keine Modifikationen des Betriebssystems. Die genannten Arbeiten dagegen zielen stark auf eine bestimmte Plattform (Sensorknoten mit TinyOS bzw. Palm) und benötigen zum Teil Modifikationen des Betriebssystems.

Die Modellierung der einzelnen Ressourcen in den Arbeiten von Kellner [99, 100] sind umfangreicher als die hier vorgestellten. So wird für jede Ressource eine Zustandsmaschine entwickelt, die nicht nur den Energieverbrauch in bestimmten Zuständen erfasst sondern darüber hinaus auch die Kosten für Zustandsübergänge abbildet. Hierauf wurde in dieser Arbeit bewusst verzichtet, da der Energieaufwand für den Zustandswechsel, zum Beispiel für die Bearbeitung des Befehls, die Bildschirmbeleuchtung anzuschalten, sehr gering ist im Vergleich zum Energieverbrauch, der im Zustand (hier: *Bildschirmbeleuchtung an*) anfällt. Stattdessen wurden hier für jede der logischen Ressourcen nur zwei mögliche Zustände betrachtet (*wird verwendet* oder *wird nicht verwendet*) und der Energieverbrauch für den Zustandswechsel sozusagen in den Verbrauch des jeweiligen Zustandes eingepreist. Auch dies wirkt sich nachteilig auf die erreichbare Genauigkeit aus, trägt aber wesentlich dazu bei, dass der hier vorgestellte Ansatz weitgehend ohne starke Annahmen bezüglich der Geräte- und Betriebssystemplattform und ohne komplexe Anforderungen an den Anwendungsprogrammierer auskommt.

Jüngere Ansätze wie die von Dong et al. [64] und Gurun et al. [85] beruhen auf adaptiven Energiemodellen, die sich durch Feedback zur Laufzeit an neue Gegebenheiten anpassen können. Dies birgt das Potential für eine Verbesserung der Energiebedarfsschätzung. Allerdings beruhen die Mechanismen zur Gewinnung des notwendigen Feedbacks auf bestimmten Batterieschnittstellen, sogenannten *smart battery interfaces* und Geräten zur Batterieüberwachung, die zum einen nicht auf jedem mobilen Gerät verfügbar sind, zum anderen Daten von sehr unterschiedlicher Qualität liefern. So bietet zum Beispiel das im Rahmen dieser Arbeit betrachtete Nokia N810 Internettablet keine Batterieschnittstelle, die Zugriff auf die Stromstärke bietet. Für Geräte, die mit entsprechenden Schnittstellen ausgestattet sind, können diese Ansätze jedoch zur weiteren Verbesserung der Energieschätzung verwendet werden.

Ein weiterer Nachteil der adaptiven Bestimmung von Energiemodellen ist der große Rechenaufwand, der für die wiederholte Berechnung des Modells anfällt. So wird die Rechenzeit für die lineare Regressionsrechnung und die verwendete Hauptkomponentenanalyse (PCA) des Sesame Systems [64] auf einem mobilen Gerät (Nokia N900) mit 10 Minuten angegeben.

7.5 Zusammenfassung

In diesem Kapitel wurde eine Methodik vorgestellt, plattformunabhängig den Energieverbrauch abzuschätzen, der für die Erbringung eines Dienstes anfällt. Diese Schätzung kann verwendet werden um eine energiebewusste Dienstgeberauswahl, wie sie in Kapitel 5 vorgestellt wird, zu realisieren. Außerdem kann die Energieschätzung als Grundlage für eine Kompensation des Energieverbrauchs dienen, wie es in Kapitel 6 vorgeschlagen wird. Der dargestellte generische Ansatz zur Energieschätzung verwendet dazu Testmessungen und überbestimmte lineare Gleichungssysteme die näherungsweise mit der Methode der kleinsten Fehlerquadrate gelöst werden. Die Machbarkeit und Funktionstüchtigkeit dieses Verfahrens wurde exemplarisch für die drei Geräte Nokia N810, HTC Touch Cruise und Samsung Galaxy S nachgewiesen. Es konnte gezeigt werden, dass für alle drei Fälle eine Abweichung von weniger als 10 % in 90 % aller Testfälle erzielt werden kann und der RMSEA aller drei Modelle unter 6 % liegt und sich damit mit anderen Ansätzen messen kann.

Zwei Dinge sind zu unserer Arbeit nötig: Unermüdliche Ausdauer und die Bereitschaft, etwas, in das man viel Zeit und Arbeit gesteckt hat, wieder wegzuwerfen.

(Albert Einstein)

8. Zusammenfassung und Ausblick

Mobile und vernetzte Geräte prägen in zunehmendem Maß unseren Umgang mit Technik und unser alltägliches Leben. Die Verfügbarkeit von leistungsfähigen und für Privatkunden erschwinglichen Geräten sowie deren mögliche Vernetzung erlaubt eine Vielzahl neuer Anwendungen. So können Ressourcen, deren Verwendung viel Energie kostet (zum Beispiel ein GPS-Empfänger) von mehreren Geräten gemeinsam genutzt werden, und einzelne Geräte mehr Ressourcen verwenden (zum Beispiel mehrere UMTS-Schnittstellen) als sie selbst besitzen. Die gemeinsame Verwendung von Ressourcen verschiedener Geräte bietet so die Möglichkeit, die Menge der einem mobilen Gerät zur Verfügung stehenden Ressourcen zu erweitern und die von mobilen Geräten eingebrachten Ressourcen effizient zu nutzen.

Etablierte Konzepte für die gemeinsame Ressourcennutzung aus anderen Forschungsrichtungen wie Cloud- und Grid-Computing können nicht ohne weiteres auf Systeme zur gemeinsamen Ressourcennutzung mit mobilen Geräten übertragen und angewendet werden, da im Umfeld mobiler Geräte besondere Rahmenbedingungen zu berücksichtigen sind. Die große Heterogenität der als Anbieter und Nutzer von Ressourcen in Fragen kommenden Geräte sowie die Tatsache, dass es keine einheitliche, zentrale Verwaltung der Geräte gibt, sind zwei davon. Vor allem aber müssen Verfahren und Protokolle zur gemeinsamen Ressourcennutzung mit mobilen Geräten der Tatsache Rechnung tragen, dass mobile Geräte in der Regel batteriebetrieben sind. Daraus ergeben sich für die Verfahren und Protokolle, die eine gemeinsame Ressourcennutzung ermöglichen sollen, zwei wichtige Entwurfsziele:

- Zum einen gilt es, *energieeffiziente* Verfahren und Protokolle zu entwickeln, das heißt Verfahren, die einen möglichst geringen zusätzlichen Energieverbrauch mit sich bringen.
- Zum anderen müssen diese Verfahren dazu beitragen, dass der Energieaufwand für das Anbieten von Ressourcen eine kontrollierbare und berücksichtigte Größe wird.

8.1 Ergebnisse dieser Arbeit

Im Rahmen dieser Dissertation wurden die folgenden vier Ergebnisse erarbeitet:

- **Energiebewusste Dienstgeberauswahl:** Durch eine energiebewusste Auswahl des Dienstgebers wird die Lebenszeit einzelner Geräte deutlich erhöht.
- **Plattformunabhängige Energiebedarfsschätzung:** Die vorgestellte Methode liefert Schätzungen von hoher Genauigkeit auf Geräten mit unterschiedlicher Software und Hardware.
- **Energieeffizientes Anreizsystem:** Das entwickelte Konzept verbraucht deutlich weniger Energie als andere Verfahren, kann flexibel eingesetzt werden und beinhaltet wirkungsvolle Mechanismen gegen betrügerische Nutzer.
- **Energiebewusste und -effiziente Middleware:** Die entwickelte Middleware ist sehr gut für den Einsatz in einer heterogenen Gerätelandschaft geeignet und wurde prototypisch für die drei Betriebssysteme Maemo, Windows Mobile und Android implementiert.

Nachfolgend werden die wissenschaftlichen Beiträge der Dissertation ausführlicher zusammenfassend beschrieben.

In dieser Arbeit wurde zunächst untersucht, welche Faktoren den Energieverbrauch in einem System zur gemeinsamen Ressourcennutzung mit mobilen Geräten beeinflussen. Dabei wurde der Grundverbrauch der Geräte, deren Mobilität und Kommunikationsreichweite betrachtet. Auch die Strategie, mit der ein Anbieter einer Ressource (Display, GPS-Modul, CPU, ...) ausgewählt wird, hat Einfluss auf den Energieverbrauch und damit die Lebenszeit der einzelnen Geräte. In umfangreichen Simulationen wurde untersucht, wie diese Faktoren im Zusammenhang zueinander stehen. Es wurden insgesamt fünf Strategien für die Auswahl des Dienstgebers implementiert und simuliert. Drei davon berücksichtigen den Energieaufwand für die Bereitstellung eines Dienstes und den Energievorrat des Gerätes. Im Vergleich mit einer zufälligen Auswahl des Dienstgebers, kann durch eine energiebewusste Auswahlstrategie, die *verbleibende Ladung*-Strategie, die Lebenszeit einzelner Geräte um bis zu 38 % gesteigert werden.

Um die für eine energiebewusste Auswahl des Dienstgebers notwendigen Informationen bezüglich des Energiebedarfs einzelner Ressourcen und Dienste bereitstellen zu können, wurde eine Methodik entwickelt, um den Energieverbrauch eines Dienstes abzuschätzen. Das Vorgehen zur Schätzung des Energiebedarfs ist so konzipiert, dass es für diverse Geräteplattformen genutzt werden kann. Der generische Ansatz beruht auf Testmessungen und der näherungsweisen Lösung überbestimmter linearer Gleichungssysteme. Mit einem Benchmark-Programm wird gezielt auf einzelne Ressourcen und auf mehrere Ressourcen gleichzeitig zugegriffen. Dabei wird die Dauer des Zugriffs protokolliert und der entstehende Energiebedarf gemessen. Daraus ergeben sich lineare Gleichungen, die jeweils einer Linearkombination von Ressourcen einen bestimmten Energieverbrauch zuordnen. Durch die Lösung des Gleichungssystems kann jeder Ressource ein bestimmter Energiebedarf je Zeiteinheit, die sie in Anspruch genommen wird, zugewiesen werden und somit ein Energiemodell für ein Gerät ermittelt werden. Dieser Aufwand fällt nur ein mal pro Geräteplattform an und nicht wie bei anderen Ansätzen für jede Anwendung auf jeder Geräteplattform. Mit Hilfe des gewonnenen Energiemodells ist es möglich, den Energiebedarf für die Erbringung eines Dienstes abzuschätzen. Auf insgesamt drei unterschiedlichen Plattformen, die sich hinsichtlich verbauter Hardware und eingesetzter Betriebssysteme unterscheiden, wurde solch ein Energiemodell entwickelt, um die Machbarkeit und Funktionstüchtigkeit des Ansatzes nachzuweisen und um quantitative Aussagen über die Qualität der Schätzungen zu ermöglichen. So konnte gezeigt werden, dass für alle drei Geräte 90 % aller Schätzungen weniger als 10 % vom tatsächlichen Energiebedarf abweichen. Für alle drei entwickelten Energiemodelle lag der RMSEA (Root Mean Square Error of Approximation) unter 6 %.

Neben der Auswahl geeigneter Dienstgeber können die Energieverbrauchsschätzungen auch dafür verwendet werden, Dienstgeber gemäß der von ihnen für die Diensterbringung aufgewendeten Energie zu entschädigen. Hierfür wurde ein Anreizsystem konzipiert, dass speziell auf das Einsatzszenario in einem System zur gemeinsamen Ressourcennutzung mit mobilen Geräten zugeschnitten ist. Es basiert auf Hashmünzen als Zahlungsmittel, die jedoch flexibler hinsichtlich der Weiterverwendung von empfangenen Hashmünzen verwendet werden können, als dies in bisherigen Arbeiten der Fall war. Dieses Anreizsystem zeichnet sich dadurch aus, dass es einen deutlich geringeren Mehraufwand an Energie verursacht, als andere Anreizsysteme, die auf starken kryptographischen Verfahren beruhen. So beträgt der in einer prototypischen Implementierung gemessene Mehrverbrauch an Energie etwa 5 %. Darüber hinaus ist keine permanent erreichbare, zentrale und vertrauenswürdige Instanz für einzelne Zahlungsvorgänge notwendig. Der Preis für den geringen Energieaufwand und die moderaten Anforderungen an Infrastruktur sind zusätzliche Missbrauchsmöglichkeiten durch böswillige Nutzer. Um diese zu beschränken wurde ein Prozess der nachträglichen Betrugserkennung entwickelt, der mit Hilfe von Transaction Logs mutmaßliche Betrüger erkennt und deren Betrug ahndet. Dazu werden mutmaßliche Betrüger mit Hilfe eines Schwellenwert-basierten Algorithmus erkannt und durch Kompensationszahlungen bestraft. Die Wirksamkeit dieser nachträglichen Betrugserkennung wurde durch Simulationen untersucht. So konnte gezeigt werden, dass es möglich ist, bei einem geringen Energieverbrauch des Anreizsystems dennoch Missbrauch wirkungsvoll zu verfolgen. Auch wenn bis zu 75 % der Teilnehmer betrügen, werden über 96 % der fälligen Strafzahlungen tatsächlichen Betrügern zugeordnet.

Das Konzept zur energiebewussten Dienstgeberauswahl, die plattformunabhängige Energieschätzung und das energiebewusste Anreizsystem wurden alle in eine Middleware für Systeme zur gemeinsamen Ressourcennutzung mit mobilen Geräten integriert. Dadurch wurde ein bereits existierendes Framework (flOwSGi [5]), das die Bereitstellung von Ressourcen in einer dienstorientierten Architektur erlaubt, so erweitert, dass Energie ein maßgeblicher Gesichtspunkt bei der Auswahl und Vergütung von Dienstgebern wird. Diese Implementierung war auch Grundlage der in dieser Arbeit präsentierten Evaluationen mit denen die Energieeffizienz der entwickelten Ansätze untersucht wurde. Ein besonderes Merkmal dieser Middleware ist die weitgehende Plattformunabhängigkeit, die es ermöglicht, die entwickelten Konzepte auf einer Vielzahl unterschiedlicher Geräte und Betriebssysteme einzusetzen.

8.2 Weiterführende Arbeiten

In dieser Arbeit wurde ausführlich untersucht, wie der Energiebedarf einzelner Dienste und die verfügbare Energie einzelner Geräte für eine sinnvolle Dienstgeberauswahl genutzt werden können. Als Erweiterung diese Ansatzes kann die Auswahl eines geeigneten Dienstgebers als multikriterielles Optimierungsproblem betrachtet werden, bei dem der Energiebedarf eines unter mehreren relevanten Auswahlkriterien ist. Weiterführende Arbeiten können sich demzufolge mit der Entwicklung eines *integrierten Dienstauswahl- und Routingmechanismus* befassen, der neben den Eigenschaften des Dienstes auch die Netzwerktopologie und andere Faktoren berücksichtigt.

Bezüglich der nachträglichen Betrugserkennung bietet es sich an, im Rahmen weiterführender Arbeiten die Problemstellung auf die Anwendbarkeit von Techniken des maschinellen Lernens, der Mustererkennung und der maschinellen Klassifikation zu untersuchen. Schließlich besteht die Möglichkeit, den Prozess der Entwicklung von Energiemodellen für die Energiebedarfsschätzung mobiler Geräte weiter zu verfeinern um deren Qualität und damit der Energieschätzungen weiter zu verbessern. Vielversprechende Ansätze hierfür sind die Betrachtung einzelner, hinsichtlich des Energieverbrauchs dominanter Ressourcen, die mittels Hauptkomponenten-Analyse (PCA) ermittelt werden, sowie die Entwicklung von sehr guten Prognosemodellen um die Ressourcenbedarfsvektoren noch präziser abzuschätzen.

8.3 Ausblick

Bei der Entwicklung und Nutzung von mobilen Kommunikationsgeräten ist eine große Dynamik zu konstatieren. So nimmt die Verbreitung und Nutzung von manchen Geräten stark zu und bislang kaum verbreitete Geräte etablieren sich rasch. Als besonders markante Beispiele solcher Entwicklungen können Smartphones und Tablet Computer angeführt werden. Während Smartphones mehr und mehr herkömmliche Mobiltelefone verdrängen, besetzen Tablet Computer eine neue, bislang noch nicht besetzte Nische. Durch solche neuen Geräteklassen wächst die Vielfalt an für mobile Geräte verfügbaren Ressourcen. Somit entstehen auch neue Anwendungsmöglichkeiten für die gemeinsame Nutzung von Ressourcen.

Ein weiterer Aspekt gegenwärtiger und zukünftiger Technologieentwicklungen mit Relevanz für gemeinsame Ressourcennutzung mobiler Geräte ist die Entwicklung neuer Kommunikationstechnologien. Im Bereich der lokalen Netze verspricht der Bluetooth 4.0 Standard mit Bluetooth Low Energy (BLE) durch höhere Datenraten und einen deutlich reduzierten Energiebedarf im Standby-Betrieb starke Impulse für den Betrieb von Systemen, die über eine lange Zeit hinweg sporadisch Daten austauschen, wie dies in einem System zur gemeinsamen Ressourcennutzung der Fall ist.

Ein dritter, für Systeme zur gemeinsamen Ressourcennutzung relevanter Aspekt der gegenwärtigen Technologieentwicklung ist der Aufbau von Infrastruktur für den Einsatz mobiler Geräte für Zahlungsverkehr. So werden schon heute Smartphones vertrieben, die mittels Near Field Communication (NFC) zur Abwicklung von Zahlungen im Einzelhandel genutzt werden können. Die Entwicklung der dafür notwendigen (Software-)Infrastruktur wird von bedeutenden Interessensgruppen mit Nachdruck vorangetrieben. So zeichnet beispielsweise Google für das Projekt *Wallet* verantwortlich. Eine Zahlungsinfrastruktur für mobile Kommunikationsgeräte im Einzelhandel kann möglicherweise auch als Anreizsystem für gemeinsame Ressourcennutzung herangezogen werden und somit neue Impulse für Systeme zur gemeinsamen Ressourcennutzung setzen.

Als wichtige Nutzungsform mobiler Kommunikationsgeräte hat sich in den vergangenen Jahren die Verwendung sozialer Netzwerke erwiesen. Für viele Nutzer mobiler Geräte stellen soziale Netzwerke, wie beispielsweise Facebook eine primäre Form der sozialen, computergestützten Interaktion mit anderen Personen dar. Der solchen Netzwerken zu Grunde liegende soziale Graph, der die Beziehungen der teilnehmenden Personen abbildet, bietet interessante Perspektiven auch und gerade für die gemeinsame Ressourcennutzung mit mobilen Geräten. So können die im sozialen Graph ersichtlichen Vertrauensverhältnisse zwischen Personen möglicherweise dazu verwendet werden, die Geräte bestimmter Nutzer bevorzugt als Dienstgeber auszuwählen beziehungsweise bestimmten Geräte zu Vorzugskonditionen Ressourcen zur Verfügung zu stellen.

A. Umfrage zur gemeinsamen Ressourcennutzung

Um einen Eindruck zu gewinnen, ob Besitzer und Betreiber mobiler Geräte bereit sind, eigene Ressourcen für eine gemeinsame Nutzung zur Verfügung zu stellen, wurde eine Umfrage in verschiedenen Internetforen [1] durchgeführt. Insgesamt 38 Antworten von Besuchern dieser Foren sowie Studenten und Kollegen, die zur Teilnahme ermutigt wurden, gingen ein. Zwar relativieren der begrenzte Umfang dieser Stichprobe und die Tatsache, dass es sich nicht um eine repräsentative Auswahl an Befragten gehandelt hat, die statistische Aussagekraft; dennoch gibt diese Umfrage einen wertvollen Einblick in die Motivation von Besitzern mobiler Geräte, Ressourcen gemeinsam zu nutzen beziehungsweise ihre Befürchtungen, die sie von einer gemeinsamen Nutzung abhalten. Die Ergebnisse dieser Umfrage sind in den Tabellen A.1-A.5 dargestellt.

Während das Interesse an der Nutzung von Ressourcen anderer erwartungsgemäß hoch ist (siehe Tabelle A.1) zeigten sich immerhin auch beinahe $\frac{2}{3}$ der Befragten grundsätzlich bereit, Ressourcen anderen Nutzern zur Verfügung zu stellen (siehe Tabelle A.2). 53 % der Teilnehmer erklärten, dass ihre Skepsis einer Teilnahme gegenüber in erster Hinsicht mit dem begrenzten Energiebudget der mobilen Geräte zusammenhängt (siehe Tabelle A.3), womit sie eine verbreitete Annahme [79] bestätigen. Es lässt sich also durchaus sagen, dass Energiebewusstsein eine Schlüsselrolle bei den Bestrebungen spielt, Nutzerakzeptanz für gemeinsame Ressourcennutzung auf mobilen Geräten zu fördern. Die besonders energieintensiven Ressourcen CPU, GPS und WLAN sind sowohl bei den Ressourcen, die Nutzer bereitzustellen bereit

[1] http://www.fragebogen-tool.de/f.php?i=12586&c=mhdcd, http://talk.maemo.org, http://www.handy-faq.de/

sind, als auch bei den Ressourcen an deren Nutzung sich die Befragten interessiert zeigten die drei erstgenannten. Dies kann als eine gute Voraussetzung für eine gemeinsame Ressourcennutzung gesehen werden.

ja	81.6 %
nein	15.8 %
keine Antwort	2.6 %

Tabelle A.1 Können Sie sich vorstellen, die Ressourcen von Geräten anderer zu nutzen?

ja	65.8 %
nein	31.6 %
keine Antwort	2.6 %

Tabelle A.2 Können Sie sich vorstellen, eigene Ressourcen zur Verfügung zu stellen?

erhöhter Energiebedarf	53 %
Schutz der Privatsphäre	53 %
Bedenken bezüglich der Sicherheit	27 %
unbequeme Nutzung	7 %
Bedenken bezüglich der (monetären) Nutzungskosten	2 %

Tabelle A.3 Falls Sie nicht an gemeinsamer Ressourcennutzung interessiert sind, warum nicht?

CPU	42.1 %
GPS	42.1 %
WLAN	34.2 %
Speicherkapazität	26.3 %
GSM/UMTS	21.1 %
Kamera	18.4 %
Bluetooth	18.4 %
Bildschirm	13.2 %
Andere	7.9 %
Mikrophon	5.3 %

Tabelle A.4 Welche Ressourcen wären Sie bereit, anzubieten?

GPS	52.6 %
WLAN	52.6 %
CPU	50 %
GSM/UMTS	42.1 %
Speicher	36.8 %
Kamera	26.3 %
Bluetooth	15.8 %
Mikrophon	13.2 %
Bildschirm	10.5 %
Andere	2.6 %

Tabelle A.5 An welchen Ressourcen anderer wären Sie interessiert?

B. Konfidenzintervalle für die Auswertung der Betrugserkennung

Um die Lesbarkeit der Diagramme mit gestapelten Balken (Abbildungen 6.13-6.18) in Kapitel 6 nicht zu beeinträchtigen, wurde auf die graphische Darstellung der Konfidenzintervalle verzichtet. Der Vollständigkeit halber sind diese hier in tabellarischer Form dokumentiert. Es ist jeweils der Mittelwert aus 30 Läufen und das 99 %-Konfidenzintervall angegeben.

Einzelbetrüger (vgl. Abbildung 6.13)				
Betr. -anteil	**ehrlich, korrekt erkannt**	**betrügerisch, korrekt erkannt**	**ehrlich, falsch erkannt**	**betrügerisch, falsch erkannt**
5 %	93,80 [93,56–94,04]	4,77 [4,51– 5,02]	0,23 [0,02–0,45]	0,20 [-0,04–0,44]
25 %	70,07 [68,93–71,20]	22,00 [21,22–22,78]	4,10 [2,98–5,22]	2,83 [2,06–3,60]
50 %	43,10 [41,62–44,58]	41,63 [39,84–43,43]	6,23 [4,87–7,60]	8,03 [6,38–9,69]
75 %	19,83 [18,92–20,75]	62,73 [60,80–64,67]	4,97 [4,15–5,78]	11,47 [9,63–13,31]
konspirierende Betrüger (vgl. Abbildung 6.15)				
Betr. -anteil	**ehrlich, korrekt erkannt**	**betrügerisch, korrekt erkannt**	**ehrlich, falsch erkannt**	**betrügerisch, falsch erkannt**
5 %	94.73 [94.34–95.13]	2.30 [2.00–2.60]	0.27 [-0.13–0.66]	1.70 [1.40–2.00]
25 %	73.90 [73.29–74.51]	18.50 [17.28–19.72]	1.10 [0.49–1.71]	5.50 [4.28–6.72]
50 %	45.67 [44.63–46.70]	36.87 [34.86–38.87]	4.33 [3.30–5.37]	12.13 [10.13–14.14]
75 %	21.47 [20.77–22.16]	53.80 [51.25–56.35]	3.53 [2.84–4.23]	20.20 [17.65–22.75]
konspirierende Betrüger mit Strohmännern (vgl. Abbildung 6.17)				
Betr. -anteil	**ehrlich, korrekt erkannt**	**betrügerisch, korrekt erkannt**	**ehrlich, falsch erkannt**	**betrügerisch, falsch erkannt**
5	92.10 [91.95–92.25]	1.43 [1.12–1.75]	0.90 [0.75–1.05]	4.57 [4.25–4.88]
25	72.40 [72.15–72.65]	1.53 [1.14–1.92]	0.60 [0.35–0.85]	24.47 [24.08–24.86]
50	49.80 [49.60–50.00]	1.47 [1.12–1.81]	0.20 [0.00–0.40]	47.53 [47.19–47.88]
75	22.23 [21.82–22.64]	5.90 [3.38–8.42]	0.77 [0.36–1.18]	70.10 [67.58–72.62]

Tabelle B.1 Konfidenzinterfalle für die Betrugserkennung

Einzelbetrüger (vgl. Abbildung 6.14)		
Betr. -anteil	**Strafzahlungen für Betrüger**	**Strafzahlungen für ehrliche Nutzer**
5 %	33.27 [29.94–36.59]	0.47 [-0.15–1.08]
25 %	97.57 [92.12–103.02]	5.73 [3.86–7.61]
50 %	155.70 [146.21–165.19]	9.37 [7.39–11.35]
75 %	224.57 [211.87–237.27]	8.37 [6.80–9.94]
konspirierende Betrüger (vgl. Abbildung 6.16)		
Betr. -anteil	**Strafzahlungen für Betrüger**	**Strafzahlungen für ehrliche Nutzer**
5 %	19.37 [15.94–22.80]	0.27 [-0.13–0.66]
25 %	83.83 [77.57–90.10]	1.40 [0.35–2.45]
50 %	143.83 [135.10–152.57]	4.80 [3.57–6.03]
75 %	196.00 [182.88–209.12]	3.70 [2.93–4.47]
konspirierende Betrüger mit Strohmännern (vgl. Abbildung 6.18)		
Betr. -anteil	**Strafzahlungen für Betrüger**	**Strafzahlungen für ehrliche Nutzer**
5 %	2.60 [2.15–3.05]	1.43 [1.00–1.86]
25 %	16.73 [15.53–17.94]	0.90 [0.48–1.32]
50 %	29.23 [27.50–30.97]	0.33 [-0.09–0.76]
75 %	46.07 [44.01–48.13]	1.37 [0.51–2.23]

Tabelle B.2 Konfidenzinterfalle für die Strafzahlungen

C. Weitere Messergebnisse für das N810-Gerät

Nachfolgend sind ergänzend zu den in Kapitel 7.2.1.1 dargestellten Messungen weitere Strommessungen für den Betrieb des N810 dargestellt. Dabei wurde das Bechmark-Programm jeweils so konfiguriert, dass die CPU einen möglichst großen Teil der Rechenzeit in einer der vier Frequenzstufen verbrachte. Abbildung C.1 zeigt den über 10 Sekunden gemessenen Stromfluss bei Betrieb in der niedrigsten Frequenzstufe und den daraus errechneten Durchschnittsstrom. Der Verbrauch für den Betrieb in der zweitniedrigsten Frequenzstufe ist in Abbildung C.2 zu sehen. Während der zu Abbildung C.3 gehörenden Messung wurde die CPU etwa die Hälfte der Zeit in der zweithöchsten und die andere Hälfte in der höchsten Taktung betrieben. In Abbildung C.4 schließlich wurde die CPU in der höchsten der vier Frequenzstufen betrieben. Die vier Messungen verdeutlichen den Zusammenhang aus Taktung der CPU und daraus resultierendem Energieverbrauch. Um den je nach Taktung der CPU unterschiedlichen Energieverbrauch zu berücksichtigen wurde die CPU mittels vier logischer Ressourcen modelliert.

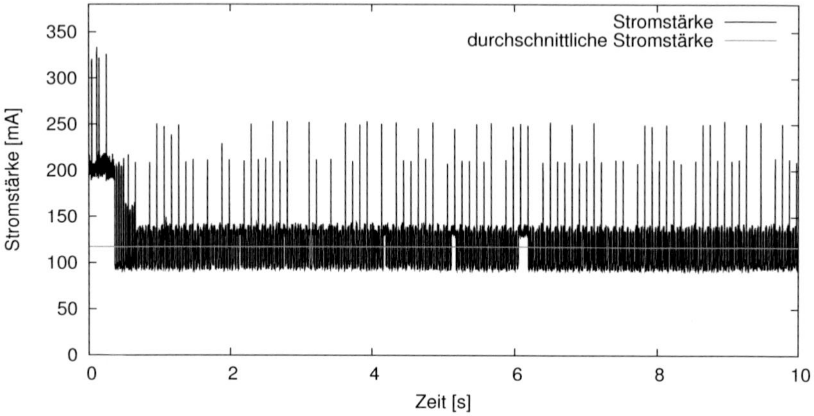

Abbildung C.1 Strommessung bei Betrieb der CPU mit niedrigster Taktung

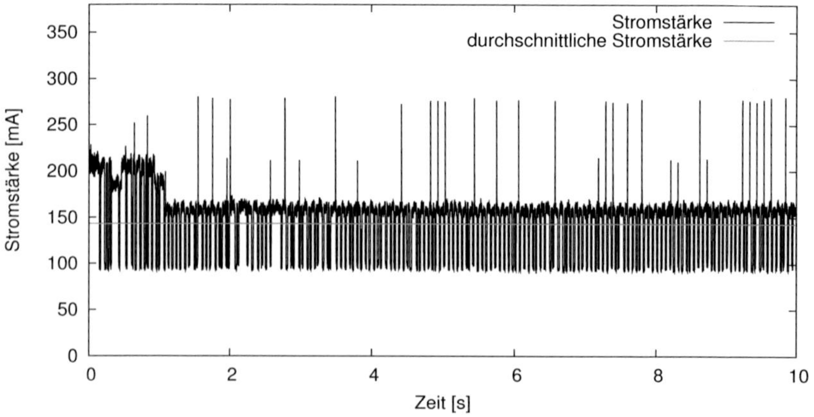

Abbildung C.2 Strommessung bei Betrieb der CPU mit zweitniedrigster Taktung

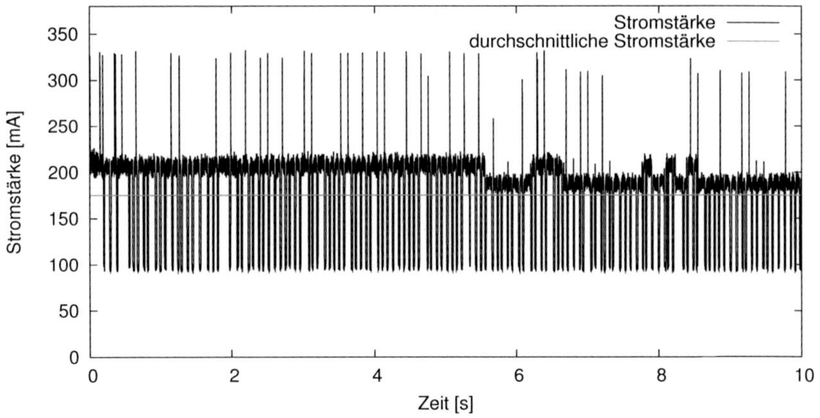

Abbildung C.3 Strommessung bei Betrieb der CPU mit hoher Taktung

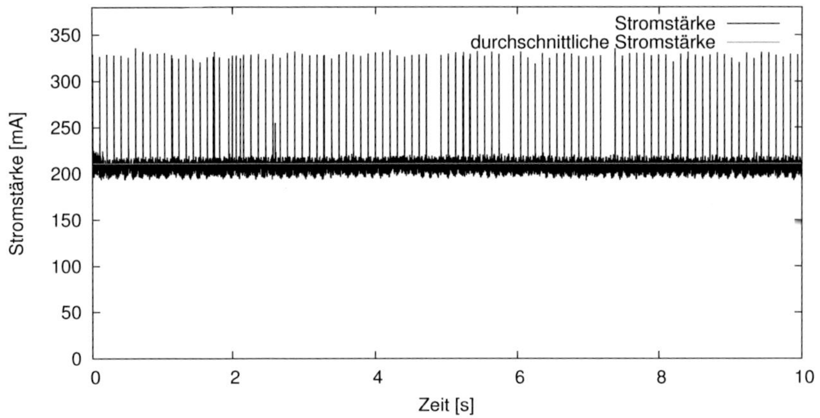

Abbildung C.4 Strommessung bei Betrieb der CPU mit höchster Taktung

Literaturverzeichnis

[1] *Apache Felix OSGi – Website.* http://felix.apache.org. [online] letzter Zugriff 09/22/2011.

[2] *Concierge OSGi - An Optimized OSGi R3 Implementation for Mobile and Embedded Systems – Website.* http://concierge.sourceforge.net. [online] letzter Zugriff 09/22/2011.

[3] *Dalvik Virtual Machine – Website.* http://code.google.com/p/dalvik/. [online] letzter Zugriff 11/08/2011.

[4] *Equinox OSGi – Website.* http://www.eclipse.org/equinox/. [online] letzter Zugriff 09/22/2011.

[5] *flOwSGi – Website.* http://flowsgi.inf.ethz.ch. [online] letzter Zugriff 09/22/2011.

[6] *INET Framework for OMNeT++ – Website.* http://inet.omnetpp.org/. [online] letzter Zugriff 09/22/2011.

[7] *Java Embedded – Website.* http://www.oracle.com/technetwork/java/embedded/overview/getstarted/index.html. [online] letzter Zugriff 11/14/2011.

[8] *Java Properties – Website.* http://docs.oracle.com/javase/6/docs/api/java/util/Properties.html. [online] letzter Zugriff 02/25/2012.

[9] *Knopflerfish OSGi - Open Source OSGi Service Platform – Website.* http://www.knopflerfish.org/. [online] letzter Zugriff 09/22/2011.

[10] *Microsoft Skydrive – Website.* http://www.windowslive.de/skydrive/. [online] letzter Zugriff 02/13/2012.

[11] *ProSyst - OSGi Services and Embedded Java within Home, Vehicle and Mobile Devices – Website.* http://www.prosyst.com. [online] letzter Zugriff 09/22/2011.

[12] *Wireless Grids: Introducing Innovaticus – Website.* http://www.wgrids.com/products.html. [online] letzter Zugriff 04/05/2008.

[13] *Hewlett-Packard and Intel and Microsoft and Phoenix and Toshiba: ACPI Advanced Configuration & Power Interface.* http://www.acpi.info/, April 2010. [online] letzter Zugriff 03/27/2012.

[14] *Mobile subscriptions hit 5 billion mark – Press Release.* http://www.ericsson.com/thecompany/press/releases/2010/07/1430616, Juli 2010. [online] letzter Zugriff 02/12/2012.

[15] *Consumer Electronic (CE) WLAN-Enabled Unit Shipments to Surpass 419 Million by 2015 – Press Release.* http://www.instat.com/press.asp?ID=3185&sku=IN1105006WS, Juni 2011. [online] letzter Zugriff 12/07/2011.

[16] *Mixnet – Website.* http://sourceforge.net/apps/trac/mixim/wiki/mixnet, Februar 2012. [online] letzter Zugriff 02/14/2012.

[17] Manel Abdelkader, Noureddine Boudriga und Mohammad S. Obaidat: *Secure Grid-Based Multi-Party Micropayment System in 4G Networks.* In: *Proceedings of the International Conference on e-Business (ICE-B 2007)*, Seiten 137–148, Barcelona, Spain, INSTICC Press (Setubal, Portugal), Juli 2007.

[18] Muhammad Abdulla und Robert Simon: *A Simulation Study of Common Mobility Models for Opportunistic Networks.* In: *Proceedings of the 41st Annual Simulation Symposium*, Seiten 43–50, Washington D.C., USA, IEEE Computer Society (Washington D.C., USA), April 2008.

[19] K. Aberer, P. Cudré-Mauroux, A. Datta, Z. Despotovic, M. Hauswirth, M. Punceva, R. Schmidt und J. Wu: *Advanced Peer-to-Peer Networking: The P-Grid System and its Applications.* PIK Journal - Praxis der Informationsverarbeitung und Kommunikation, Special Issue on P2P Systems, 26(3):86–89, 2003.

[20] Karl Aberer, Philippe Cudré-Mauroux, Anwitaman Datta, Zoran Despotovic, Manfred Hauswirth, Magdalena Punceva und Roman Schmidt: *P-Grid: a self-organizing structured P2P system.* SIGMOD Record, 32(3):29–33, 2003.

[21] Ashish Agarwal, Douglas O. Norman und Amar Gupta: *Wireless Grids: Approaches, Architectures, And Technical Challenges.* Technischer Bericht 4459-04, Massachusetts Institute of Technology (MIT), Sloan School of Management, Cambridge MA, USA, April 2004.

[22] Ernst Ahlers: *Funk-Evolution.* ct, 13:86–89, 2009.

[23] Sanjay Ahuja und Jack Myers: *A Survey on Wireless Grid Computing.* The Journal of Supercomputing, 37:3–21, 2006.

[24] OSGi Alliance: *OSGi Service Platform, Release 3.* IOS Press, Inc., 2003.

[25] Ganesh Ananthanarayanan, Venkata Padmanabhan, Lenin Ravindranath und Chandramohan Thekkath: *Combine: Leveraging the Power of Wireless Peers through Collaborative Downloading.* In: *Proceedings of the 5th International Conference on Mobile Systems, Applications and Services (MobiSys 2007)*, San Juan, Puerto Rico, ACM New York, USA, Juni 2007.

[26] J. Andersen und M.T. Hansen: *Energy Bucket: A Tool for Power Profiling and Debugging of Sensor Nodes.* In: *Proceedings of the 3rd International Conference on Sensor Technologies and Applications (SENSORCOMM 2009)*, Seiten 132 –138, Athens/Glyfada, Greece, IEEE Computer Society (Washington D.C., USA), Juni 2009.

[27] David P. Anderson, Jeff Cobb, Eric Korpela, Matt Lebofsky und Dan Werthimer: *SETI@home: an experiment in public-resource computing.* Communications of the ACM (New York, USA), 45(11):56–61, 2002.

[28] M.A.R. Dantas. A.P.C. Silva, V.C.M. Borges: *A Framework for Mobile Grid Environments based on Semantic Integration of Ontologies and Workflow-based Applications.* INFOCOMP Journal of Computer Science, 7(1):60–69, 2008.

[29] Sotirios E. Athanaileas, Christopher N. Ververidis und George C. Polyzos: *Optimized Service Selection for MANETs using an AODV-based Service Discovery Protocol.* In: *Proceedings of the 6th Annual Mediterranean Ad Hoc Networking Workshop (MED-HOC-NET 2007)*, Corfu, Ionian Academy, Juni 2007.

[30] Niranjan Balasubramanian, Aruna Balasubramanian und Arun Venkataramani: *Energy consumption in mobile phones: a measurement study and implications for network applications.* In: *Proceedings of the 9th ACM SIGCOMM Conference on Internet measurement (IMC 2009)*, Seiten 280–293, Chicago, Il, USA, ACM (New York, USA), November 2009.

[31] Nilanjan Banerjee, Ahmad Rahmati, Mark D. Corner, Sami Rollins und Lin Zhong: *Users and Batteries: Interactions and Adaptive Energy Management in Mobile Systems.* In: J. Krumm, G.D. Abowd, A. Seneviratne und Th. Strang (Herausgeber): *Proceedings of the 9th International Conference on Ubiquitous Computing (Ubicomp 2007)*, Seiten 217–234, Innsbruck, Austria, Springer (Berlin / Heidelberg), September 2007.

[32] Elaine Barker, W. Barker, William Burr, William Polk und Miles Smid: *NIST Special Publication 800-57 Computer Security*, Kapitel Recommendation for Key Management - Part 1: General (Revised). National Institute of Standards and Technology, März 2007.

[33] Elaine Barker, William Barker, William Burr, William Polk und Miles Smid: *NIST Special Publication 800-57 Computer Security*, Kapitel Recommendation for Key Management - Part 2: Best Practices for Key Management Organization. National Institute of Standards and Technology, März 2007.

[34] Elaine Barker, William Burr, Alicia Jones, Timothy Polk, Scott Rose, Miles Smid und Quynh Dang: *NIST Special Publication 800-57 Computer Security*, Kapitel Recommendation for Key Management - Part 3: Application-Specific Key Management Guidance. National Institute of Standards and Technology, Dezember 2009.

[35] Arno Becker und Marcus Pant: *Android Grundlagen und Programmierung*. dpunkt Verlag, Heidelberg, 2009.

[36] Stefan Becker: *Entwurf und Implementierung einer generischen Energiemanagementkomponente für eine mobile Grid-Applikation*. Studienarbeit, Karlsruher Institut für Technologie. Betreuer: Jochen Furthmüller, Oliver P. Waldhorst, Martina Zitterbart, November 2008.

[37] Frank Bellosa: *The Benefits of Event-Driven Energy Accounting in Power-Sensitive Systems*. In: *In Proceedings of the 9th ACM SIGOPS European Workshop*, Kolding, Denmark, ACM (New York, USA), September 2000.

[38] Matt Blaze, John Ioannidis und Angelos D. Keromytis: *Offline Micropayments without Trusted Hardware*. In: *Proceedings of the 5th International Conference on Financial Cryptography*, Seiten 21–40, Grand Cayman, British West Indies, Springer (Berlin / Heidelberg), Februar 2002.

[39] SIG Bluetooth: *BLUETOOTH® WIRELESS TECHNOLOGY SURPASSES ONE BILLION DEVICES*, November 2006.

[40] T. Bocek, M. Shann, D. Hausheer und B. Stiller: *Game theoretical analysis of incentives for large-scale, fully decentralized collaboration networks*. In: *Proceedings of the IEEE International Symposium on Parallel and Distributed Processing (IPDPS 2008)*, Seiten 1–8, Miami, FL, USA, IEEE Computer Society (Washington D.C., USA), April 2008.

[41] David Booth und Canyang Kevin Liu: *W3C Recommendation: Web Services Description Language (WSDL) Version 2.0 Part 0: Primer*. http://www.w3.org/TR/2007/REC-wsdl20-primer-20070626/, Juni 2007. [online] letzter Zugriff 03/28/2012.

[42] Andre Bottaro, Anne Gérodolle und Philippe Lalanda: *Pervasive Service Composition in the Home Network*. In: *Proceedings of the International Conference on Advanced Information Networking and Applications*, Band 0, Seiten 596–603, Niagara Falls, Canada, IEEE Computer Society (Washington D.C., USA), Mai 2007.

[43] L. BREIMAN, JH FRIEDMAN, RA OLSHEN und CJ STONE: *Classification and regression trees.* Chapman and Hall, New York, 1984.

[44] L. BRESLAU, PEI CAO, LI FAN, G. PHILLIPS und S. SHENKER: *Web caching and Zipf-like distributions: evidence and implications.* In: *Proceedings of the Eighteenth Annual Joint Conference of the IEEE Computer and Communications Societies (INFOCOM 1999)*, New York, USA, IEEE Computer Society (Washington D.C., USA), März 1999.

[45] JAN VOM BROCKE: *Serviceorientierte Architekturen - SOA Management und Controlling von Geschäftsprozessen.* Vahlen, München, 2006.

[46] E. BRUNETON, R. LENGLET und T COUPAYE: *ASM: A Code Manipulation Tool to Implement Adaptable Systems.* Technischer Bericht, France Telecom R&D, November 2002.

[47] LEVENTE BUTTYÁN und JEAN-PIERRE HUBAUX: *Stimulating Cooperation in Self-Organizing Mobile Ad hoc Networks.* Mobile Networks and Applications, 8(5):579–592, 2003.

[48] STEPHEN L. CAMPBELL, JEAN-PHILIPPE CHANCELIER und RAMINE NIKOUKHAH: *Modeling and Simulation in Scilab/Scicos.* Springer, Berlin / Heidelberg, 2005.

[49] AARON CARROLL und GERNOT HEISER: *An analysis of power consumption in a smartphone.* In: *Proceedings of the 2010 USENIX annual technical conference (USENIXATC 2010)*, Seiten 21–21, Bosten, MA, USA, USENIX Association (Berkeley, CA, USA), Juni 2010.

[50] I. CHAKERES und C. PERKINS: *Dynamic manet on-demand (dymo) routing* http://tools.ietf.org/html/draft-ietf-manet-dymo-22. IETF Internet Draft, März 2012.

[51] K. MANI CHANDY und LESLIE LAMPORT: *Distributed snapshots: determining global states of distributed systems.* ACM Transactions on Computer Systems, 3:63–75, Februar 1985.

[52] LIANG CHENG und I. MARSIC: *Modeling and prediction of session throughput of constant bit rate streams in wireless data networks.* In: *Proceedings of the IEEE Conference on Wireless Communications and Networking (WCNC 2003)*, Band 3, Seiten 1733–1741, New Orleans, LA, USA, IEEE Computer Society (Washington D.C., USA), März 2003.

[53] ROBERTO CHINNICI, HUGO HAAS, AMELIA A. LEWIS, JEAN-JACQUES MOREAU, DAVID ORCHARD und SANJIVA WEERAWARANA: *W3C Recommendation: Web Services Description Language (WSDL) Version 2.0 Part 2: Adjuncts.* http://www.w3.org/TR/2007/REC-wsdl20-adjuncts-20070626/, Juni 2007. [online] letzter Zugriff 03/28/2012.

[54] ROBERTO CHINNICI, JEAN-JACQUES MOREAU, ARTHUR RYMAN und SANJIVA WEERAWARANA: *W3C Recommendation: Web Services Description Language (WSDL) Version 2.0 Part 1: Core Language*. http://www.w3.org/TR/2007/REC-wsdl20-20070626/, Juni 2007. [online] letzter Zugriff 03/28/2012.

[55] TODD L. CIGNETTI, KIRILL KOMAROV und CARLA SCHLATTER ELLIS: *Energy estimation tools for the Palm*. In: *Proceedings of the 3rd ACM international workshop on Modeling, analysis and simulation of wireless and mobile systems (MSWiM 2000)*, Seiten 96–103, Boston, MA, USA, ACM Press (New York, USA), August 2000.

[56] M. CONRAD, C. FUNK, O. RAABE und O. P. WALDHORST: *Legal Compliance by Design - Technical Solutions for Future Distributed Electronic Markets*. Journal of Intelligent Manufacturing, 19(6), 2008.

[57] TH. H. CORMEN, CH. E. LEISERSON, R. RIVEST und C. STEIN: *Algorithmen - Eine Einführung (3. Auflage)*. Oldenbourg, 2009.

[58] ROBERTA COZZA: *Forecast: Mobile Communications Devices by Open Operating System, Worldwide, 2008-2015*. Technischer Bericht, Gartner Inc., April 2011.

[59] ROBERTA COZZA, ANNETTE ZIMMERMANN, CAROLINA MILANESI, HUGUES J. DE LA VERGNE, ATSURO SATO, CK LU, DAVID GLENN, TUONG HUY NGUYEN, SANDY SHEN und ANSHUL GUPTA: *Market Share: Mobile Communication Devices by Region and Country, 2Q11*. Technischer Bericht, Gartner Inc., August 2011.

[60] I. CRK, F. ALBINALI, C. GNIADY und J. HARTMAN: *Understanding energy consumption of sensor enabled applications on mobile phones*. In: *Proceedings of the 31st Annual International IEEE EMBS Conference*, Seiten 6885–6888, Minneapolis, MN, USA, IEEE Computer Society (Washington D.C., USA), September 2009.

[61] EDUARDO CUERVO, ARUNA BALASUBRAMANIAN, DAE-KI CHO, ALEC WOLMAN, STEFAN SAROIU, RANVEER CHANDRA und PARAMVIR BAHL: *MAUI: making smartphones last longer with code offload*. In: *Proceedings of the 8th International Conference on Mobile Systems, Applications and Services (MobiSys 2010)*, Seiten 49–62, San Francisco, CA, USA, ACM (New York, USA), Juni 2010.

[62] XIAOLING DAI und JOHN GRUNDY: *NetPay: An Off-line, Decentralized Micro-Payment System for Thin-Client Applications*. Electronic Commerce Research and Applications, 6(1):91–101, 2007.

[63] ISABEL DIETRICH und FALKO DRESSLER: *On the Lifetime of Wireless Sensor Networks*. ACM Transactions on Sensor Networks (TOSN), 5(1):1–39, Februar 2009.

[64] MIAN DONG und LIN ZHONG: *Self-Constructive High-Rate System Energy Modeling for Battery-Powered Mobile Systems.* In: ASHOK K. AGRAWALA, MARK D. CORNER und DAVID WETHERALL (Herausgeber): *Proceedings of the 9th International Conference on Mobile Systems, Applications, and Services (MobiSys 2011)*, Washington D.C., USA, ACM (New York, USA), Juli 2011.

[65] PRABAL DUTTA, MARK FELDMEIER, JOSEPH PARADISO und DAVID CULLER: *Energy Metering for Free: Augmenting Switching Regulators for Real-Time Monitoring.* In: *Proceedings of the 7th International Conference on Information Processing in Sensor Networks (IPSN 2008)*, Seiten 283–294, St. Louis, Missouri, IEEE Computer Society (Washington D.C., USA), April 2008.

[66] CARLA S. ELLIS: *The Case for Higher-Level Power Management.* In: *Proceedings of the 7th Workshop on Hot Topics in Operating Systems (HOTOS 1999)*, Seite 162, Rio Rico, AZ, USA, IEEE Computer Society (Washington D.C., USA), März 1999.

[67] ERICSSON WHITE PAPER: *More than 50 billion connected devices*, Februar 2011.

[68] ZHONG FAN und EDUARDO HO: *Service Discovery in Ad Hoc Networks: Performance Evaluation and QoS Enhancement.* Wireless Personal Communications, 40:215–231, 2007.

[69] LAURA MARIE FEENEY und DANIEL WILLKOMM: *Energy Framework: An Extensible Framework for Simulating Battery Consumption in Wireless Networks.* In: *Proceedings of the 3rd International Workshop on OMNeT++ in conjunction with 3rd International Conference on Simulation Tools and Techniques (Simutools 2010)*, Torremolinos, Malaga, Spain, Institute for Computer Sciences, Social-Informatics and Telecommunications Engineering (Brussels, Belgium), März 2010.

[70] HUIFANG FENG, YANTAI SHU, SHUYI WANG und MAODE MA: *SVM-Based Models for Predicting WLAN Traffic.* In: *Proceedings of the IEEE International Conference Communications (ICC 2006)*, Band 2, Seiten 597–602, Instanbul, Turkey, IEEE Computer Society (Washington D.C., USA), Juni 2006.

[71] PAUL FERGUS, ANIRACH MINGKHWAN, MADJID MERABTI und MARTIN HANNEGHAN: *Personal Wireless Communications*, Kapitel DiSUS: Mobile Ad Hoc Network Unstructured Services, Seiten 484–491. Springer, Berlin / Heidelberg, 2003.

[72] JASON FLINN und M. SATYANARAYANAN: *Managing battery lifetime with energy-aware adaptation.* ACM Transactions on Computer Systems, 22(2):137–179, Mai 2004.

[73] IAN FOSTER und CARL KESSELMAN: *Globus: A Metacomputing Infrastructure Toolkit.* International Journal of Supercomputer Applications, 11:115–128, 1996.

[74] IAN FOSTER und CARL KESSELMAN: *The GRID - blueprint for a new computing infrastructure.* Morgan Kaufmann, San Francisco, California, 1998.

[75] IAN FOSTER und CARL KESSELMAN: *The GRID2 - blueprint for a new computing infrastructure.* Morgan Kaufmann, San Francisco, California, 2004.

[76] CHRISTIAN FRANK und HOLGER KARL: *Consistency challenges of service discovery in mobile ad hoc networks.* In: *Proceedings of the 7th ACM International Symposium on Modeling, Analysis and Simulation of Wireless and Mobile Systems (MSWiM 2004)*, Seiten 105–114, Venice, Italy, ACM (New York, USA), Oktober 2004.

[77] JOCHEN FURTHMÜLLER: *Energy Aware Middleware For A Mobile Grid.* In: *Proceedings of MobiSys' 2008 PhD Forum*, Breckenridge, CO, USA, Juni 2008.

[78] JOCHEN FURTHMÜLLER, STEFAN BECKER und OLIVER P. WALDHORST: *An Energy Manager for a Mobile Grid.* Demo on MobiSys09, Juni 2009.

[79] JOCHEN FURTHMÜLLER und OLIVER P. WALDHORST: *A Survey on Grid Computing on Mobile Consumer Devices.* In: N. ANTONOPOULOS, G. EXARCHAKOS, M. LI und A. LIOTTA (Herausgeber): *Handbook of Research on P2P and Grid Systems for Service-Oriented Computing*, Seiten 313–363. IGI-Global, Hershey PA, USA, 2010.

[80] JOCHEN FURTHMÜLLER und OLIVER P. WALDHORST: *Energy-aware Resource Sharing with Mobile Devices.* In: *Proceedings of the 8th International Conference on Wireless On-Demand Network Systems and Services (WONS 2011)*, Seiten 52–59, Bardonecchia, Italy, IEEE Computer Society (Washington D.C., USA), Januar 2011.

[81] JOCHEN FURTHMÜLLER und OLIVER P. WALDHORST: *Energy-aware Resource Sharing with Mobile Devices.* Computer Networks, 2012.

[82] JOCHEN FURTHMÜLLER und OLIVER P. WALDHORST: *Evaluating the Energy Consumption of an Incentive System for Resource Sharing in MANETs.* In: *Proceedings of the International Conference on Communications (ICC 2012)*, Ottawa, Canada, IEEE Computer Society (Washington D.C., USA), Juni 2012.

[83] JOSEPH LEWIS GASTWIRTH: *A General Definition of the Lorenz Curve.* Econometrica, 39(6):1037–1039, 1971.

[84] P. GOPALAKRISHNAN, P. SPASOJEVIC, L. GREENSTEIN und I. SESKAR: *A method for predicting the throughput characteristics of rate-adaptive wireless LANs.* In: *Proceedings of the 60th IEEE Conference on Vehicular Technology (VTC2004-Fall)*, Band 6, Seiten 4528–4532, Los Angeles, CA, USA, IEEE Computer Society (Washington D.C., USA), September 2004.

[85] SELIM GURUN und CHANDRA KRINTZ: *A Run-Time, Feedback-Based Energy Estimation Model for Embedded Devices.* In: REINALDO A. BERGAMASCHI und KIYOUNG CHOI (Herausgeber): *Proceedings of the 4th International Conference on Hardware/Software Codesign and System Synthesis (CODES+ISSS 2006)*, Seoul, Korea, ACM (New York, USA), Oktober 2006.

[86] ALASTAIR HAMPSHIRE: *Extending the Open Grid Services Architecture to Intermittently Available Wireless Networks.* Short Paper on UK eScience All Hands, September 2004.

[87] B. HARGRAVE und N. BARTLETT: *Android and OSGi: Can they work together?* EclipseCon http://www.eclipsecon.org/2008/sub/attachments/Android_and_OSGi_Can_they_work_together.pdf, März 2008. [online] letzter Zugriff 03/29/2012.

[88] DAVID HAUSHEER und BURKHARD STILLER: *PeerMint: Decentralized and Secure Accounting for Peer-to-Peer Applications.* In: RAOUF BOUTABA, KEVIN ALMEROTH, RAMON PUIGJANER, SHERMAN SHEN und JAMES P. BLACK (Herausgeber): *NETWORKING 2005*, Band 3462 der Reihe *Lecture Notes in Computer Science*, Seiten 40–52. Springer (Berlin / Heidelberg), Waterloo, Canada, Mai 2005.

[89] M. HAUSWIRTH und R. SCHMIDT: *An overlay network for resource discovery in grids.* In: KIM VIBORG ANDERSEN, JOHN K. DEBENHAM, ROLAND WAGNER und R. SCHMIDT (Herausgeber): *Proceedings of the 16th International Workshop on Database and Expert Systems Applications (DEXA 2005)*, Band 3588 der Reihe *Lecture Notes in Computer Science*, Seiten 343–348, Copenhagen, Denmark, Springer (Berlin / Heidelberg), August 2005.

[90] H. HAVERINEN, J. SIREN und P. ERONEN: *Energy Consumption of Always-On Applications in WCDMA Networks.* In: J. SIREN (Herausgeber): *Proceedings of the 65th IEEE Spring Vehicular Technology Conference (VTC 2007)*, Seiten 964–968, Dublin, Ireland, IEEE Computer Society (Washington D.C., USA), April 2007.

[91] A. HERGENRÖDER und J. FURTHMÜLLER: *On Energy Measurement Methods in Wireless Networks.* In: *Proceedings of the International Conference on Communications (ICC 2012)*, Ottawa, Canada, IEEE Computer Society (Washington D.C., USA), Juni 2012.

[92] ANTON HERGENRÖDER, JOACHIM WILKE und DETLEV MEIER: *Distributed Energy Measurements in WSN Testbeds with a Sensor Node Management Device (SNMD).* In: MICHAEL BEIGL und FRANCISCO J. CAZORLA-ALMEIDA

(Herausgeber): *Workshop Proceedings of the 23th International Conference on Architecture of Computing Systems*, Seiten 341–438, Hannover, Deutschland, VDE Verlag, Februar 2010.

[93] Y. HUANG, S. MOHAPATRA und N. VENKATASUBRAMANIAN: *An energy-efficient middleware for supporting multimedia services in mobile grid environments.* In: S. MOHAPATRA (Herausgeber): *Proceedings of the International Conference on Information Technology: Coding and Computing (ITCC 2005)*, Band 2, Seiten 220–225, Las Vegas, NV, USA, IEEE Computer Society (Washington D.C., USA), April 2005.

[94] USA) IEEE COMPUTER SOCIETY (WASHINGTON D.C.: *IEEE Standard for Information technology—Telecommunications and information exchange between systems—Local and metropolitan area networks—Specific requirements Part 11: Wireless LAN Medium Access Control (MAC) and Physical Layer (PHY) Specifications*, Juni 2007.

[95] XIAOFAN JIANG, P. DUTTA, D. CULLER und I. STOICA: *Micro Power Meter for Energy Monitoring of Wireless Sensor Networks at Scale.* In: *Proceedings of the 6th International Symposium on Information Processing in Sensor Networks (IPSN 2007)*, Seiten 186 –195, Cambridge, MA, USA, ACM (New York, USA), April 2007.

[96] K. JONES und LING LIU: *What Where Wi: An Analysis of Millions of Wi-Fi Access Points.* In: *Proceedings of the IEEE International Conference on Portable Information Devices (PORTABLE 2007)*, Seiten 1 –4, Orlando, FL, USA, IEEE Computer Society (Washington D.C., USA), Mai 2007.

[97] ARPIT JOSHIPURA: *Infrastructure Innovation - can the challenge be met?* http://electronics.wesrch.com/, Januar 2011. [online] letzter Zugriff 11/04/2011.

[98] SEBASTIAN KAUNE, KONSTANTIN PUSSEP, GARETH TYSON, ANDREAS MAUTHE und RALF STEINMETZ: *Cooperation in P2P Systems through Sociological Incentive Patterns.* In: KARIN HUMMEL und JAMES STERBENZ (Herausgeber): *Self-Organizing Systems*, Band 5343 der Reihe *Lecture Notes in Computer Science*, Seiten 10–22. Springer, Berlin / Heidelberg, 2008.

[99] SIMON KELLNER: *Flexible Online Energy Accounting in TinyOS.* In: PEDRO MARRON, THIEMO VOIGT, PETER CORKE und LUCA MOTTOLA (Herausgeber): *Real-World Wireless Sensor Networks*, Band 6511 der Reihe *Lecture Notes in Computer Science*, Seiten 62–73. Springer, Berlin / Heidelberg, 2010.

[100] SIMON KELLNER, MARIO PINK, DETLEV MEIER und ERIK-OLIVER BLASS: *Towards a Realistic Energy Model for Wireless Sensor Networks.* In: *Proceedings of the 5th Annual Conference on Wireless on Demand Network Systems and Services (WONS 2008)*, Seiten 97–100, Garmisch-Partenkirchen, Germany, IEEE Computer Society (Washington D.C., USA), Januar 2008.

[101] J. KEMPF und J. GOLDSCHMIDT: *Notification and Subscription for SLP* http://tools.ietf.org/html/rfc3082. IETF RFC, März 2001.

[102] J. KEMPF und E. GUTTMAN: *An API for Service Location* http://wiki.tools.ietf.org/html/rfc2614. IETF RFC, Juni 1999.

[103] ANDREAS KÖPKE, MICHAEL SWIGULSKI, KARL WESSEL, DANIEL WILLKOMM, P.T. KLEIN HANEVELD, TOM PARKER, OTTO VISSER, HERMANN SIMON LICHTE und STEFAN VALENTIN: *Simulating Wireless and Mobile Networks in OMNeT++ – The MiXiM Vision.* In: *Proceedings of the 1st International Workshop on OMNeT++ (OMNeT++ 2008) (hosted by SIMUTools 2008)*, Marseille, France, Institute for Computer Sciences, Social-Informatics and Telecommunications Engineering (Brussels, Belgium), März 2008.

[104] SERAFIM KOTROTSOS, PETER RACZ, CRISTIAN MORARIU, KATERINA ISKIOUPI, DAVID HAUSHEER und BURKHARD STILLER: *Business Models, Accounting and Billing Concepts in Grid-Aware Networks.* In: OZGUR AKAN, PAOLO BELLAVISTA, JIANNONG CAO, FALKO DRESSLER, DOMENICO FERRARI, MARIO GERLA, HISASHI KOBAYASHI, SERGIO PALAZZO, SARTAJ SAHNI, XUEMIN (SHERMAN) SHEN, MIRCEA STAN, JIA XIAOHUA, ALBERT ZOMAYA, GEOFFREY COULSON, ANASTASIOS DOULAMIS, JOE MAMBRETTI, IOANNIS TOMKOS und THEODORA VARVARIGOU (Herausgeber): *Networks for Grid Applications*, Band 25 der Reihe *Lecture Notes of the Institute for Computer Sciences, Social Informatics and Telecommunications Engineering*, Seiten 27–34. Springer, Berlin / Heidelberg, 2010.

[105] ANDREAS KUNTZ: *Dienstbasierte Kommunikation über unzuverlässige drahtlose Verbindungen für selbstorganisierende Sensor-Aktor-Netze.* KIT Scientific Publishing, Karlsruhe, Januar 2011.

[106] H. KURDI, M. LI und H. AL-RAWESHIDY: *A Classification of Emerging and Traditional Grid Systems.* Distributed Systems Online, IEEE, 9(3):1, März 2008.

[107] S. KURKOVSKY, BHAGYAVATI, A. RAY und M. YANG: *Modeling a grid-based problem solving environment for mobile devices.* In: *Proceedings of the International Conference on Information Technology: Coding and Computing (ITCC 2004)*, Band 2, Seiten 135–136, Las Vegas, NV, USA, IEEE Computer Society (Washington D.C., USA), April 2004.

[108] STAN KURKOVSKY und BHAGYAVATI: *Modeling a Computational Grid of Mobile Devices as a Multi-Agent System.* In: *Proceedings of the 2003 International Conference on Artificial Intelligence (IC-AI 2003)*, Las Vegas, NV, USA, CSREA Press (Irvine, CA, USA), Juni 2003.

[109] STAN KURKOVSKY, BHAGYAVATI und ARRIS RAY: *A collaborative problem-solving framework for mobile devices.* In: SEONG-MOO YOO und LETHA H.

ETZKORN (Herausgeber): *Proceedings of the 42nd Annual Southeast Regional Conference (ACM-SE 42)*, Seiten 5–10, Huntsville, Alabama, ACM (New York, USA), April 2004.

[110] K. LAHIRI, A. RAGHUNATHAN, S. DEY und D. PANIGRAHI: *Battery-driven system design: a new frontier in low power design*. In: A. RAGHUNATHAN (Herausgeber): *Proceedings of the 7th Asia and South Pacific and the 15th International Conference on VLSI Design Design Automation (ASP-DAC 2002)*, Seiten 261–267, Bangalore, India, IEEE Computer Society (Washington D.C., USA), Januar 2002.

[111] MATTHIAS LANG: *Implementierung einer Grid-Applikation auf der Android Plattform*. Studienarbeit, Karlsruher Institut für Technologie. Betreuer: Jochen Furthmüller, Oliver P. Waldhorst, Martina Zitterbart, März 2011.

[112] E. LAURE, S. M. FISHER, A. FROHNER, P. GRANDI, C.AND KUNSZT, A. KRENEK, O. MULMO, F. PACINI, F. PRELZ, J. WHITE, M. BARROSO, P. BUNCIC, F. HEMMER, A. DI MEGLIO und A. EDLUND: *Programming the Grid with gLite*. Computational Methods in Science and Technology, 12(1):33–35, 2006.

[113] SHENG LIANG: *The Java Native Inteface - Programmer's Guide and Specification*. The Java Series. Addision-Wesley Longman, Amsterdam, 1999.

[114] NICOLAS LIEBAU, VASILIOS DARLAGIANNIS, ANDREAS MAUTHE und RALF STEINMETZ: *Token-Based Accounting for P2P-Systems*. In: W. BRAUER, PAUL MÜLLER, REINHARD GOTZHEIN und JENS SCHMITT (Herausgeber): *Proceedings of 14. ITG/GI-Fachtagung Kommunikation in Verteilten Systemen (KiVS 2005)*, Informatik aktuell, Seiten 16–28, Kaiserslautern, Germany, Springer (Berlin / Heidelberg), März 2005.

[115] TIM LINDHOLM und FRANK YELLIN: *The Java (TM) Virtual Machine Specification Second Edition*. The Java Series. Addision-Wesley Longman, Amsterdam, 1999.

[116] XIAOTAO LIU, PRASHANT SHENOY und MARK D. CORNER: *Chameleon: Application Level Power Management*. IEEE Transactions on Mobile Computing, 7(8):995–1010, August 2008.

[117] C. MATTHEW MACKENZIE, KEN LASKEY, FRANCIS MCCABE, PETER F. BROWN und REBEKAH METZ: *OASIS: Reference Model for Service Oriented Architecture 1.0*. http://www.oasis-open.org/committees/download.php/19679/soa-rm-cs.pdf, August 2006. [online] letzter Zugriff 03/28/2012.

[118] MARK S. MANASSE: *The Millicent Protocols for Electronic Commerce*. In: *Proceedings of the 1st USENIX Workshop on Electronic Commerce - Volume 1*, Seiten 9–9, New York, USA, USENIX Association (Berkeley, CA, USA), Juli 1995.

[119] L. W. McKnight, J. Howison und S. Bradner: *Guest Editors' Introduction: Wireless Grids - Distributed Resource Sharing by Mobile, Nomadic, and Fixed Devices*. IEEE Internet Computing, 8(4):24–31, Juli 2004.

[120] A. Milenkovic, M. Milenkovic, E. Jovanov, D. Hite und D. Raskovic: *An environment for runtime power monitoring of wireless sensor network platforms*. In: *Proceedings of the Thirty-Seventh Southeastern Symposium on System Theory (SSST 2005)*, Seiten 406 – 410, Tuskegee, AL, USA, IEEE Computer Society (Washington D.C., USA), März 2005.

[121] L. Militano, F. H. P. Fitzek, A. Iera und A. Molinaro: *On the Beneficial Effects of Cooperative Wireless Peer-to-Peer Networking*. In: *Proceedings of the Thyrrenian Symposium on Wireless Communications (2007 CNIT)*, Seiten 97–109, Ischia, Italy, Springer (Berlin / Heidelberg), September 2007.

[122] Trudy Muller und Tom Neumayr: *Apple Introduces iCloud - Free Cloud Services Beyond Anything Offered to Date*. Apple Press Release, Juni 2011.

[123] Chen Na, J. K. Chen und T. S. Rappaport: *Hotspot traffic statistics and throughput models for several applications*. In: *Proceedings of the IEEE Global Telecommunications Conference (GLOBECOM 2004)*, Band 5, Seiten 3257–3263, Dallas, TX, USA, IEEE Computer Society (Washington D.C., USA), November 2004.

[124] Satoshi Nakamoto: *Bitcoin: A Peer-to-Peer Electronic Cash System*. Whitepaper: http://bitcoin.org/bitcoin.pdf, 2008. [online] letzter Zugriff 03/27/2012.

[125] Hoon Kang Neo, Kim Meow Liew und QingPing Lin: *A Grid-Based Mobile Agent Collaborative Virtual Environment*. In: *Proceedings of the 2005 International Conference on Cyberworlds (CW 2005)*, Seiten 335–339, Singapore, IEEE Computer Society (Washington D.C., USA), November 2005.

[126] Philipp Obreiter und Jens Nimis: *A Taxonomy of Incentive Patterns - The Design Space of Incentives for Cooperation*. In: M.P. Singh G. Moro, C. Sartori (Herausgeber): *Proceedings of the First International Workshop on Agents and Peer-to-Peer Computing (AP2PC 2002)*, Band 2530 der Reihe *Lecture Notes in Computer Science*, Seiten 89–100, Bologna, Italy, Springer (Berlin / Heidelberg), Juli 2003.

[127] M. Offermans und C. van Spaandonk: *Apache Felix on Android*. ApacheCon EU, März 2009.

[128] K. Ohta, T. Yoshikawa, T. Nakagawa und H. Inamura: *Design and implementation of mobile grid middleware for handsets*. In: *Proceedings of the 11th International Conference on Parallel and Distributed Systems (ICPADS 2005)*, Fuduoka, Japan, IEEE Computer Society (Washington D.C., USA), Juli 2005.

[129] S. M. PARK, Y. B. KO und J. H. KIM: *Service-Oriented Computing - ICSOC 2003*, Band Volume 2910/2003, Kapitel Disconnected Operation Service in Mobile Grid Computing, Seiten 499–513. Springer (Berlin / Heidelberg), Trento, Italy, 2003.

[130] ABHINAV PATHAK, Y. CHARLIE HU, MING ZHANG, PARAMVIR BAHL und YI-MIN WANG: *Fine-Grained Power Modeling for Smartphones Using System Call Tracing*. In: *Proceedings of the EuroSys 2011 Conference (EuroSys 2011)*, Salzburg, Austria, ACM (New York, USA), April 2011.

[131] STEFFEN PFRANG: *Entwicklung eines Energiemodells für ein Android-Smartphone*. Studienarbeit, Karlsruher Institut für Technologie. Betreuer: Jochen Furthmüller, Oliver P. Waldhorst, Martina Zitterbart, Februar 2011.

[132] STEFFEN PFRANG: *Simulation und Bewertung von Dienstauswahlstrategien in einer MANET-Umgebung*. Studienarbeit, Karlsruher Institut für Technologie. Betreuer: Jochen Furthmüller, Oliver P. Waldhorst, Martina Zitterbart, Oktober 2011.

[133] THOMAS PHAN, LLOYD HUANG und CHRIS DULAN: *Challenge: integrating mobile wireless devices into the computational grid*. In: *Proceedings of the 8th Annual International Conference on Mobile Computing and Networking (MobiCom 2002)*, Seiten 271–278, Atlanta, GA, USA, ACM (New York, USA), September 2002.

[134] M. RAMKUMAR und N. MEMON: *An efficient random key pre-distribution scheme*. In: *Proceedings of the IEEE Global Telecommunications Conference (GLOBECOM 2004)*, Band 4, Seiten 2218 – 2223 Vol.4, Dallas, TX, USA, IEEE Computer Society (Washington D.C., USA), Dezember 2004.

[135] JAN S. RELLERMEYER, GUSTAVO ALONSO und TIMOTHY ROSCOE: *R-OSGi: Distributed Applications Through Software Modularization*. In: *Proceedings of the 8th International ACM/IFIP/USENIX Middleware Conference (Middleware 2007)*, Band 4834 der Reihe *Lecture Notes in Computer Science*, Seiten 1–20, Newport Beach, CA, USA, Springer Berlin / Heidelberg, November 2007.

[136] JAN S. RELLERMEYER und MARKUS ALEXANDER KUPPE: *jSLP – Website*. http://jslp.sourceforge.net. [online] letzter Zugriff 03/27/2012.

[137] RONALD L. RIVEST und ADI SHAMIR: *Security Protocols*, Kapitel PayWord and MicroMint: Two simple micropayment schemes, Seiten 69–87. Springer, Berlin / Heidelberg, 1997.

[138] SHELDON M. ROSS: *Introduction to Probability and Statistics for Engineers and Scientists*. Elsevier, 2004.

[139] VAGNER SACRAMENTO, MARKUS ENDLER, HANA K. RUBINSZTEJN, LUCIANA S. LIMA, KLEDER GONCALVES, FERNANDO N. NASCIMENTO und

GIULLIANO A. BUENO: *MoCA: A Middleware for Developing Collaborative Applications for Mobile Users*. IEEE Distributed Systems Online, 5(10):2, 2004.

[140] HAKAN SAHIN: *Entwicklung eines Energiemodells für ein Windows Mobile Smartphone*. Studienarbeit, Karlsruher Institut für Technologie. Betreuer: Jochen Furthmüller, Oliver P. Waldhorst, Martina Zitterbart, November 2010.

[141] F. SAILHAN und V. ISSARNY: *Scalable Service Discovery for MANET*. In: *Proceedings of the 3rd IEEE International Conference on Pervasive Computing and Communications (PerCom 2005)*, Seiten 235 –244, Kauai, Hawaii, USA, IEEE Computer Society (Washington D.C., USA), März 2005.

[142] A. SAJJAD, U. KALIM, Y.-K. LEE und S. LEE: *A component based architecture for an autonomic middleware enabling mobile access to grid infrastructure*. In: T. ENOKIDO, L. YAN, B. XIAO, D. KIM, Y. DAI und L. T. YANG (Herausgeber): *Proceedings of the Embedded and Ubiquitous Computing Workshops (EUC 2005)*, Band 3823 der Reihe *Lecture Notes in Computer Science*, Seiten 1225–1234, Nagasaki, Japan, Springer, Berlin/Heidelberg, Dezember 2005.

[143] JOCHEN SCHILLER: *Mobilkommunikation*. Addision-Wesley, 2003.

[144] BALASUBRAMANIAN SESHASAYEE und KARSTEN SCHWAN: *Mobile service overlays: reconfigurable middleware for MANETs*. In: *Proceedings of the 1st International Workshop on Decentralized Resource Sharing in Mobile Computing and Networking (MobiShare 2006)*, Seiten 30–35, Los Angeles, CA, USA, ACM (New York, USA), September 2006.

[145] ASHISH SHARMA, VISHNU NAVDA, RAMACHANDRAN RAMJEE, VENKATA N. PADMANABHAN und ELIZABETH M. BELDING: *Cool-Tether: energy efficient on-the-fly wifi hot-spots using mobile phones*. In: *Proceedings of the 5th international conference on Emerging networking experiments and technologies*, CoNEXT '09, Seiten 109–120, Rome, Italy, ACM (New York, USA), Dezember 2009.

[146] CHRISTOPH SOMMER, ISABEL DIETRICH und FALKO DRESSLER: *Simulation of Ad Hoc Routing Protocols using OMNeT++: A Case Study for the DYMO Protocol*. ACM/Springer Mobile Networks and Applications (MONET), Special Issue on Development Tools and Techniques for Mobile Telecommunications, 15(6):786–801, Dezember 2010.

[147] ION STOICA, ROBERT MORRIS, DAVID KARGER, M. FRANS KAASHOEK und HARI BALAKRISHNAN: *Chord: A scalable peer-to-peer lookup service for internet applications*. SIGCOMM Computer Communication Review, 31:149–160, August 2001.

[148] NORBERT A. STREITZ, JÖRG GEISSLER, TORSTEN HOLMER, SHINICHI KONOMI, CHRISTIAN MULLER-TOMFELDE, WOLFGANG REISCHL, PETRA

Rexroth, Peter Seitz und Ralf Steinmetz: *i-LAND: an interactive landscape for creativity and innovation.* In: *Proceedings of the SIGCHI conference on Human factors in computing systems: the CHI is the limit (CHI 1999)*, Seiten 120–127, Pittsburgh, PA, USA, ACM (New York, USA), Mai 1999.

[149] Holger Teske: *Entwicklung eines energiebewussten Anreizsystems für ein mobiles Grid.* Diplomarbeit, Karlsruher Institut für Technologie. Betreuer: Jochen Furthmüller, Oliver P. Waldhorst, Martina Zitterbart, Mai 2010.

[150] Holger Teske, Jochen Furthmüller und Oliver P. Waldhorst: *A Resilient and Energy-saving Incentive System for Resource Sharing in MANETs.* In: Norbert Luttenberger und Hagen Peters (Herausgeber): *Proceedings of the 17th GI/ITG Conference on Communication in Distributed Systems (KiVS 2011)*, Band 17 der Reihe *OASICS*, Kiel, Germany, Schloss Dagstuhl - Leibniz-Zentrum für Informatik, Deutschland, März 2011.

[151] Paul A. Tipler: *Physik.* Spektrum, Heidelberg, 1995.

[152] Guillaume Valadon, Florian Le Goff und Christophe Berger: *Daily walks in Paris: a practical analysis of wi-fi access points.* In: *Proceedings of the 2007 ACM CoNEXT conference*, CoNEXT '07, Seiten 63:1–63:2, New York, USA, ACM (New York, USA), Dezember 2007.

[153] Guillaume Valadon, Florian Le Goff und Christophe Berger: *A Practical Characterization of 802.11 Access Points in Paris.* In: *Fifth Advanced International Conference on Telecommunications (AICT 2009)*, Seiten 220 –225, Washington D.C., USA, IEEE Computer Society (Washington D.C., USA), Mai 2009.

[154] András Varga und Rudolf Hornig: *An overview of the OMNeT++ simulation environment.* In: *Proceedings of the 1st international conference on Simulation tools and techniques for communications, networks and systems & workshops (Simutools 2008)*, Seiten 1–10, Marseille, France, Institute for Computer Sciences, Social-Informatics and Telecommunications Engineering (Brussels, Belgien), März 2008.

[155] J. Veizades, E. Guttman, C. Perkins und S. Kaplan: *Service Location Protocol* http://wiki.tools.ietf.org/html/rfc2165. IETF RFC, Juni 1997.

[156] C. N. Ververidis und G. C. Polyzos: *Service discovery for mobile Ad Hoc networks: a survey of issues and techniques.* IEEE Communications Surveys & Tutorials, 10(3):30–45, 2008.

[157] Long Vu, K. Nahrstedt, I. Rimac, V. Hilt und M. Hofmann: *iShare: Exploiting opportunistic ad hoc connections for improving data download of cellular users.* In: *Proceedings of the 2010 IEEE GLOBECOM Workshops*, Seiten 1475 –1480, Miami, FL, USA, IEEE Computer Society (Washington D.C., USA), Dezember 2010.

[158] MARK WEISER und JOHN SEELY BROWN: *Beyond Calculation: The Next Fifty Years in Computing*, Kapitel The coming age of calm technolgy, Seiten 75–85. Copernicus, New York, USA, 1997.

[159] PATRICK WENZ: *Simulative Evaluierung der Auswirkungen von Infrastruktur in Pocket Switched Networks*. Studienarbeit, Karlsruher Institut für Technologie. Betreuer: Christoph Mayer, Martina Zitterbart, August 2010.

[160] STEFAN WESNER, JÜRGEN M. JÄHNERT und MARIA ARANZAZU TORO ESCUDERO: *Mobile Collaborative Business Grids - A short overview of the Akogrimo Project*. White Paper http://www.akogrimo.org/download/White_Papers_and_Publications/Akogrimo_WhitePaper_Overview.pdf, November 2006.

[161] G. WITTENBURG und J. SCHILLER: *A Survey of Current Directions in Service Placement in Mobile Ad-hoc Networks*. In: *Proceedings of the 6th Annual IEEE International Conference on Pervasive Computing and Communications (PerCom 2008)*, Seiten 548–553, Hong Kong, China, IEEE Computer Society (Washington D.C., USA), März 2008.

[162] GEORG WITTENBURG und JOCHEN SCHILLER: *Service Placement in Ad Hoc Networks*. PIK - Praxis der Informationsverarbeitung und Kommunikation, 33(1):21–25, Januar 2010.

[163] GERD WÜTHERICH, NILS HARTMANN, BERND KOLB und MATTHIAS LÜBKEN: *Die OSGI Service Platform-Eine Einführung mit Eclipse Equinox*. dpunkt Verlag, Heidelberg, 1. Auflage, April 2008.

[164] BEVERLY YANG und HECTOR GARCIA-MOLINA: *PPay: Micropayments for Peer-to-Peer Systems*. In: *Proceedings of the 10th ACM (New York, USA) conference on Computer and communications security*, Seiten 300–310, Washington D.C., USA, ACM (New York, USA), Oktober 2003.

[165] JIANGHU YANG, MING LI, CHANGLAI HUANG und CHUANSHAN GAO: *WGMDS: A WSRF-Compliant Information Service on Wireless Grids*. In: MING LI (Herausgeber): *Proceedings of the 6th International Conference on Parallel and Distributed Computing, Applications and Technologies (PDCAT 2005)*, Seiten 103–105, Dalian, China, IEEE Computer Society (Washington D.C., USA), Dezember 2005.

[166] LIDE ZHANG, BIRJODH TIWANA, ZHIYUN QIAN, ZHAOGUANG WANG, ROBERT P. DICK, Z. MORLEY MAO und LEI YANG: *Accurate Online Power Estimation and Automatic Battery Behavior Based Power Model Generation for Smartphones*. In: TONY GIVARGIS und ADAM DONLIN (Herausgeber): *Proceedings of the 8th International Conference on Hardware/Software Codesign and System Synthesis (CODES+ISSS 2010)*, Scottsdale, AZ, USA, ACM (New York, USA), Oktober 2010.

[167] S. ZHONG, J. CHEN und Y.R. YANG: *Sprite: a simple, cheat-proof, credit-based system for mobile ad-hoc networks.* In: *Proceedings of the 22nd Annual Joint IEEE Conference of Computer and Communications (INFOCOM 2003)*, Band 3, Seiten 1987 – 1997 vol.3, San Francisco, CA, USA, IEEE Computer Society (Washington D.C., USA), März 2003.

Stichwortverzeichnis

FSC
www.fsc.org
MIX
Papier | Fördert gute Waldnutzung
FSC® C083411

Kolibri 360 GmbH
Ferdinand-Jühlke-Straße 7
99095 Erfurt, Deutschland
produktsicherheit@kolibri360.de